本書のコピー, スキャン, デジタル化等の無断複製は著作権法上での例外を除き禁じられています。本書を代行業者等の第三者に依頼してスキャンやデジタル化することは, たとえ個人や家庭内での利用でも著作権法違反です。

消費者行動論
マーケティングとブランド構築への応用

青木幸弘・新倉貴士・佐々木壮太郎・松下光司［著］

有斐閣アルマ

まえがき

　本書は，企業の対市場活動を担うマーケティングへの応用を強く意識して書かれた消費者行動論のテキストであり，その基本的な枠組みと基礎的な諸概念を学ぶための本である。

　企業が，効果的かつ効率的にマーケティング活動を進めていくためには，市場を構成する消費者のニーズや行動について，深い理解と的確な分析が必要となる。具体的には，消費者は，どのような理由で製品やサービスを購入するのか，また，どのような買い方や使い方をするのか。そして，それらは消費者により，製品やサービスにより，どのように異なっているのか，などについての深い理解と的確な分析である。

　このため，顧客志向の経営理念であるマーケティング・コンセプトが米国において登場する1950年代以降，マーケティング研究の一環として，消費者行動に関するさまざまな研究が行われるようになった。その後，そのような消費者行動研究は，経済学，心理学，社会学，社会心理学などの関連する学問分野の理論や概念を援用しながら進められ，やがて1970年代に入る頃から，消費者行動論という1つの独立した研究分野を形成することとなった。

　本書は，このようにして成立した消費者行動論の理論や分析枠組みを，研究の系譜や近年の新たな展開も十分にふまえつつ，できる限り体系的に理解できるように編まれたテキストである。

　上述のような目的で書かれた本書には，次のような4つの特徴があり，それは全体の構成にも反映されている。

　まず第1の特徴は，「マーケティング競争の本質は，消費者の選択をめぐる競争である」という観点に立ち，さまざまなレベルにお

ける消費者選択に焦点を当て，その分析上の視点や枠組みを提示している点である（第I部）。

現実の消費者行動にはさまざまなレベルでの選択が含まれており，それらの消費者選択を巡って，さまざまな企業間において競争が起こっている。本書では，このような消費者選択の階層性に着目して，消費者行動を「消費行動」と「購買行動」とに大別し，それぞれに適した分析の視点と枠組みを提示している。

どちらかと言えば，これまでのテキストでは，消費行動レベルの分析について，必ずしも十分に議論されてこなかった。この点，本書では，時間配分の理論をベースに，消費様式の選択メカニズムに焦点を当て，掘り下げた検討を行っている。また，生活構造や生活意識と関連づけて消費行動を分析する枠組みを提示し，市場構造変化に与える影響についても検討している（第II部）。

第2の特徴は，「消費者の選択は意思決定の結果であり，意思決定は情報処理を伴う」という認識にもとづき，これまでに蓄積されてきた消費者情報処理理論の研究成果をふまえて，購買意思決定分析の視点と枠組みを提示している点である（第III部および第IV部）。

本書が依拠する消費者情報処理理論は，1970年代に登場して以降，消費者行動研究の主流を形成する研究パラダイムとして今日に至っている。本書では，こうした研究蓄積を最大限に活用する形で章構成を行っている。なお，1990年代後半に始まるICT（情報通信技術）革命は，消費者行動にも多大な影響を与えているが，消費者情報処理理論は，こうした問題を分析するうえでも親和性の高い分析枠組みを提供するものと考えられる。

第3の特徴は，「現実の消費者行動は多様だが，多様なものを多様なままには分析できない」という前提に立ち，多様な消費者行動を体系的に整理し説明するための枠組みを提示している点である。

具体的には，近年の消費者情報処理理論の考え方に依拠する形

で，情報処理プロセスにおける「動機づけ」(Motivation),「能力」(Ability),「機会」(Opportunity)の役割に着目し，その多様性を整理するための枠組みとしている（第Ⅲ部）。とくに，動機づけでは，目標階層，手段—目標連鎖，関与など，また，能力では知識や知識構造といった基本的概念の整理も行っている。

第4の特徴は，「優れた理論は，戦略策定にもインプリケーションを与え貢献する」という考え方から，これら消費者行動分析の結果をマーケティング戦略の策定に活用するための枠組みを示し，今後の方向性についても解説している点である（第Ⅴ部）。

とくに本書では，消費者行動研究の知見（とくに，消費者情報処理研究の成果）を，マーケティング戦略に応用するための枠組みを提示しているが，これまでのような単なる4P別の戦略的示唆ではなく，より体系的な枠組みの構築を志向し，情報処理サイクルや関与の高低による整理を試みている。

また，ブランド構築や統合型マーケティング・コミュニケーション（IMC）との関連性についても取り上げている。これは，消費者のブランド知識構造に関する議論は，消費者行動研究と戦略論とを架橋するための重要なフレームであると考えるからである。

最後に，本書は，主に経営学部や商学部などで開講される「消費者行動論」のテキストとして使用されることを想定して書かれている。しかし，筆者らとしては，上述のような4つの特徴をもつ本書が，これらの学部以外で学ぶ人たちにとっても，消費者行動論という分野に興味をもつ契機となり，さらに深く学ぶための導入書となることを願っている。

また，マーケティングに携わる実務家の方にとっても，日常の業務経験から得られた知識を再整理し，新たな着眼・着想を得るための手引書として活用していただければ幸いである。

著者紹介

青木　幸弘（あおき・ゆきひろ）【担当：第1〜5章】
1983年，一橋大学大学院商学研究科博士課程単位修得
現　在　学習院大学経済学部教授
主要著作
　『ライフコース・マーケティング』（共編著）日本経済新聞出版社，
　　2008年
　『マーケティング』（共著）有斐閣，2010年
　『消費者行動の知識』日本経済新聞出版社，2010年
　『日本型マーケティングの新展開』（共編著）有斐閣，2010年
　『価値共創時代のブランド戦略』（編著）ミネルヴァ書房，2011年
　『ブランド戦略全書』（分担執筆）有斐閣，2014年
　『ケースに学ぶマーケティング』（編）有斐閣，2015年
　『デジタル時代のブランド戦略』（分担執筆）有斐閣，2023年

新倉　貴士（にいくら・たかし）【担当：第6〜8, 10章】
1995年，慶應義塾大学大学院経営管理研究科博士課程修了
現　在　法政大学経営学部教授
主要著作
　『消費者行動研究の新展開』（共編著）千倉書房，2004年
　『マーケティング・リボリューション』（共編著）有斐閣，2004年
　『消費者の認知世界』千倉書房，2005年
　『消費者・コミュニケーション戦略』（分担執筆）有斐閣，2006年
　『日本型マーケティングの新展開』（分担執筆）有斐閣，2010年
　『ケースに学ぶマーケティング』（分担執筆）有斐閣，2015年
　『デジタル時代のブランド戦略』（分担執筆）有斐閣，2023年

佐々木 壮太郎（ささき・そうたろう）【担当：第9, 11, 12章】
1995年，神戸大学大学院経営学研究科博士後期課程中退
現　　在　和歌山大学観光学部教授
主要著作
　「文脈効果と市場のダイナミズム」（共著）『流通研究』創刊号，1998
　　年
　『マーケティング・ダイアログ』（分担執筆）白桃書房，1999年
　『マーケティング・レビュー』（分担執筆）同文舘出版，2001年
　『消費者行動研究の新展開』（分担執筆）千倉書房，2004年
　『1からのマーケティング（第4版）』（分担執筆）碩学舎，2020年

松下　光司（まつした・こうじ）【担当：第13～15章】
2003年，慶應義塾大学大学院経営管理研究科博士課程修了
現　　在　学習院大学経済学部教授
主要著作
　『消費者行動研究の新展開』（分担執筆）千倉書房，2004年
　「小売店舗のチラシ広告による店舗価格イメージの形成」『消費者行動
　　研究』第12巻第1・2号，2006年
　「セールス・プロモーションによるブランド・エクイティ構築」『消費
　　者行動研究』第15巻第1・2号，2009年
　『日本型マーケティングの新展開』（分担執筆）有斐閣，2010年
　『ブランド戦略全書』（分担執筆）有斐閣，2014年
　『ケースに学ぶマーケティング』（分担執筆）有斐閣，2015年
　『ポストコロナのマーケティング・ケーススタディ』（分担執筆）碩学
　　舎，2021年

目　次

まえがき …………………………………………………… i
著者紹介 …………………………………………………… iv

第 I 部　消費者行動分析の基本フレーム

第1章　消費者行動とマーケティング　2

1　消費者行動とは何か …………………………………… 2
変わる市場，変わる消費者（2）　日常生活の中での消費と購買（5）　消費者行動の定義（9）

2　市場の把握と消費者理解 …………………………… 10
マーケティング・コンセプトの登場（10）　マーケティングの基本プロセス（12）　標的市場の把握と「7つのO」（15）

3　マーケティングの今日的課題と消費者行動分析 ……… 18
マーケティング競争と消費者選択（18）　コモディティ化市場におけるマーケティング対応（19）　消費者行動分析の課題と本書の構成（22）

第2章　消費者行動の分析フレーム　27

1　消費者行動の分析レベル …………………………… 27
集計水準に着目した分析レベル（27）　選択の階層性に着目した分析レベル（30）

2　購買行動分析の視点と枠組み ……………………… 33
購買行動における選択問題（33）　購買行動と意思決定（35）
購買意思決定のプロセス（37）

3 消費者行動の分析モデル ……………………………… 39

消費者行動をモデル化する意義（39）　消費者行動の包括的概念モデル（42）　消費者行動を規定する外的規定因（44）

第3章　*消費者行動研究の系譜*　48

1 消費者行動研究の源流と系譜 ……………………………… 48

科学的研究の始まり（49）　分析課題から見た3つの系譜（52）

2 モチベーション・リサーチの系譜 ……………………… 54
●購買動機の探究

動機づけのメカニズム（55）　モチベーション・リサーチの登場（57）　その後の展開（62）

3 ブランド選択モデルの系譜 ………………………………… 63
●行動の測定と予測

購買履歴データの分析（64）　ブランド選択モデルの展開（65）　その後の展開（70）

4 消費者情報処理理論の系譜 ………………………………… 71
●内的プロセスの解明

媒介変数としての態度概念（71）　消費者情報処理理論の登場（74）　ベットマン・モデルの概要（75）　その後の展開（78）

5 消費者行動研究における近年の展開 …………………… 79

第Ⅱ部　環境要因の変化と消費者行動

第4章　*消費行動と消費パターンの分析*　86

1 生活資源配分と消費行動 …………………………………… 86

分析単位としての家族と家計（86）　生活環境，生活構造，生活意識（88）　消費様式の選択と支出配分（91）

2 消費行動分析の3つのアプローチ ……………………… 94

ライフサイクル・アプローチ（94）　　ライフスタイル・アプローチ（96）　　ライフコース・アプローチ（100）

3　消費様式の選択メカニズム …………………………………… 102
　　時間配分の理論：家計内生産か外部化か（103）　　消費様式の選択プロセス（104）　　外部化の進行と消費の多様化（107）

第5章　消費者行動の変化とその諸相　　112

1　消費者行動の変化をどう捉えるか …………………………… 112
　　消費者を取り巻く環境要因の変化（112）　　個人化する家族，多様化する世帯（116）　　生活と消費の様式変化：個別化と外部化（119）

2　家事の外部化と消費の多様化 ………………………………… 120
　　時間コストを増大させる諸要因（121）　　家事活動の外部化：消費プロセスの変容（123）　　市場需要への影響（125）　　多様化する消費の諸相（125）

3　インターネットが変える消費者行動 ………………………… 126
　　インターネットの登場とその変遷（128）　　能動化する消費者，広がる相互作用（130）　　新たな情報過負荷の発生（134）

第Ⅲ部　消費者情報処理の分析フレーム

第6章　情報処理のメカニズム　　138

1　情報処理システムとしての消費者 …………………………… 138
　　記憶の二重貯蔵モデル（138）　　作業記憶（140）　　長期記憶（141）

2　処理能力と処理資源の限界とその克服 ……………………… 143
　　チャンキング（143）　　ヒューリスティクス（144）　　目標階層（145）

3 消費者情報処理モデル 146
情報処理システムの構成要素(146)　消費者情報処理の分析モデル(149)　MAO視点から捉える情報処理(153)

4 消費者情報処理とマーケティング対応 155
進展する消費者情報処理研究(155)　多様な情報概念(159)　消費者情報処理とマーケティング対応(160)

第7章 情報処理の動機づけ　163

1 動機としての問題認識 163
解消型動機と報酬型動機(164)　動機を誘発する要因(165)

2 動機づけとしての目標と目標階層 165
目標と目標階層(165)　目標のタイプ(166)

3 動機づけられるメカニズム 168
手段―目標連鎖モデル(168)　価値・結果・属性(169)　知覚されるリンク(172)

4 動機づけられた状態としての関与 173
関与概念(173)　手段―目標連鎖モデルと関与(175)　関与水準の規定要因とその源泉(176)　関与の対象(178)　関与の状態と情報処理(179)

第8章 情報処理の能力　185

1 情報処理能力と知識 185
内部情報としての知識(185)　消費者知識の捉え方(186)

2 長期記憶の仕組み 187
顕在記憶と潜在記憶(187)　複数記憶システム論(188)

3 認知構造の水準 190

4 専門知識力 193
専門知識力の次元（193） 認知努力（193） 認知構造（195）
分析能力（202） 精緻化能力（204） 記憶能力（205）

第Ⅳ部 購買意思決定プロセスと情報処理

第9章 購買意思決定の分析　210

1 購買意思決定プロセス 210
購買行動と購買意思決定プロセス（210） 購買前，購買時，購買後の情報処理（211）

2 伝統的な意思決定理論 214
意思決定分析のベンチマーク（214） 多属性意思決定問題（214） 多属性意思決定問題の定式化（215） 多属性効用理論（216）

3 情報過負荷の影響 217
限定合理性（217） 情報過負荷（218） 情報処理の簡略化（221）

4 情報処理の多様性 222
多様な意思決定ルール（222） 意思決定ルールの類型化（224） ルールが変われば結果も変わる（226） ルールを決めるためのルール（228）

第10章 購買前の情報処理　231

1 情報の内部探索 231
2つの情報探索（231） 内部探索の対象と影響要因（232）

2 情報の外部探索 236
外部探索のタイプ（236） 問題認識と探索方略（236） 外部探索の対象（238） 外部情報の源泉（239） 外部探索の規定要因と情報探索の結果（241）

3 情報の解釈メカニズム ………………………………………… 244
　データ駆動型処理（244）　　理論駆動型処理（246）

4 解釈の多様性 ……………………………………………………… 247
　属性の類型（247）　　知覚符号化（250）　　属性にもとづく解釈
　（250）　　状況にもとづく解釈（251）　　解釈の多様性を規定する
　要因（254）

第11章　購買時の情報処理　　258

1 低関与情報処理 ………………………………………………… 258
　処理される情報の質と量（258）　　音楽の好悪による影響（259）
　周辺的情報の影響（260）　　古典的条件づけ（261）　　周辺的情報
　か，中心的情報か（262）

2 情報処理のモード ……………………………………………… 263
　精度と負荷のトレードオフ（263）　　最適化，満足化，単純化
　（264）　　情報処理環境の影響（267）　　動機づけと能力の作用
　（271）

3 相互適応的な情報処理 ………………………………………… 273
　市場の制約と企業のマーケティング行動（273）　　考慮集合の形
　成（274）

第12章　購買後の情報処理　　279

1 購買後の再評価 ………………………………………………… 279
　使用による製品の再評価（279）　　属性の重要度の更新（280）
　購買後の後悔（282）　　認知的不協和の解消（283）

2 再評価と満足 …………………………………………………… 285
　顧客満足（285）　　期待—不一致モデル（285）　　顧客満足と口コ

ミ（287） 消費者間における影響力（288）

3 消費者間の社会的相互作用 ……………………………… 289
情報処理環境の社会性（289） ネットワーク外部性（290） イノベーションの普及（291） バンドワゴン効果とスノッブ効果（293）

第Ⅴ部　消費者行動分析の応用

第13章　購買意思決定プロセスとマーケティング　298

1 情報処理プロセスを捉える視点 ……………………………… 298
解釈プロセスの特性（298） 情報探索プロセスの特性(1)：内部情報探索（299） 情報探索プロセスの特性(2)：外部情報探索（300）

2 情報処理プロセスとマーケティング・マネジメント … 303
情報処理プロセスと提案価値（303） 情報処理プロセスと価値伝達(1)：プル戦略（304） 情報処理プロセスと価値伝達(2)：プッシュ戦略（306）

3 購買意思決定とマーケティングとの関わり …………… 308
情報処理特性の規定因とコンタクト・ポイント（308） 情報処理サイクルとマーケティング（311）

第14章　購買意思決定の特性とマーケティング　316

1 購買意思決定と提案価値のデザイン ……………………… 316
消費者の知覚空間（316） 消費者の知覚空間とSTP（318） STP戦略の注意点（320） 高関与の情報処理特性と知覚空間（323）
低関与の情報処理特性と知覚空間（323）

2 購買意思決定と価値伝達のデザイン ……………………… 325
コンタクト・ポイントの特性（325） 高関与購買の特性とコンタ

クト・ポイント（326）　低関与購買の特性とコンタクト・ポイント（331）

3　購買意思決定とインターネット ………………………… 336
買物場所としてのインターネット（336）　情報取得の場としてのインターネット（337）　インターネット時代のマーケティング対応（339）

第15章　ブランド構築と統合型マーケティング・コミュニケーション　343

1　コモディティ化からの脱却とブランド構築 ………… 343
コモディティ化の背景（343）　コモディティ化からの脱却（345）　ブランドを核としたIMC（347）

2　ブランド構築のための視点 ………………………… 348
●顧客ベースのブランド・エクイティ
ブランド概念の変遷（348）　起点としてのブランド（349）　顧客ベースのブランド・エクイティ概念とブランド知識（350）　ブランド・エクイティが生じるメカニズム（351）　ブランド・ビルディング・ブロック（354）

3　CBBEから見たマーケティング・マネジメント ……… 357
提案価値のデザインとCBBE（357）　価値伝達方法のデザインとCBBE（359）

あとがき …………………………………………………… 367
索　　引 …………………………………………………… 371

Column 一覧
① イクメンが変える育児関連市場（4）
② 消　費　社　会（8）
③ 消費者という用語法について（8）

④ 脱コモディティ化のための処方箋 (21)
⑤ 消費者行動モデルの諸類型 (40)
⑥ 1950年代の消費者行動研究 (51)
⑦ インスタント・コーヒーを使うのは怠け者の主婦？ (60)
⑧ ハワード゠シェス・モデルの概要 (68)
⑨ 消費経験論 (80)
⑩ 家計調査データから見た支出配分の実態 (93)
⑪ 進む食の外部化 (108)
⑫ 消費者庁の設置 (115)
⑬ 豊かさのパラドックス (123)
⑭ AISASモデル (133)
⑮ 感情の情報処理 (157)
⑯ 体験としての消費 (168)
⑰ 「味の素クノール・カップスープ」の事例にみる消費者の認知構造 (197)
⑱ 情報環境の違いが情報処理にもたらす影響 (220)
⑲ 多属性意思決定問題と企業のマーケティング行動 (223)
⑳ プロトコル・データにみる探索中の準拠基準 (255)
㉑ 二重過程モデル (267)
㉒ さまざまなコンティンジェンシー・モデル (270)
㉓ ライフスタイルの選択 (281)
㉔ 採用者カテゴリーとキャズム (293)
㉕ なぜ消費者行動研究は実務に応用されないのか？ (302)
㉖ 影響コンタクト・ポイント (310)
㉗ 消費者理解のための基礎概念：ニーズ，ウォンツ，属性 (322)
㉘ ブランド・リレーションシップの効果 (356)
㉙ 二次的なブランド連想の活用によるブランド構築 (362)

第 I 部

消費者行動分析の基本フレーム

(毎日新聞社提供)
● さまざまな商品が並ぶベビーカー売り場。パパ，ママ両方にアピールするようなデザインが人気に。

第1章 消費者行動とマーケティング
第2章 消費者行動の分析フレーム
第3章 消費者行動研究の系譜

第1章 消費者行動とマーケティング

> **Introduction**
>
> 企業の対市場活動としてのマーケティングを，効果的かつ効率的なものとするためには，市場を構成する消費者のニーズや行動について，的確な分析と深い理解が必要となる。すなわち，消費者は，どのような理由で製品やサービスを購買し消費するのか。また，どのような買い方や使い方をするのか。そして，それらは消費者により，製品やサービスにより，どのように異なっているのか，などについての分析と理解である。
>
> 本章では，まず最初に，変化する市場と消費者の事例から始め，消費者行動とは何かについて考え，定義する。次に，市場を把握し消費者を理解することの意味と意義について確認する。その後，マーケティング上の今日的課題について触れ，必要とされる消費者行動分析の内容と本書の構成を示し，次章以降への導入とする。

1 消費者行動とは何か

変わる市場，変わる消費者

2004年の1億2779万人をピークに日本の総人口は減少過程に入り，また，国立社会保障・人口問題研究所による2008年の推計では，総世帯数も2015年の5060万世帯をピークに減少に転ずると予測されている。こうした人口動態の変化を反映して，今後縮

小する可能性のある市場は多い。

　もちろん，個別の市場ごとに見れば，成長を続ける市場も存在する。たとえば，「少子・多ペット化」という言葉もあるように，ペット市場などでは少子化をよそに今後も成長が見込まれている。また，総人口が減少する中でも，高齢者市場の規模などは拡大していくであろう。

　一方，少子化の影響を真正面から受けているのがベビーカー市場であり，規模の縮小が続く中（2010年の市場規模は，メーカー出荷額で対09年比1.5%減の130億円），外国メーカーの参入もあり熾烈な企業間競争が繰り広げられている。

　かつて2003年に英国製のベビーカー「マクラーレン」（Maclaren）が参入する以前には，コンビとアップリカという大手2社が日本のベビーカー市場を二分する寡占状態が続いていた。ベビーカーには，生まれたての乳児専用のA型とお座りができる幼児用のB型とがあるが，創意工夫が得意な日本企業はA・B兼用型のベビーカーを実現，生まれた直後からベビーカー卒業まで1台で済ませられる大きなメリットを売り物にしていた。また，日本企業は積極的に軽量化を図り，「ベビーカーは軽くなければ売れない」というのが長らく業界の常識であった（川又［2008］）。

　これに対して，B型に特化したマクラーレンの場合，操作性の良さと頑丈さ，そして，おしゃれなデザインに加えて国産品よりも1年長く4歳まで使えるという特徴があったが，元来，欧米人向けの設計であるため国産品と比べて重さと大きさの点で難があった。

　しかし，インターネットの普及によりレンタルが利用しやすくなったことで，ベビーカー市場にも変化の兆しが生まれた。

　まず，生まれて半年程度はレンタルのA型で済ませ，それ以降3歳程度まで長く使用するにはB型を購入する，という利用パターンが増加した。そうなるとB型に特化した分，マクラーレンの操

作性の良さや頑丈さ、そして、3歳を過ぎても使い続けることができる、という特徴が大きな訴求点となった。加えて、「イクメン」が流行語となるほどに育児参加する男性が増えたこと（*Column* ①を参照）、あるいは、鉄道・公共施設でのバリアフリー化が進んだことなどで、大きさや重さのデメリットは解消されていった。また、デザイン面を重視する消費者が増えたことなども重なり、マクラーレンは急速に日本市場に受け入れられ、一大ブームともなったのである（角田［2010］）。

その後、日本企業も2歳までの使用期間を3歳まで延ばしたり、ハンドルを前後に切り替え、背中側から押しても対面しながら押しても使えるタイプの新製品を発売するなどして、懸命に巻き返しを図った。また、マクラーレン製ベビーカーによる重大事故の報道やその対応の遅れなどもあり、外国製ベビーカーにも一時期ほどの勢いはないようである。

いずれにせよ、少子化時代にベビーカー市場で企業が生き残っていくためには、育児に積極的に参加する男性の視点を取り込んだり、あるいは、バリアフリー化の進展などで変化する使用状況に対応した新製品を開発するなど、きめ細かな市場対応が必要になってきていることは確かである。

このベビーカー市場の事例からもわかるように、常に市場は変化しているが、その背後には必ず消費者の変化がある。そして、市場の変化に適切に対応していくためには、消費者のニーズや行動の変化を見極めることが重要なのである。

Column ① イクメンが変える育児関連市場 ●●●━━━

2010年の新語・流行語大賞のトップテンにも選ばれたが、育児を積極的に率先して行う男性は、いまや「イケメン」ならぬ「イクメン」

とよばれている。そんなイクメンの登場によって，育児関連市場は大きく変わりつつある。たとえば，市場に与えるイクメンの影響について，新聞記事は次のように伝えている。

「積極的に育児に関わる"イクメン"と呼ばれる男性の増加がベビー用品市場を動かしている。かわいらしいデザインを重視する女性の視点とは異なり，イクメンがこだわるのは商品そのものの機能性や操作性。共働き世帯の増加などで育児休暇を取得しやすくなってきていることもあり，売り場では熱心に品定めをする男性の姿が目立ってきた。」(『日本経済新聞』2011年11月11日，29面)

「父親の視点を意識したベビーカーが増えてきた。小売りでは母親が軽さに目がいきがちなのに対して，父親は機能やスペック重視という。運転方向に合わせて固定する車輪が切り替わったり，ハンドブレーキを付けたりして操作性や安全性を高めた製品に支持が集まる。育児に積極的な父親の決定力が増しているとみて，各社も製品開発に余念がない。」(『日経産業新聞』2011年10月5日，7面)

本文中では，こうしたイクメンの登場が，英国製ベビーカー「マクラーレン」台頭の一因となったことに触れたが，その影響はベビーカーだけに留まらず，抱っこひもや子育てバッグにまで広がっているという。厚生労働省も2010年から「イクメンプロジェクト」をスタートさせており，育児関連市場におけるイクメンの存在感は，今後，ますます高まっていくものと考えられる。

日常生活の中での消費と購買

改めて，われわれの日々の日常生活を振り返ってみると，実にさまざまな製品やサービスを消費していることに驚く。そして，それらは衣・食・住といった生活領域全般にわたると同時に，形態や特性の面でも多様である。

たとえば，食品や日用雑貨のように食べたり使ったりすればなくなってしまうモノ（非耐久財）から，家電製品や自動車のように何度も，あるいは，何年にもわたって使用できるモノ（耐久財）まで，耐久性や使用頻度の点で異なった製品を消費している。さらには，モノとしての製品だけでなく，外食やクリーニングのように人に何かをしてもらうコト（用役），あるいは，コンサートや旅行のように自分で何かを体験するコト（経験）など，サービスという形の消費もさまざまな領域に広がっている。

　われわれは，これら多種多様な製品やサービスを組み合わせて消費することで，日々の生活を送っている。また，それらのほとんどは，企業によって生産され，市場で取引されているため，われわれの消費生活は，それらの購買を前提としている。反対に，企業の生産も，われわれの購買と消費を前提としているが，今日のように常に生産が消費を上回る社会においては，消費の動向が生産のあり方を大きく左右する。まさに，現代社会は，「消費が生産を規定するかに見える社会」であり，**消費社会**なのである（*Column* ②参照）。

　ところで，日常生活に必要な製品やサービスを購入する際，当然ながら，その原資としての所得が必要となる。多くの場合，われわれは1日24時間という生活時間の一部分を労働に振り向け，その対価として得た賃金所得を，購入の原資としている。そして，購入した製品やサービスを，残りの生活時間（広義の余暇時間）の一部を使って消費することで，日々の生活を送っているのである。

　もちろん，働いて得た賃金所得のすべてを，そのときすぐに消費に回すわけではない。多くの場合，その一部は「将来の消費」に備えて貯蓄に回され，金融資産（預貯金，保険，有価証券）や不動産などの資産形成に充てられる。そして，これらの資産を運用することで，利子・配当・家賃・地代などの所得を得ている。また，手当たり次第に製品やサービスを購入しているわけではなく，たとえ家計

簿をつけていなくても，衣・食・住といった各生活分野間での所得配分（支出配分）を決めて消費しているはずである。

このように，われわれの消費生活は，時間配分や所得配分の結果として成り立っており，その配分の仕方に個々人の生活条件や価値観などが反映されているため，消費の多様性が生み出されることになる。また，消費者の時間配分や所得配分が変化することで，さまざまな製品やサービスの市場において，その成長や衰退がもたらされるのである。

ところで，われわれが特定の製品やサービスを消費するためには，それに付随してさまざまな活動が必要となる。たとえば，製品を入手するためには，製品やブランド，あるいは，それを購入する店舗についての情報を探索・取得し，比較・評価する必要がある。あわせて，買物の仕方（店舗に行くか，通信販売を利用するか），支払方法（現金で買うか，クレジットを利用するか），受取方法（自分で持ち帰るか，配送してもらうか）などについても検討し，選択・実行しなければならない。

一方，製品を入手した後も，耐久財と非耐久財では異なるが，必要に応じて製品を保管し，修理やメンテナンスを行う必要がある。また，最後に製品を処分する段階でも，単に廃棄するのか，それとも再利用（リサイクル）するのかといった処分方法を検討し，選択・実行しなければならない。

以上のように，生産と消費が分化した現代の市場経済において，われわれは，ある面では「労働者」として生産に関与しながらも，ほとんどの場合，「消費者」として製品やサービスを消費して生活している。また，それに伴う購買・使用・処分など，さまざまな活動にも従事している。本書では，われわれの日常生活の中でも，このような「消費者」としての側面を取り上げ，その「行動」（振る舞い方）に焦点を当てて議論していく（*Column* ③参照）。

Column ② 消費社会

われわれが生活を営む現代社会にはさまざまな側面があるが、その1つの特徴を表す言葉として、よく「消費社会」(consumer society ないし consumption society) という表現が用いられる (間々田[2000])。

『広辞苑 (第6版)』によれば、消費とは「①費やしてなくすこと。つかいつくすこと。②欲望の直接・間接の充足のために財・サービスを消耗する行為」とある。また、消費社会とは「消費が拡大して、消費が生産を規定するかに見える社会」と説明されている。本文中の説明にもあるように、現代の日本社会は、間違いなく消費社会だと言えるであろう。

ちなみに、2010年の日本のGDP (国内総生産) は、名目ベースで総額482兆円、そのうち、民間最終消費支出は285兆円なので、経済活動の約6割が個人消費で占められていることになる (内閣府『国民経済計算統計』)。不況になる度に、個人消費の不振や消費マインドの冷え込みが理由として挙げられるが、このようなマクロ経済における消費の比重を考えれば当然のことと言える。

Column ③ 消費者という用語法について

改めて言うまでもなく、われわれの人生や生活において、消費をすること自体が目的ではなく、あくまでも生活の創造と維持が消費の目的である。こうしたことから、「生活者」という用語が用いられる場合もある。しかし、本書では、消費が行われるコンテクスト (文脈・背景) としての生活の意味や重要性を十分に認識しつつも、分析対象を明確化するために「消費者」という用語法で統一する。

もちろん、細かく分ければ、「購買者」(buyer) や「使用者」(user) といった側面も存在するが、本書では、それらを含む上位概念として「消費者」(consumer) という用語を用いることにする。

なお、近年、店頭での消費者行動を念頭に置き、購買時における消費者 (来店し、製品やサービスの購買を検討し、そして購買する消費

者)を指して「ショッパー」(shopper) という用語が用いられることがある (流通経済研究所編 [2011])。これも消費者の下位概念の1つとして位置づけられるものである。

消費者行動の定義

前述のように、われわれの日々の生活は、さまざまな製品やサービスを購入し、消費 (使用) し、処分することで成り立っている。ここで、改めて、このような生活を創造し維持するために消費者が行う活動を総称して、**消費者行動** (consumer behavior) とよぶことにしよう。

米国マーケティング協会 (AMA) の定義によれば、消費者行動とは「製品やサービスの市場における消費者ないし意思決定者の行動」であり、かつ「そのような行動を理解し記述することを企図した学際的で科学的な研究領域」を指す用語である (http://www.marketingpower.com/_layouts/Dictionary.aspx)。このように、英語表記では、消費者行動それ自体と、それを対象とする研究領域とを区別していないが、本書では、後者を指す用語として「消費者行動論」(ないしは「消費者行動研究」) を用いることにする。

さて、消費者行動研究の歴史を振り返ったとき、当初は「人々はなぜ購買するのか」という購買動機や「どのように購買するのか」といった購買行動の問題に研究の焦点が当てられていた。しかし、近年では、それに加えて「人々はなぜ消費するのか」、あるいは「どのように消費するのか」といった消費行動にも光が当てられるようになった。また、それに伴い、購買時点における選択行為だけでなく、購買後の消費や使用のプロセスに対しても、研究上の関心が向けられ始めている。

こうした流れを受けて、近年のテキストでは、消費者行動を

「人々が製品やサービスを取得し，消費し，処分する際に従事する諸活動」と定義したり（Blackwell, Miniard and Engel [2005]），あるいは，「個人的なニーズを充足することが期待できる製品やサービスを探索し，購買し，使用し，評価し，処分する際に消費者が行う行動」と定義している（Schiffman *et al.* [2008]）。また，消費者行動には，「どのように考え（意思決定），感じるかと，意思決定の結果としての行動」が含まれるとしている（Schiffman *et al.* [2008]）。

ここで注意すべきことは，通常，消費者行動という概念の中には，目に見える活動だけでなく，目には見えない意思決定や情報処理などの心理的プロセスも含まれている，という点である。また，意図的な「行為」（act）だけでなく，無意識的な「反応」（response）までを含めて，「行動」（behavior）を幅広く捉えている，ということである。

本書では，これらのことを十分にふまえたうえで，消費者行動を「消費者が製品やサービスなどを取得，消費，処分する際に従事する諸活動（意思決定を含む）」として定義し，議論していくことにしたい。

2 市場の把握と消費者理解

マーケティング・コンセプトの登場

かつて経済学者のガルブレイスが「豊かな社会」（affluent society）とよんだように，第二次世界大戦後，大量生産―大量消費の時代を迎えた先進諸国では，消費者が選択に悩むほどにモノが氾濫する社会が出現した。そして，そのような常に生産が消費を上回る供給過剰な社会では，モノ不足の時代のように「作れば必ず売れる」ことなどありえず，「売れるモノを作る」ことこそが企業が生

き残るための条件となった。

歴史を振り返ると、このようなモノ不足からモノ余りへという時代の流れの中で、企業の経営姿勢は、「作ったモノを売る」という生産志向から「作ったモノは売り切る」という販売志向へ、そして「売れるモノを作る」という顧客（ニーズ）志向へと変化してきたと言われている。すなわち、「はじめに製品ありき」から「はじめに顧客（ニーズ）ありき」へ、あるいは、「プロダクト・アウト」（product out）から「マーケット・イン」（market in）へ、という大きな発想の転換であり、顧客志向の経営理念である「**マーケティング・コンセプト**」（marketing concept）の登場である。

このような顧客志向のマーケティングという考え方は、いち早く供給過剰に直面した米国で1950年代に登場し、やがて60年代に入ると広く普及し定着するとともに、マーケティング・マネジメント論として体系化されていくことになる。また、それに伴って、顧客を理解することの必要性や重要性が認識され、消費者の行動を研究し、その成果をマーケティングに活用しようとする動きも活発化していった。

たとえば、マーケティング学者のハワードが1963年に出版したテキストでは、消費者行動の解明をマーケティング・マネジメント上の重要な課題と位置づけたうえで、心理学などの関連分野での研究成果を援用しつつ、それをマーケティングに役立てるための枠組みが提示されている（Howard [1963]）。また、この時期には、マーケティングの枠組みを示す優れたテキストが他にも続々と出版され、顧客志向の考え方を大前提に、消費者行動や競争構造に焦点を当てた環境分析、市場細分化とターゲティング、マーケティング・ミックスの構築、マーケティング活動の評価と統制などを内容とする、標準的なテキストの構成が定着していく。すなわち、これは、分析、計画、実行、統制というマネジメント・プロセスの中でマー

ケティングを捉える枠組みが確立したことでもあり，中でも，消費者行動の分析は，最も重要な市場環境分析の柱として位置づけられていったのである。

このように，従来から顧客志向のマーケティングと消費者行動の理解とは密接不可分の関係にあった。たとえば，2005年に他界した経営学者のドラッカーは，「マーケティングの目的は，セリングを不必要にすることである」と述べているが (Drucker [1974])，その真意は，顧客について十分に理解し，そのニーズにあった製品・サービスを提供できれば，無理に販売せずとも自然に売れていくはずである，という点にあった。まさに顧客志向のマーケティングの本質と消費者理解との関係を言い当てた名言である。

そこで，以下，本節では，まずマーケティング・マネジメントの基本プロセスを概観したうえで，マーケティングにおいて必要となる消費者理解とは何かについて整理することにしよう。

マーケティングの基本プロセス

前述のように，おおむね1960年代にマーケティング・マネジメントの枠組みは体系化され，その後，精緻化されていった。ここでは当時よりマーケティング理論の発展に貢献してきた著名なマーケティング学者コトラーの考え方に従い，マーケティング・マネジメントの基本的プロセスを概観するとともに，必要とされる消費者理解のポイントについて，整理しておくことにしよう。

コトラーは，マーケティングの重要概念について彼自身の考えを述べた著書の中で，現代のマーケティングについて次のように定義している。

> 「マーケティング・マネジメントとは，標的市場を選択し，優れた顧客価値の創造，伝達，提供を通じて，顧客を獲得，維持，育成する技術である。」(Kotler [2003]，訳書5頁)

図 1-1　マーケティング・マネジメント・プロセス

R ➡ STP ➡ MM ➡ I ➡ C

　R：Research（マーケティング・リサーチ）
STP：Segmentation（セグメンテーション），Targeting
　　　（ターゲティング），Positioning（ポジショニング）
MM：Marketing Mix（一般的には 4P）
　I：Implementation（実行）
　C：Control（統制：フィードバック，結果の評価，
　　　STP 戦略や MM 戦術の修正や改良）

（出所）　Kotler［1999］，訳書 46 頁を修正して作成。

　この定義において，提供物は必ずしも製品やサービスに限定されてはいないが，同書の中では，未充足な顧客のニーズを発見し，提供物の品質・サービス・価格（QSP）を標的市場にとって最適な形で組み合わせたものが，顧客にとっての価値（顧客価値）だと述べている。また，単に顧客を獲得するだけではなく，維持・育成することの重要性も強調している。このように，顧客価値や顧客との関係性を重視する点は，後述するように現代のマーケティング論における 1 つの特徴でもある。

　そこで，この定義を念頭に置きつつ，図 1-1 を手がかりにして，マーケティングの具体的な進め方について，整理しておくことにしよう。この図は，コトラーが，マーケティング・マネジメントの基本プロセスと呼ぶ図式である。ここで彼は，価値創造のマーケティング・プロセスを，5 つのステップの連鎖として捉えている。

　すなわち，企業が効果的なマーケティングを行うためには，まずは自社を取り巻くさまざまな環境について，中でも市場環境についての十分なリサーチ（R）から始め，そこから得られた情報にもとづいて，比較的類似したニーズをもつ消費者グループを発見し，そ

れをセグメンテーション (S) する必要がある。そして，複数のセグメントが存在する場合には，どのセグメントの消費者にねらいを定めるべきかというターゲティング (T) を行い，さらに，標的セグメントの消費者に対して，自社の提供物（製品やサービス）の価値を他社のそれよりも高く評価してもらうため，効果的なポジショニング (P) を行わなければならない。

コトラーは，この**STP**の3要素を戦略的マーケティングの柱として位置づけているが，この段階で何よりも重要なのが，消費者ニーズについての掘り下げた理解である。ただし，消費者のニーズは，常に明確な形で表明されているわけではなく，表明されていないニーズや隠されたニーズがあり，その中から真のニーズを解き明かしていく必要がある。

次に，コトラーが戦術的マーケティングとよぶ段階では，確定されたポジショニング（差別化ポイントとユニークな価値提案）を前提に，具体的なマーケティング活動に落とし込むための施策，すなわち，**マーケティング・ミックス** (Marketing Mix: MM) の内容が検討される。いわゆる**4P**としての製品 (Product)，価格 (Price)，プレイス (Place：流通チャネル)，およびプロモーション (Promotion) を，どのように効果的かつ効率的に組み合わせていくか，という問題である。

この段階で必要となるのが，マーケティング・ミックスの各要素に対する消費者の反応の仕方についての正確な理解である。これによって，4つのPの効果的な組合せが可能となるし，それは次の段階でのマーケティング活動の評価においても，基準値を提供してくれる。具体的には，値引きへの反応やメディアへの接触状況，店舗選択など，知るべき消費者の反応の内容は多岐にわたる。

このように，消費者ニーズの理解とマーケティング・ミックスの各要素への反応パターンの把握は，マーケティングを進めていくう

図1-2 標的市場を理解するための「7つのO」と「4つのP」

マーケティング・ミックス

Product（製品）
- 品質
- 特徴
- スタイル
- ブランド名
- パッケージ
- サービス

Price（価格）
- 表示価格
- 割引
- 支払期限
- 信用条件

標的市場
- Occupants（主体）
- Objects（客体）
- Objectives（目的）
- Organization（組織）
- Occasions（時期）
- Outlet（販路）
- Operations（活動）

Place（流通）
- チャネル
- カバレッジ
- 立地
- 在庫
- 輸送

Promotion（プロモーション）
- 広告
- 人的販売
- 販売促進
- PR

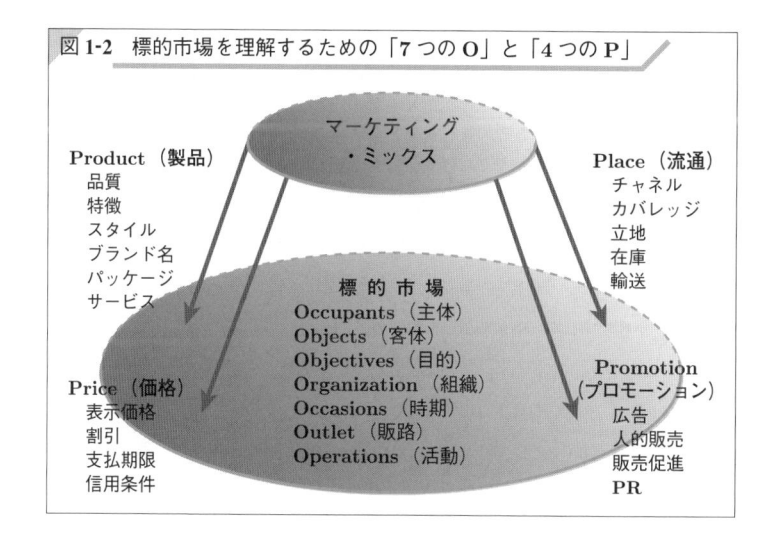

えで必要となる消費者理解の2本柱なのである。

なお，マーケティング・マネジメントの基本プロセスでは，マーケティング・ミックス（MM）に関する具体的施策が実行（I）された後，その結果がモニターされ，評価されることになっているが，この評価結果をふまえて，次期のSTP戦略とMM戦術を改善するために必要なコントロール（C）が行われることになる。

標的市場の把握と「7つのO」

前述のように，顧客志向のマーケティングを行うためには，その異質性を含めて消費者ニーズをよく理解し，マーケティング・ミックスの各要素への反応の仕方を把握することが必要となる。ただし，特定セグメントを対象とした具体的なマーケティング施策を展開するうえでは，より詳細に標的市場を知ることが重要となる。

この点に関して，コトラーは，標的市場を把握するための「**7つのO**」として，消費者理解の重要ポイントを「**5W1H**」的に整理しているので，紹介しておこう（Kotler [1980]）。

第1章 消費者行動とマーケティング

これは，アルファベット順でOがPの前にあるように，4つのPの組合せ（＝マーケティング・ミックス）を考える際には，それに先だって標的市場の特徴について「7つのO」をキーワードに整理しておく必要があるというものである（図1-2参照）。

内容的には多くの消費者行動論のテキストが指摘している点ではあるが，アルファベットの順序に絡めてマーケティングとの関連性を強調しており，理解しやすいかもしれない。

(1) **誰が標的市場を構成しているのか：主体**

標的市場を構成する消費者の行動は，当然，それが誰なのかによって異なる。それゆえに，消費者のデモグラフィック（人口統計的）属性，職業や所得といった社会経済的属性，パーソナリティやライフスタイルの違いなどの消費者属性を把握することが大切である。また，これらの属性と消費者行動との関係（属性ごとの差異など）を明らかにすることは，セグメンテーションやターゲティングを行う際の基準として重要な情報となる。

(2) **何を購買するのか：客体**

消費者の行動は，もちろん，何を買うのかによっても異なる。購買対象が，モノ（製品）なのか，サービスなのか，あるいは，同じモノ（製品）でも，耐久財か非耐久財かで，買い方や使い方も違ってくる。このような理由から，これまでにも消費者行動の違いにもとづく商品分類が提案されてきた。近年では，製品関与度（製品への思い入れの度合い）なども分類基準として用いられている。

(3) **なぜ購買するのか：目的**

消費者は自らのニーズを満たすために，製品やサービスを購買し，そして消費（使用）する。したがって，購買のなぜを問うことは，消費者のニーズを問うことでもあり，消費者行動を理解するうえで重要なテーマでもある。これまでにも，ニーズの階層性に関する議論やモチベーション・リサーチなど，さまざまな研究が行われ

てきているが，これについては第3章で解説する。

(4) 誰が購買に関与しているのか：組織

家族で共有・共用される製品・サービスの場合には，その購買に誰がどのような形で関与するのかも重要なポイントである。意思決定のすべてが1人の中で完結するパーソナル・ユース型の製品に対して，ファミリー・ユース型の製品の場合には，家族の誰が関わり，どのような役割を果たすのか，などを明らかにすることが重要となる。

(5) いつ購買するのか：時期

製品やサービスによっては，毎日購買するものもあれば，一生涯に一度しか購買しないようなものもある。また，購買の頻度は人によっても異なる。加えて，その製品やサービスの購買時期の問題（すなわち，一生・年・月・週・日といったタイムスパンのどこで購買するのか）なども，消費者行動を理解するうえでの重要なポイントだと言える。

(6) どこで購買するのか：販路

消費者は，店舗まで出向いて購買するのか，それとも通信販売等を利用して在宅のまま購買するのか。また，店舗まで出向くとして，どのような立地の，どのような業態の店舗で購買するのか，といった買物行動に関する問題である。インターネットの登場とその普及により，消費者の買物行動は大きく変化しつつあり，重要な研究テーマとなっている。

(7) どのように購買するのか：活動

消費者は，何をきっかけに購買を思い立ち，どのような情報を，どれくらい集め，どのようなブランドを比較し，どのようなルールで選択するのか。これらは，購買行動を意思決定プロセスとして捉えた場合の問題である。本書では，消費者の購買意思決定プロセスとそこでの情報処理について，第Ⅳ部で詳しく検討していく。

3 マーケティングの今日的課題と消費者行動分析

　以上，本章においては，消費者行動とは何かについて考え，それを定義するとともに，市場を把握し消費者を理解することの意味と意義について考えてきた。

　最後に，本節では，マーケティング競争と消費者選択との関係性について整理し，マーケティング上の今日的課題を確認したうえで，必要とされる消費者行動分析の内容と本書の構成について示すことにする。

マーケティング競争と消費者選択
　改めて言うまでもなく，企業が市場の中で存続し成長していくためには，顧客に認められるような価値を創造し提供していかなければならない。かつてドラッカーは，「顧客が進んで支払う価格で望む製品やサービスを提供できなければ，その事業は失敗である」と言った（Drucker [1954]）。と同時に，その価値を獲得し維持するためには，持続的な競争優位を確立し，顧客を獲得して維持していくことも必要である。企業の存続と成長は，2つの能力，すなわち，「顧客価値を創造し提供する能力」と「顧客を獲得し維持する能力」に依存しているのである。

　このように考えると，本来，市場において展開される企業間競争は，企業A対企業Bといった一対一的（dyadic）な関係図式の中で捉えるべきではない。むしろ，常に消費者の選択をめぐって展開されるマーケティング競争の本質は，図1-3で示されるような「三つ組的」（triadic）な関係図式の中でこそ，捉えられるべきものだと言える。

　すなわち，ある企業が市場でのマーケティング上の競争で他社に

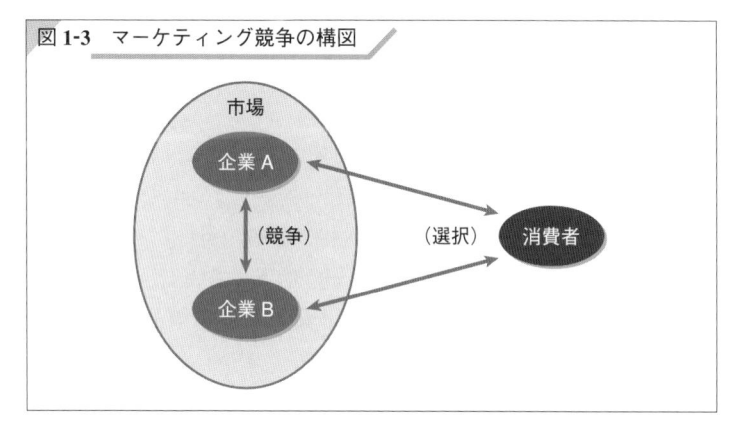

図1-3 マーケティング競争の構図

市場
企業A ←（競争）→ 企業B
（選択）
消費者

打ち勝つためには，まず他社に比して消費者のニーズをよりよく充足しうる「市場提供物」(market offering) を創造し，次に，それを競争企業に比してより好まれる方法で提供することで，消費者の選択を勝ち取らなければならない。そして，そのためには，消費者が自社の提供物やその提供方法と他社のそれとの間に差異を認め，かつ，自らのニーズや評価基準に照らして，他社よりも好ましいものと判断するような状況を，積極的に創出する必要がある。

したがって，マーケティングにおける競争優位の確立とは，このような意味での**差別的優位性** (differential advantage) を創出することであり，そのために消費者のニーズや行動を深く理解し，いかに効果的かつ効率的に働きかけるかが問題となる。

本書では，このような「マーケティング競争の本質は，消費者の選択をめぐる競争である」という観点に立ち，さまざまなレベルでの消費者選択に焦点を当て，その分析上の視点や枠組みを提示していく。

> コモディティ化市場におけるマーケティング対応

前述のように，企業の提供物が製品であれ，サービスであれ，顧客が価値を認めるものを，利益の出るコストで生産し販売で

きなければ,その企業は存続できない。また,市場には数多くの競合企業が存在するため,その提供物に際立った特徴をもたせるための差別化が必要不可欠となる。

しかしある企業が,さまざまな差別化に取り組み,いくら競争優位性を築こうと努力しても,競合他社は,絶えず追随し模倣や同質化を試みてくるであろう。その結果,やがて差別性は失われて際限のない価格競争に巻き込まれ,利益率は低下していく。

一般的に,差別性がなく価格競争に陥りやすい製品やサービスのことを「コモディティ」(commodity)とよび,企業間での模倣や同質化の結果,製品・サービス間での差別性が失われていく状況を指して**コモディティ化**(commoditization)とよぶことがある。近年,数多くの市場でコモディティ化が進行する中,そのような状況から脱却するための「脱コモディティ化」が,マーケティング上の今日的課題としてクローズアップされてきている(恩蔵[2007])。

このような状況下,企業が市場において存続し成長していくためには,以前にも増してユニークな価値提案を行って製品やサービスをブランド化していくこと,そして,顧客との関係性を構築し,それを維持・強化していくことで,持続的な競争優位を確立することの必要性が高まっている。また,顧客が求める価値が,単なるモノの価値を超えてコトの価値(経験価値)へとシフトし,インターネットの普及やソーシャル・メディアの登場により情報メディア環境が激変している今日,適切な形で顧客価値を伝達し実現するために,より高度で統合的なマーケティング活動が求められるようになってきている。

こうしたマーケティング上の今日的課題を反映して,近年,戦略的ブランド管理への関心の高まりをはじめとして,関係性マーケティング,統合型マーケティング・コミュニケーション(IMC),経験価値マーケティングに関する議論が活発化してきた。また,それ

に呼応する形で，必要とされる消費者理解の内容も，ブランド知識構造の解明や顧客接点の分析などへと，新たな広がりを見せている（*Column* ④参照）。

本書では，こうした近年におけるマーケティング論の動向をふまえつつ，消費者行動研究のマーケティング戦略への応用についても，紙幅を割いて検討していく。

Column ④　脱コモディティ化のための処方箋

コモディティ化問題の核心は，企業が行った差別化に対して顧客が付加的価値を認めず，十分な対価を支払わない点にある。すなわち，何らかの理由によって，「支払意向額」（Willingness To Pay: WTP）が頭打ちになるか，あるいは，それが低下することが問題であって，そのことを十分に理解する必要がある。

消費者行動論の観点からは，この支払意向額を規定するものとして，「製品関与度」と「製品知識・判別力」という2つの要因（消費者特性）が考えられる。

詳しくは，第Ⅲ部以降で解説するが，ここで製品関与度とは，当該製品に対する消費者の思い入れやこだわりの程度のことであり，当該製品が消費者の中心的な価値と強く結びついているほど，関与度は高くなる傾向がある。一方，製品知識とは，当該製品の属性や個々のブランドの特徴などに関して消費者が保有する知識のことであり，そのような製品知識にもとづきブランド間の差異を知覚・判別する能力のことを，判別力とよぶ。

一般的に，製品関与度や製品知識・判別力と支払意向額（WTP）との間には，正の相関関係があると考えられ，製品関与度の高い消費者，あるいは，製品知識をもち判別力の高い消費者ほど，支払意向額は高くなると考えられる。

そもそもブランド構築とは，「製品間に知覚差異を作り出し，消費者愛顧を育てることによって企業に利潤をもたらそうとする価値創造行

為」(Keller [2008]) であるが,消費者行動論の立場からは,消費者のブランド知識の形成を通して,その判別力と関与度を引き上げることこそが,脱コモディティ化のための有効な処方箋であると言える。

消費者行動分析の課題と本書の構成

繰り返し述べてきたように,企業が効果的かつ効率的なマーケティング活動を進めていくためには,市場を構成する消費者のニーズや行動について,深い理解と的確な分析が必要となる。具体的には,消費者は,どのような理由で製品やサービスを購入するのか,また,どのような買い方や使い方をするのか。そして,それらは消費者により,製品やサービスにより,どのように異なっているのか,などについての分析と理解である。

このため,顧客志向の経営理念であるマーケティング・コンセプトが米国において登場する 1950 年代以降,マーケティング研究の一環として,消費者行動に関するさまざまな研究が行われてきた。その後,そのような消費者行動研究は,経済学,心理学,社会学などの関連する学問分野の理論や概念を援用しながら進められ,やがて 1970 年代に入る頃から,消費者行動論という 1 つの独立した研究分野を形成することとなった。

本書は,このようにして成立した消費者行動論の理論や分析枠組みを,できる限り体系的に理解できるように編まれたテキストである。とくに,「マーケティング競争は,消費者の選択をめぐる競争である」という観点に立ち,さまざまなレベルにおける消費者選択に焦点を当て,その分析上の視点や分析枠組みを提示している。また,「消費者の選択は意思決定の結果であり,意思決定は情報処理を伴う」という認識にもとづき,とくに消費者情報処理理論の研究

成果をふまえて，消費者の購買意思決定プロセスにまつわるさまざまな情報処理を理解するための基礎概念も提示している。

歴史的に見ると，消費者行動の分析は，購買動機の解明を課題とするWhy（消費者はなぜ購買するのか）に焦点を当てたものから，ブランド選択などの行動の予測を課題としたWhat（消費者は何を購買するのか）に力点を置くもの，そして，意思決定に伴う情報処理などの解明を課題としたHow（消費者はどのようにして購買するのか）に関する研究へと，範囲を広げつつ発展してきた。また，前述のように，近年では，マーケティング上の今日的課題を反映して，消費者のブランド知識構造の解明や関係性の構築・維持を意図した顧客接点の分析など，新たな広がりを見せている。

以上のような消費者行動分析の課題を念頭に置き，本書は，5つの部，15の章による構成で成り立っている。そして，各章の内容は，以下のとおりである。

まず第Ⅰ部「消費者行動分析の基本フレーム」では，消費者行動を分析する際の基本的な視点や枠組みが提示される。具体的には，本章の議論を受けて，第2章では，消費者行動の集計水準と選択の階層性に着目した分析枠組みを示し，消費者行動の分析モデルやその規定因について議論する。そして，第3章では，購買動機の探究，行動の測定と予測，内的プロセスの解明，という消費者行動の分析課題に沿って，3つの研究系譜が示される。また，その中で，本書が依拠する消費者情報処理理論の位置づけが確認される。

続く第Ⅱ部「環境要因の変化と消費者行動」では，主に消費行動のレベルに焦点を当て，第4章で分析単位としての家族や家計，分析対象としての消費様式や支出配分について説明した後，消費様式の選択メカニズムについて議論する。また，第5章では，消費者行動を規定する環境要因が示され，それらが生活構造や生活意識の変化を経由するなどして，消費行動や購買行動に影響を与えるメ

カニズムが検討される。

　第Ⅲ部「消費者情報処理の分析フレーム」では，消費者情報処理理論の考え方に依拠する形で，第6章で情報処理のメカニズムについて解説した後，第7章で情報処理の動機づけについて，第8章で情報処理の能力について，基礎的な概念も含めて説明する。

　第Ⅳ部「購買意思決定プロセスと情報処理」では，購買意思決定プロセスにおいて行われる情報処理を，購買前，購買時，購買後という3つのフェーズに区分して検討している。具体的には，第9章で基本的な枠組みを示した後，第10章で購買前の情報処理を，第11章で購買時の情報処理，そして，第12章で購買後の情報処理について検討している。

　最後に，第Ⅴ部「消費者行動分析の応用」では，消費者行動研究の知見にもとづくマーケティング戦略への応用が示される。とくに，単なる4P別の戦略的示唆ではなく，体系的な枠組みの構築をめざして，情報処理サイクルや関与の高低を組み込んだ議論を行っている。具体的には，第13章で情報処理サイクルの各段階別の検討を行い，第14章で関与の高低別に検討を行っている。そして，第15章において，ブランド構築や統合型マーケティング・コミュニケーションへの示唆が検討されている。

Keywords
消費社会　消費者行動　マーケティング・コンセプト　STP　マーケティング・ミックス（4P）　7つのO　差別的優位性　コモディティ化

演習問題

1-1 「マーケティングの目的は,セリングを不必要にすることである」というドラッカーの言葉を念頭に置き,単なるセリング(販売)とマーケティングとを対比してみよう。また,その際に,消費者を理解することの意味についても検討してみよう。

1-2 関心のある製品ないしサービスの市場を取り上げ,セグメンテーションを行ったうえで,各顧客セグメントごとに「7つのO」を考え,それぞれに対するマーケティング・ミックス(4P)が,どのように違うか考えてみよう。

1-3 コモディティ化が進行していると思われる製品やサービスの市場を取り上げ,何がコモディティ化を進行させる要因であるかを考えてみよう。また,とくに消費者の行動に起因する要因を列挙し整理してみよう。

参考文献

恩蔵直人[2007]『コモディティ化市場のマーケティング論理』有斐閣。

川又英紀[2008]「英マクラーレンのベビーカーが急成長」日経ビジネスオンライン,9月18日。

清水聰[1999]『新しい消費者行動』千倉書房。

角田朋子[2010]「『マクラーレン』ヒットの本当の理由」『マーケティング・ホライズン』629号,20-21頁。

新倉貴士[2011]「第二世代の消費者情報処理研究」『商学論究』第58巻4号,91-110頁。

間々田孝夫[2000]『消費社会論』有斐閣。

流通経済研究所編[2011]『ショッパー・マーケティング』日本経済新聞出版社。

Blackwell, R. D., P. W. Miniard and J. F. Engel [2005] *Consumer Behavior*, 10th ed., South-Western.

Drucker, P. F. [1954] *The Practice of Management*, Harper. (上田惇

生訳［2006］『現代の経営（上・下）』ダイヤモンド社。）

Drucker, P. F.［1974］*Management: Tasks, Responsibility, Practices*, Butterworth-Heineman.（上田惇生編訳［2001］『マネジメント──基本と原則』ダイヤモンド社。）

Howard, J. A.［1963］*Marketing Management: Analysis and Planning*, 2nd ed., Richard D. Irwin.

Keller, K. L.［2008］*Strategic Brand Management: Building, Measuring, and Managing Brand Equity*, 3rd ed., Prentice-Hall.（恩藏直人監訳［2010］『戦略的ブランド・マネジメント（第3版）』東急エージェンシー。）

Kotler, P.［1980］*Marketing Management*, 4th ed., Prentice-Hall.

Kotler, P.［1999］*Kotler on Marketing*, Free Press.（木村達也訳［2000］『コトラーの戦略的マーケティング』ダイヤモンド社。）

Kotler, P.［2003］*Marketing Insights from A to Z*, John Wiley & Sons.（恩藏直人監訳［2003］『コトラーのマーケティング・コンセプト』東洋経済新報社。）

Sheth, J. N., D. M. Gardner and D. E. Garrett［1988］*Marketing Theory: Evolution and Evaluation*, John Wiley & Sons.（流通科学研究会訳［1991］『マーケティング理論への挑戦』東洋経済新報社。）

Schiffman, L., D. Bednall, A. O'cass, A. Paladino, S. Ward and L. Kanuk［2008］*Consumer Behavior*, 4th ed., Pearson Education Australia.

第2章 消費者行動の分析フレーム

> **Introduction**
>
> 前章で検討したように,現実の消費者行動は,実に多面的であり多様であるが,多様なものを多様なままに分析することはできない。まずは,目的に応じて対象を区分し,それぞれにあった分析の視点や枠組みを設定する必要がある。本章では,このような複雑で多様な現実の消費者行動を分析するための基本フレームとして,①集計水準や選択の階層性に着目した分析レベルの設定,②とくに購買行動のレベルに焦点を当てた場合の分析の視点と枠組み,③消費者行動をモデル化して分析することの意義,について検討していく。

1 消費者行動の分析レベル

集計水準に着目した分析レベル

マーケティング上の関心という観点から考えれば,当然,分析の焦点は,市場総体での需要に当てられるべきである。しかしながら,現実には,市場を構成する消費者個々人,あるいは,個々の世帯・家計の行動に分解して分析する間接的なアプローチがとられてきた。

ここでは,このような市場全体,あるいは,社会全体としての消費(需要)の構造や動向を扱うのか,それとも個別消費主体としての個人,あるいは,世帯・家計に分解して扱うのか,を**集計水準**

図 2-1 消費者行動の集計水準

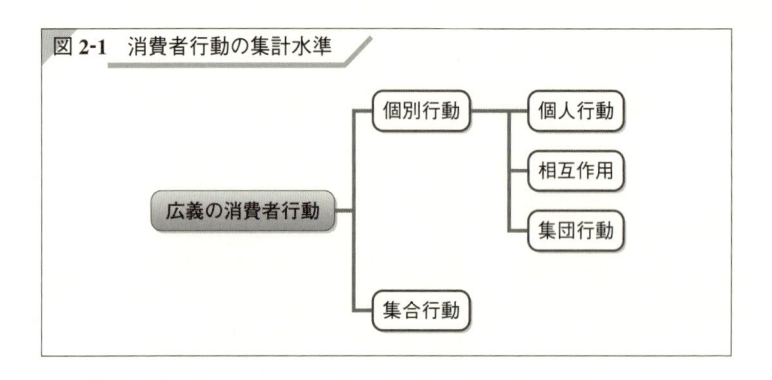

```
                              ┌─ 個別行動 ─┬─ 個人行動
                              │           ├─ 相互作用
広義の消費者行動 ─┤           └─ 集団行動
                              │
                              └─ 集合行動
```

(aggregation level) の問題とよぶことにする。

図2-1は, このような集計水準の観点から, 消費者行動における分析対象を分類・整理したものである。図示されているように, 広義の消費者行動は, 各消費主体ごとの個別行動に焦点を当てるのか, それとも, それら個別行動が集積された結果である社会過程・社会現象に焦点を当てるのかによって, **個別行動**と**集合行動**とに大別される。そして, 前者の個別行動は, 個の捉え方によって, さらに**個人行動**, **相互作用**, **集団行動**の3つのレベルに類型化される。

(1) **個 人 行 動**

個人行動とは, 消費者個々人の行動に焦点を当てた場合の分析レベルである。多くの場合, 個人レベルでの製品選択, ブランド選択, 店舗選択などの選択行動が取り上げられ, そこでの意思決定や情報処理のプロセスが分析される。従来の消費者行動研究において, 最も典型的な分析レベルであり, 心理学などの個人行動を対象にした分野での理論や成果を援用する形で, 研究が蓄積されてきている。

(2) **相 互 作 用**

相互作用とは, 個々人の行動そのものではなく, 個人間での相互作用のプロセスに焦点を当てた分析レベルである。たとえば, ギフ

ト消費を例に考えると、製品の買い手自身がそれを消費するわけではない。ギフトの送り手としての買い手と、使い手としての貰い手がいて、両者間の相互作用の中でギフト消費は成立する。すなわち、製品やサービスをギフトという形で贈り、また贈られたりする中で、両者間のコミュニケーション（感謝の気持ちや好意の伝達）や関係性の維持・強化が行われていく。このようなギフト消費の本質は、相互作用のプロセスに着目することで見えてくるのである。

(3) 集団行動

集団行動とは、集団の構成員間の関係や役割分担などを含めて、集団としての振る舞い方に焦点を当てた分析レベルである。たとえば、家族という分析単位を考え、その中での役割分担や共同意思決定のプロセスに焦点を当てた分析などが、このレベルでの分析例である。家族によって共有・共用されるファミリー・ユース型の製品の場合には、製品の選択・購買・支払・使用・管理といった役割を、家族の誰が担当するのかなどが分析対象となる。また、製品やサービスによって、夫婦間で行われる意思決定の仕方がどのように異なるのか、といった研究なども行われている。

(4) 集合行動

集合行動とは、個人や集団による個別の行動ではなく、多数の個別行動が集積された結果としての社会過程・社会現象に焦点を当てた分析レベルである。たとえば、ファッションなどの「流行」現象や新製品の「普及」過程などは、集合行動・集合現象として捉えるべき典型例である。もちろん、新しいファッションや新製品を個々人がどのように採用するかという個人行動（採用行動）レベルで分析することも可能である。しかし、社会（市場）全体としての流行や普及のスピードやパターンなどが問題となる場合には、集合行動というレベルでの分析が必要となる。

前述のように，本来，企業の対市場活動であるマーケティングの性格から考えれば，市場レベルでの消費問題を分析対象とすべきである。しかし，これまでの消費者行動研究においては，多くの場合，消費者個々人，あるいは，個々の家族や家計の行動に分解して分析する間接的アプローチが採用されてきた。そこで本書でも，基本的に，個別行動という分析レベル，中でも個人行動に焦点を当てて検討していく。

> 選択の階層性に着目した分析レベル

集計水準の観点から分析対象を個人行動に限定したとしても，そこにはさまざまなレベルでの選択が含まれており，それらを整理したうえで分析する必要がある。このような**選択の階層性**に着目したとき，広義の消費者行動は，①消費行動，②購買行動，③買物行動，④使用行動，という4つのレベルに階層化することができる（図2-2参照）。

(1) 消費行動：消費様式と支出配分の選択

われわれ消費者は，1日24時間という生活時間を，労働と（広義の）余暇時間とに配分し，労働の対価として得た所得を原資に，生活に必要な製品やサービスを手に入れる。このような支出配分に関わる行動，具体的には，①消費と貯蓄の配分，②消費支出の費目別配分，といった支出配分行動を指して**消費行動**（consumption behavior）とよぶ。現在の消費か，将来の消費（貯蓄）かの選択に始まり，製品（モノ）かサービスかの選択，あるいは，衣・食・住のどこにウェイトを置くのかなど，支出配分は消費者の価値意識を反映した生活様式・消費様式の選択問題でもある。また，こうした消費行動の変化は，マクロ的には，さまざまな市場の動向（その成長や衰退）に影響を及ぼし，産業構造変化の遠因ともなる。それゆえに，これまでにも市場機会の発見を意図した消費行動の分析（たとえば，消費者のライフスタイル変化の分析など）が数多く行われてき

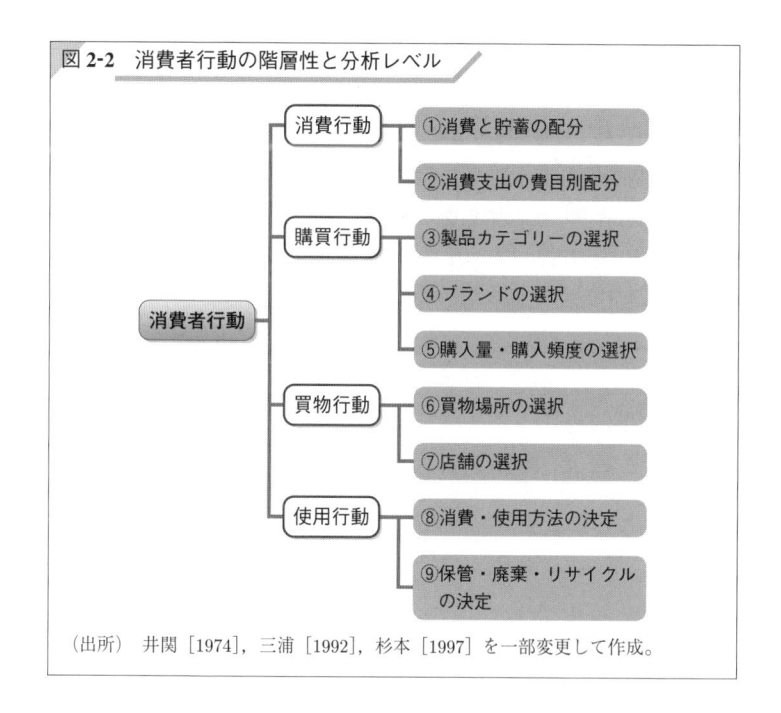

図2-2 消費者行動の階層性と分析レベル

- 消費者行動
  - 消費行動
    - ①消費と貯蓄の配分
    - ②消費支出の費目別配分
  - 購買行動
    - ③製品カテゴリーの選択
    - ④ブランドの選択
    - ⑤購入量・購入頻度の選択
  - 買物行動
    - ⑥買物場所の選択
    - ⑦店舗の選択
  - 使用行動
    - ⑧消費・使用方法の決定
    - ⑨保管・廃棄・リサイクルの決定

(出所) 井関[1974], 三浦[1992], 杉本[1997]を一部変更して作成。

た。本書では，第4章において，こうした消費行動の変化のメカニズムに焦点を当て，それを分析するための枠組みを提示する。

(2) 購買行動：製品・サービスの選択と調達

消費者行動の中でも，具体的な形での製品・サービスの入手・調達に関わるレベルを指して，**購買行動**（buying behavior）とよぶ。狭義には，③製品カテゴリーの選択，④ブランドの選択，⑤購入量・購入頻度の選択などが含まれ，広義には次の買物行動も含めて考える場合もある。このような購買行動は，企業（とくにメーカー）にとっては，自社製品・自社ブランドの売上やシェアに直結するマーケティング上の一大関心事であり，これまでブランド選択を中心にさまざまな研究が行われてきた。本書では，とくに，この購買

行動のレベルに焦点を当てることとし,次の第2節では,それを意思決定プロセスとして分析するための視点と枠組みを提示する。

(3) 買物行動：買物場所の選択と買物出向

広義の購買行動のうち,⑥買物場所の選択,⑦店舗の選択を内容とする部分を指して**買物行動**（shopping behavior）とよぶ。買物行動には,実際に店舗にまで出向く地理的・空間的な行動としての買物出向だけでなく,無店舗販売（ネットを含む通信販売など）を利用したホームショッピングなども含まれる。さらに,買物行動は,銀座や新宿,渋谷といった商業集積間,あるいは,三越,伊勢丹といった店舗間で行われる店舗間買物行動と,特定の店舗内での売場間や売場内で行われる店舗内買物行動に分類される。このような「どこへ買物に行くのか」あるいは「どこまで買物に行くのか」に着目した買物行動という分析レベルは,とくに小売企業の立場から有用である（たとえば,店舗間買物行動の分析に関しては立地や商圏問題への適用が,また,店舗内買物行動の分析では,売場レイアウトや商品陳列など店頭マーケティングへの応用が意図されてきた）。

(4) 使用行動：製品・サービスの使用と処分

消費者行動は製品・サービスを購買するだけでは終わらない。それらを消費（使用）し,最後に処分・廃棄することで完了するのである。このような製品・サービスの購買後における,⑧消費・使用方法の決定,⑨保管・廃棄・リサイクルの決定などの部分を指して**使用行動**（処分行動）とよぶ。たとえば,製品の使用のされ方は,製品開発や製品改良との関連で重要な分析視点であり,また,処分や廃棄,あるいはリサイクルについても,近年,環境問題との関連で分析の重要性は高まっている。

2 購買行動分析の視点と枠組み

> 購買行動における
> 選択問題

前述のように,購買行動とは,製品やサービスの購買をとおして,それらを入手・確保する行動の総称である。すなわち,消費行動が,消費様式の選択や支出配分の決定をとおして,消費内容の大枠を決める行動であるのに対して,購買行動は,その枠内で,何を,いつ,どこで,いくつ購入するのかを決め,消費内容を具体化していく行動だと言える。

いまこれを,先述した選択の階層性という観点から再度整理するならば,広義の購買行動には,以下のような4つの選択が含まれている。

(1) 製品カテゴリーの選択

購買行動は,日常生活の中でのニーズの喚起や問題認識(理想とする状態と現実の状態との間のギャップの認識)を契機として,開始される。このとき,まずは,喚起されたニーズの充足ないし問題解決の手段として,どのような製品カテゴリーが選ばれるかが,最初の選択レベルである。たとえば,夏の暑い日に喉の渇きを感じて,何か飲料を購入して渇きを癒そうとしたとしよう。このとき,ペットボトルの緑茶にするか,缶ビールにするか,といったレベルでの選択がこれに当たる。あるいは,1人で昼食をとるときに,ハンバーガーにするか,コンビニ弁当にするか,古くなったパソコンを買い替えるとき,デスクトップ型にするか,ノート型にするか,などは,ジャンルやカテゴリーのレベルは異なるが,どれも製品カテゴリーの選択として捉えられる。

(2) ブランドの選択

喚起されたニーズを充足するための手段として,ある特定の製品カテゴリーが選択されたならば,次は,その製品カテゴリー内でのブランド選択である。

通常,製品カテゴリーの中には,消費者の選択をめぐって競合関係にある複数のブランドが存在し,それぞれに異なる特徴(差別化ポイント)を訴求している。

たとえば,ビールという製品カテゴリーであれば,アサヒのスーパードライ,キリンの一番搾り,サントリーのモルツ,サッポロのヱビスなどのブランドが選択対象となるであろう。また,緑茶飲料のカテゴリーであれば,伊藤園のお〜いお茶,キリンビバレッジの生茶,サントリーの伊右衛門などのブランドが,それぞれに独自の製法や味を訴求している,といった具合にである。

そして,消費者は,過去の購入・使用経験をとおして蓄積したブランド知識,あるいは,新たな情報探索で取得したブランド関連情報を手がかりに,自らの評価基準に照らして,ブランドを選択する。通常,購買行動の分析とは,このようなブランド選択に焦点を当てたものであり,そこで用いられる選択の基準や意思決定ルールの解明に主眼を置いている。

(3) 買物場所の選択

前述の2つの選択レベルをとおして購買する製品カテゴリーとブランドが確定したならば,次の段階は,それらを入手・確保する方法の決定となる。通常,製品を手に入れるためには,実際に店舗にまで出向いて買物するか,あるいは,通信販売や訪問販売などの方法に頼らざるをえない。いずれにせよ,どこかに出向くか,あるいは,在宅のままか,という買物場所の選択が問題となる。いま,自宅も含めた買物場所の選択に関わる消費者の行動を(広義の)「買物行動」とよぶならば,それは,とくに「どこで」に重点を置いた

消費者行動分析だと言える。また，実際に店舗に出向く行為を**買物出向**（shopping trip）とよび，これを狭義の買物行動とするならば，そこには，都市，商業集積，店舗，売場といったさまざまなレベルでの買物場所の選択が含まれることになる。

(4) 購入数量・頻度・時期や支払方法の選択

製品を入手・確保するという意味での購買行動では，購入数量や購入頻度，そして購入時期の決定も重要である。

たとえば，食料品や日用雑貨などの購入頻度の高い製品については，必要なときに必要な分量をその都度に購入するか（小口当用買い），あるいは，特売などの価格の安いときに一度に大量に購入するか（まとめ買い）という，購入数量と購入頻度についての選択，そして，購入時期の選択が問題となる。

もちろん，家電製品の買い替えのタイミングや住宅の購入時期の決定など，購入頻度の低い製品についても，購入時期の問題は重要である。また，支払方法の選択については，現金（キャッシュ）で支払うか，クレジット（信用販売）を利用するか，また，クレジットの場合でも，一括払いか，リボ払いか，などが問題となる。近年，電子マネーやネット上での電子決済など，新たな決済方法が登場しており，消費者の支払方法に関する選択肢はますます増える傾向にある。

購買行動と意思決定　このように，購買行動にはさまざまなレベルの選択が含まれるが，通常，それらは意思決定の問題として捉えられ，分析される。

ここで**意思決定**（decision making）とは，「複数の選択肢（代替案）の中から，1つの選択肢を選ぶこと」を指し，それに伴うさまざまな判断（選択肢を評価する基準についての判断や用いる決定ルールの判断など）を含めた概念である（印南［2002］）。

たとえば，ある消費者がパソコン（PC）の購入を検討している

場合,彼/彼女は市場に複数存在するPCの機種やブランドの中から,どれを購入するかを決めなければならない。また,通信販売の利用も含めて,そのPCをどこから購入するかも決めなければならない。このように,通常の購買状況において行われるブランド選択や店舗選択に関わる意思決定を,ここでは「購買意思決定」とよぶことにする。

さて,PCの機種やブランドを選択しようとするとき,ほとんどの消費者は,価格や機能・性能(CPUの処理速度,メモリやハードディスクの容量,など),デザイン,付属ソフト,保証期間といった製品属性について比較・検討するであろう。また,製品を購入する店舗を選択する場合には,立地や品揃え,値引きの程度や接客態度,無料配送サービスの有無などの店舗属性についても比較・検討するであろう。このように,ブランドや店舗といった選択肢(代替案)は,通常,複数の属性(attribute)をもっており,それらの複数の属性を比較考量したうえで行われる購買意思決定のことを,「多属性型意思決定」(multi-attribute decision-making)とよんでいる(竹村[1996])。

最後に,自動車や住宅といった大型の製品を購入する場合,意思決定の主体は個人ではなく,夫婦であることや家族であることも多いであろう。この種の主体による意思決定を,共同意思決定(joint decision-making)ないし集団意思決定(group decision-making)とよんでいる。本書では,議論を単純化するために,個人が単独で行う意思決定(個人的意思決定:individual decision-making)に限定して話を進めていく。

なお,とくに断らない限り,以下では,意思決定(選択)の対象をブランドに限定し(すなわち,ブランド選択に関わる意思決定に限定して)議論を進めていくことにする。

購買意思決定のプロセス

意思決定という視点から購買行動を捉えた場合,それは単なる一時点の「購買行為」(支払いをして製品やサービスを手に入れるという直接的な行為)だけではなく,その前後に行われるさまざまな活動も含めて,一連の「プロセス」として捉える必要がある。ここでプロセスとは,互いに関連したいくつかの段階が継起的(連続的)に生起するあり様ないし道筋を捉えた概念のことである。

購買行動を,このような意思決定プロセスとして捉えた場合,大きくは購買前 (pre-purchase) 活動,購買時 (purchase) 活動,購買後 (post-purchase) 活動という3つのフェーズ,さらに,その中を①問題認識,②情報探索,③代替案評価,④選択・購買,⑤購買後評価,という5つの段階に区分するのが一般的である(購買後活動の中に廃棄・処分などのステップを含めて考える場合もあるが,本書ではブランド選択に関わる購買意思決定それ自体に焦点を当てることにし,これを除外する)。すなわち,以下のようになる。

購買前活動: 購買行動の契機となる「問題認識」に始まり,選択に必要な情報を取得するための「情報探索」に至るまでのフェーズである。

購買時活動: 購入すべきブランドを決めるための「代替案評価」をふまえて,実際の「選択・購買」が行われるフェーズである。

購買後活動: 購入後の製品の使用・処分を含み,その「事後的評価(購買後評価)」を含むフェーズである。

ここで言う購買意思決定のプロセスは,同時に情報処理のプロセスでもあり,次節で紹介するブラックウェルたちのモデルでも,情報探索から代替案評価,選択・購買という各段階と連動して,情報

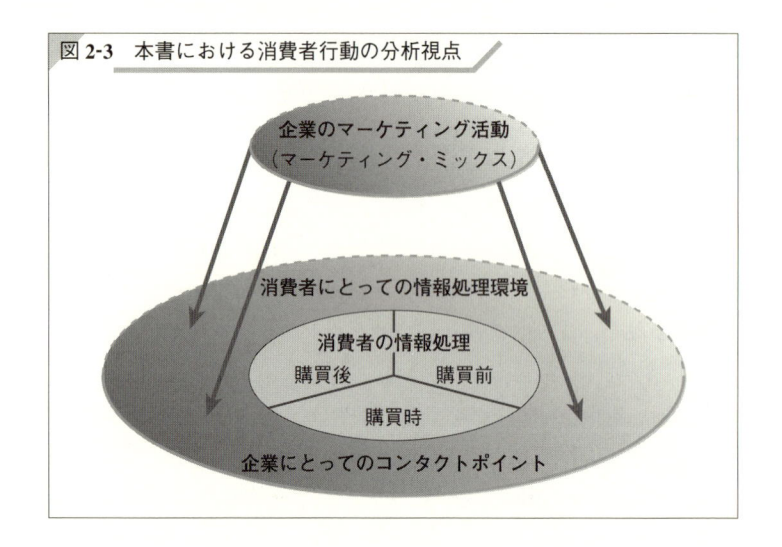

図 2-3　本書における消費者行動の分析視点

（図：企業のマーケティング活動（マーケティング・ミックス）から、消費者にとっての情報処理環境、消費者の情報処理（購買後・購買前・購買時）、企業にとってのコンタクトポイントへ）

処理の流れがモデル化されている。

　また，第3章で紹介する消費者情報処理理論によれば，問題解決状況に直面した消費者は，自ら能動的に情報を探索・取得するとともに，その取得した情報を処理し，既存の情報（知識）と統合することによって，意思決定を行う。したがって，情報処理の仕方は，選択結果に大きな影響を及ぼすと考えられる。

　本書では，図2-3に示すような枠組みを念頭に置いて，消費者の購買行動と企業のマーケティング活動との関係性を，意思決定と情報処理のプロセスとして分析していく。このため，第Ⅲ部で消費者の情報処理メカニズムについて解説した後，第Ⅳ部において購買意思決定プロセスの各段階ごとの情報処理について詳述する。

3 消費者行動の分析モデル

消費者行動をモデル化する意義

消費者行動の研究に限らず，分析対象のメカニズムを明らかにするためには，何らかの形で要因間の関係性を整理し，分析可能なものとする必要がある。ここで重要な役割をはたすのが，**モデル化** (modeling) の考え方である。

一般的に，「モデル」(model) とは，「問題となる事象や対象を模倣し，類比・単純化したもの」であり，建築物の形状・外観などを正確にかたどった縮尺模型やプラモデル（材質や素材は実物と異なる），服や服飾品を身につけたファッション・モデル（実際に服を購入して着る人とは異なる），事象・対象の構造を抽象化したうえで論理的に形式化した理論モデル（問題となる側面や要因以外は捨象されている）など，さまざまなタイプのモデル（模型）が存在する。しかし，いずれのモデルにおいても問題とする対象・事象のある側面，ある部分，ある関係だけを取り出している点では共通している。

もちろん，ここで取り上げるのは，いわゆる「理論モデル」(theoretical model) である。厳密には，「研究・分析の対象となる現象について，重要と思われる側面や要因を識別し，抽出し，それらの間の関係を何らかの形式で表現したもの」を指し，要因間の関係性の表現形式によって，言葉による言語モデル，フローチャートなどによる図式モデル，数式による数学モデル，などのタイプに分類される（阿部 [1978]）。

したがって，「消費者行動をモデル化する」，あるいは「消費者行動モデルを構築する」と言った場合，まず最初に必要となる作業は，①研究・分析の対象とする消費者行動を，前述した集計水準

や選択の階層性の観点から特定化する，②組み込む要因（群）のタイプ（外的要因，内的要因など）と要因間の関連性のタイプ（相関関係か，因果関係か）を特定化する，③要因間の関係性を表現する形式（言語，図式，数式など）を決める，の3つである。また，これら3つのポイントによって消費者行動モデルを分類することも可能である（*Column* ⑤では，消費者行動モデルの諸類型を取り上げている）。

Column ⑤ 消費者行動モデルの諸類型 ●●●

リリアンとコトラーは，「集計水準と組み込む要因の広がり」および「モデル化する購買行動の段階」という2つの基準から，消費者行動モデルを次のような6つのタイプに分類している（Lilien and Kotler [1983]，図2-4参照）。

(1) **包括的意思決定過程モデル（大規模システム・モデル：large-system model）**　消費者の購買行動とそこでの意思決定プロセスの全体を包括的に説明しようとするモデルである。数多くの要因・変数を組み込み，それらの関係を総合的・体系的に取り扱うことにより，消費者行動についての体系的知識を獲得しようとしている点では評価されるが，経験的データと突き合わせて実証する際に，パラメータの推定や変数の測定上の問題を有する。したがって，その多くは図式的表現による概念的モデルの範疇に入る（第3章で紹介するハワード＝シェス・モデルやベットマン・モデルなどが代表例である）。

(2) **知覚／評価モデル（perceptual/evaluation model）**　主に，消費者が市場における複数のブランドを，どのように知覚，選好しているか，という「知覚形成」と「選好形成」の部分に焦点を当てたモデルである。たとえば，消費者のブランド知覚空間を，消費者から得た評価・判断データを用いて多次元空間上に図示・再現しようとする知覚空間分析（通常は，「マッピング」ともよばれる），各ブランドへの選好をモデル化して測定する選好分析などがある。

(3) **態度形成モデル（attitude-formation model）**　ブランドとい

図 2-4 消費者行動モデルの類型化

〈購買意思決定の諸段階：モデル化されるプロセス〉

ニーズの喚起　情報探索　知覚形成　選好形成　購買決定　購買後行動

〈モデルの守備範囲〉

ミクロ・レベルで包括的 ↑ ミクロ・レベルで部分的 ↓ マクロ・レベル

1. 包括的意思決定過程モデル
2. 知覚／評価モデル
3. 態度形成モデル
4. 合理的選択モデル
5. 確率過程モデル
6. 市場—反応モデル

（出所）　Lilien and Kotler [1983], p. 205 を一部修正して作成。

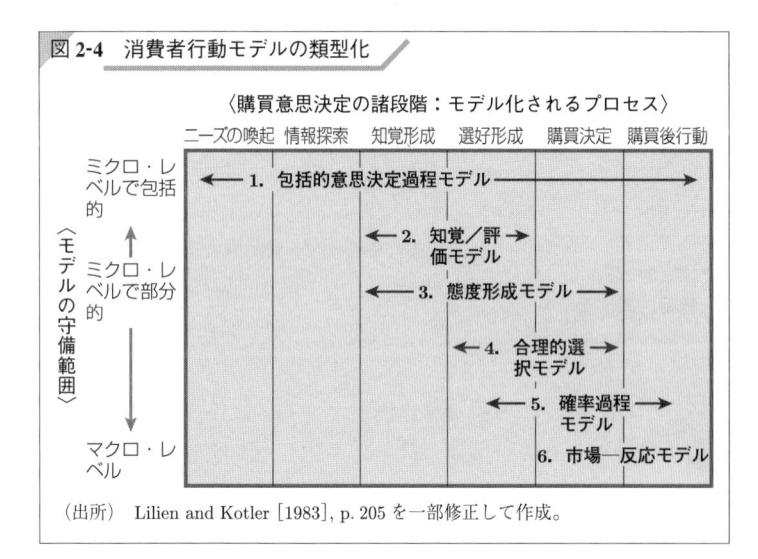

った選択対象に対する態度が，どのように形成されるかに焦点を当てたモデルである。代表的なものとしては，次の第3章で取り上げる多属性態度モデルやその発展形としての行動意図モデルなどがある（阿部 [1978]）。

(4) **合理的選択モデル（rational choice model）**　消費者個人が，ブランドなどの複数の選択対象に直面した際，それぞれの対象をどのような確率で選択するかを記述・予測することを目的としたモデルを，確率的選択行動モデルとよぶ。中でも，合理的選択モデルは，特定の選択対象が選ばれる確率を，選択対象の効用値の総和に占める当該選択対象の効用値の比率として定式化したモデルである。

(5) **確率過程モデル（stochastic process model）**　確率的選択行動モデルの中でも，とくに選択結果に注目し確率過程によって記述・予測しようとするモデルである。ベルヌーイ過程やマルコフ過程などを用いたモデルや線型学習モデルなどが代表例である。

(6) **市場—反応モデル（market-response model）**　消費者行動を市場全体という集計水準において捉え，広告，価格（値引き），プロモーションといったマーケティング変数に対する反応（多くの場合

は売上やシェア）を計量経済学的な手法によって記述・予測しようとするモデルである。

消費者行動の包括的概念モデル

消費者行動の分析モデルの中でも，購買意思決定プロセスの全段階を対象とし，さまざまな内的要因・外的要因を組み込んだものを，包括的モデルとよぶ。

ここでは，消費者の購買意思決定プロセスに焦点を当て，そこに情報処理プロセスを関連づけて体系化したブラックウェル=ミニアード=エンゲルらの概念モデル（以下，**BME モデル**）を取り上げ（Blackwell, Miniard and Engel [2005]），その概要を紹介しておく（図 2-5 参照）。

(1) モデルの構造

BME モデルの説明図式は，「問題認識（ニーズ認知）」から「処分」に至る購買意思決定プロセスの諸段階を中核として，その各段階に影響する「個人差要因群」と「外的影響要因群」，情報探索や外部情報源との接触によって起動する「情報処理プロセス」，さらには，フィードバック・ループを組み込んだ**包括的概念モデル**である。すなわち，概念モデルであって要因間の関連性をフローチャート的に図式化したものである。また，包括的に広範囲な要因群を取り込んでいるので全体を実証することは困難であるが，購買意思決定プロセスの全体像を把握するうえで，1 つの鳥瞰図としての役割をはたす。

(2) 購買意思決定プロセス

モデルの中核をなす，購買意思決定のプロセスでは，問題認識（ニーズ認知）に始まる 7 段階のステップが想定されており，とく

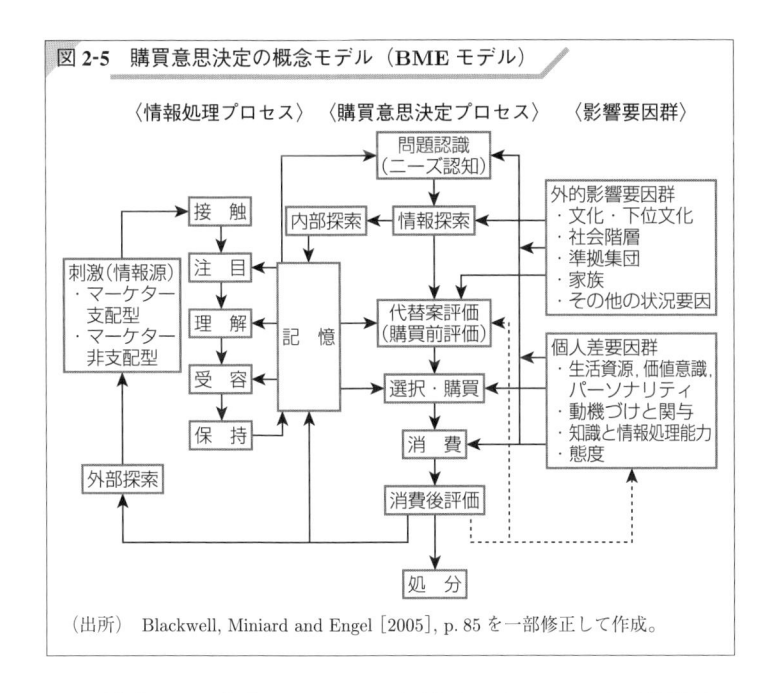

図 2-5 購買意思決定の概念モデル（BME モデル）

〈情報処理プロセス〉　〈購買意思決定プロセス〉　〈影響要因群〉

```
刺激(情報源)              問題認識
・マーケター             (ニーズ認知)
  支配型                      ↑
・マーケター    接触    内部探索  情報探索 ← 外的影響要因群
  非支配型       ↓        ↑        ↑     ・文化・下位文化
               注目                      ・社会階層
                ↓       記 憶           ・準拠集団
               理解              代替案評価  ・家族
                ↓               (購買前評価) ・その他の状況要因
               受容                 ↑
                ↓               選択・購買 ← 個人差要因群
               保持                 ↑     ・生活資源,価値意識,
                                 消 費      パーソナリティ
  外部探索                         ↑      ・動機づけと関与
                               消費後評価   ・知識と情報処理能力
                                  ↓       ・態度
                                処 分
```

（出所）　Blackwell, Miniard and Engel [2005], p. 85 を一部修正して作成。

に,「消費」と「処分」のステップが加えられている点が特徴的である。また, このモデルでとくに注目すべき点は, 消費後評価から記憶を介した問題認識へのフィードバック・ループ（および, 代替案評価へのフィードバック), 情報探索の段階から内部探索を経由した記憶への経路, そして, 記憶から代替案評価および選択・購買への影響の経路などである。過去の購買や消費経験は, 記憶内に知識という形で蓄積されて次回以降の購買に影響を与える（ただし, 本書では,「消費」と「処分」を除く 5 段階モデルで, 購買意思決定プロセスを説明していく）。

(3) 情報処理プロセス

一方, 外部情報（刺激）との接触が契機となって情報処理プロセスが駆動された場合, 取り込まれた外部の情報は, 記憶内に蓄えら

れている既存の情報（内部情報）を用いて理解（解釈）され，その一部が受容されて記憶内に保持される。消費者の情報処理能力には限界（制約）があるため，すべての情報に注意が向けられるわけではない。また，注意が向けられた情報に対しては，主観化や縮約化といった操作が行われる。この縮約化された情報の典型例がブランド・イメージである。

(4) 個人差要因群と外的影響要因群

購買意思決定や情報処理には，個人差が存在し，また，消費者個人を取り巻く環境要因・状況要因である外的影響要因群の影響を受ける。

BMEモデルで取り上げられている個人差要因は，生活資源・価値意識・パーソナリティ，動機づけと関与，知識と情報処理能力，態度，などである。一方，外的影響要因群としては，文化と下位文化，社会階層，準拠集団，家族，その他の状況要因などが取り上げられている。

ここでは項を改め，これらBMEモデルで取り上げられている諸要因のうち，多様性を生み出す外的要因について説明を加えておこう（個人差要因については，次の第3章以降で随時取り上げ解説する）。

| 消費者行動を規定する外的規定因 | 消費者の外側にあって，その行動に影響を与える要因としては，次のようなものが考えられる。ただし，その影響の仕方は，文 |

化や下位文化のように，広範囲にわたって長期的な影響を及ぼすものから，状況要因やマーケティング環境のように局所的で短期的な影響に終わるものまでさまざまである。

(1) 文　化

ある社会の構成員によって「共有された価値観」(shared value) を指して文化 (culture) とよぶ。文化は，規範意識や行動上の判断基準として作用し，われわれのすべての行動に対して広範囲な影響

を及ぼすが,とくに消費者行動の文脈においては,どのような製品やサービス,あるいは買い方や使い方が,受容可能なものかという境界線を提供する。たとえば,われわれはすべての食材を食べているわけではなく,何を食べるか,あるいは,何を食べて美味しいと思うかには,その食べ方も含めて「食文化」の影響を受けている。同様に,文化は人々の価値観を枠づけることで,衣・食・住などのあらゆる領域で消費に影響を及ぼしている。

(2) 下位文化

社会を構成する下位集団の人々によって共有されている価値観のことを指して下位文化 (sub-culture) とよぶ (サブカルチャーとよばれることも多い)。たとえば,若者文化 (youth culture) は,若者という下位集団の中で共有される価値観であり,その中でのみ行動様式,消費様式を規定していくので,結果的に,それが若者消費の特徴を説明する切り口として利用される。

(3) 社会階層

職業,所得,教育水準などを背景にした社会的な序列を指して社会階層 (social stratification) とよぶ。これまで戦後の日本社会では「一億総中流社会」とか「階層なき社会」と言われてきたが,近年,経済格差の拡大が指摘され,社会階層の問題が意識されるようになってきた。たとえば,社会階層によって利用可能な経済資源は異なるし,階層帰属意識 (どの階層に属すると考えるか) によっても,生活・消費の仕方は大きく異なると考えられる。

(4) 準拠集団

個人が判断や行動の拠り所とする集団 (個人) のことを準拠集団 (reference group) とよぶ。準拠集団は,個人がそこに所属する所属集団だけに限らず,非所属集団 (所属しないがあこがれたり参加・所属を熱望する集団など) の場合もある。通常,学生のサークル,スポーツ選手,人気タレントなどは,準拠集団のよい例である。

(5) 家　　族

家族は，社会における最も基本的な単位であり，多くの場合，それは家計を維持する単位でもある。家族の形態や家族ライフサイクル上の段階によって生活・消費の内容は大きく異なる。また，子供は，家族の中で，親や兄弟（姉妹）の影響を受けながら，消費者としての知識やスキルを身につけていく（「消費者としての社会化」〔consumer socialization〕とよぶ）。

(6) その他の状況要因

消費者が置かれている特定の環境・状況・文脈などの影響要因のことである。主な状況要因（situational factor）としては，①物理的環境（気候，温度，音，店舗レイアウト，店頭陳列など），②社会的環境（他の人の存在，その役割，相互作用など），③時間的状況（季節，時間帯，購買間隔，時間的制約など），④課題定義（買物の目的，購買者の役割など），⑤先行条件（所持金，体調，雰囲気など）などが考えられる。

Keywords

集計水準　個別行動　集合行動　個人行動　相互作用　集団行動　選択の階層性　消費行動　購買行動　買物行動　使用行動　買物出向　意思決定　モデル化　BMEモデル　包括的概念モデル

演習問題

2-1　いま10万円の臨時収入があったと仮定しよう。あなたは，この10万円をどのように使うか。消費か貯蓄かの選択に始まり，選択の階層ごとに，どのような選択肢が考えられるかを分析してみよう。

2-2 ファミリー・ユース型の製品・サービスとパーソナル・ユース型の製品・サービスとでは，どのように購買意思決定のプロセスは異なると考えられるか。具体的事例を取り上げて比較してみよう。

2-3 あなたにとって，消費や購買において準拠集団として作用する集団ないし個人は誰か。どのような影響を受けているかも含めて考えてみよう。

2-4 スーパーやコンビニでの買物を念頭に置き，どのような状況要因が考えられるか列挙してみよう。また，そこでの影響のされ方についても考えてみよう。

参考文献

阿部周造［1978］『消費者行動──計量モデル』千倉書房。

井関利明［1974］「消費行動」富永健一編『経済社会学』（社会学講座 8）東京大学出版会，45-82 頁。

印南一路［2002］『すぐれた意思決定──判断と選択の心理学』中央公論新社。

杉本徹雄［1997］「消費者行動とマーケティング」杉本徹雄編著『消費者理解のための心理学』福村出版，10-23 頁。

竹村和久［1996］『意思決定の心理──その過程の探究』福村出版。

三浦俊彦［1992］「消費者行動」及川良治編著『マーケティング通論』中央大学出版部，41-92 頁。

Blackwell, R. D., P. W. Miniard and J. Engel [2005] *Consumer Behavior*, 10th ed., South-Western.

Lilien, G. L. and P. Kotler [1983] *Marketing Decision Making: A Model-Building Approach*, Harper & Row.

第3章　消費者行動研究の系譜

Introduction

　近年の消費者行動研究の発展は目覚ましく，分析対象が多岐にわたるとともに，研究成果の蓄積も膨大であるために，その全貌を明らかにすることは困難である。そこで本章では，とくに購買行動を分析する際の課題となる，①購買動機の探究，②行動の測定と予測，③内的プロセスの解明，という3つの課題に着目し，その研究の系譜を整理する。中でも，本書が依拠する消費者情報処理理論の位置づけを確認しつつ，次章以降で取り上げる理論やモデルの歴史と背景を明らかにしていく。

1　消費者行動研究の源流と系譜

　どのような研究分野であれ，研究の現状を的確かつ体系的に把握するためには，その歴史的な発展過程を理解することが役立つ。以下では，顧客志向の経営理念であるマーケティング・コンセプトが登場する1950年代以降，消費者行動研究がどのような形で発展してきたかを概観しておこう。まずは，消費者行動の科学的研究の源流を辿り，「購買動機の探究」「行動の測定と予測」「内的プロセスの解明」という3つの分析課題に着目し，研究の系譜を紐解いていく。

| 科学的研究の始まり | 消費者行動についてのアカデミックな研究の歴史は古く，伝統的なミクロ経済学の分野での消費者行動（家計行動）の理論は別としても，その源流を辿れば，20世紀初頭に行われていたスコットによる広告心理研究や商品分類で有名なコープランドによる購買動機研究などにまで辿り着くと言われている。ただし，独自の研究領域として「消費者行動」論の重要性が認識され，多くの研究者が関心をもち組織的な研究が始まったのは，米国でも1950年代の萌芽期を経て，1960年代に入ってからのことであった（*Column* ⑥参照）。

たとえば，エンゲルたちがオハイオ州立大学の大学院で消費者行動論のコースを開設したのが1965年のことであり，版を重ねて現在では第10版となる彼らのテキストが出版されたのも1968年のことである（Engel, Kollat and Blackwell [1968]; Blackwell, Miniard and Engel [2005]）。また，消費者行動研究のための学会であるACR（Association for Consumer Research）が設立されたのも1969年と遅く，消費者行動研究専門の学術雑誌（*Journal of Consumer Research*: JCR）が創刊されたのも1974年のことであった。

マーケティング理論の発達史を学派別・領域別に整理したシェスたちの研究によれば，買手行動学派の研究の特徴は，その名のとおり，市場の顧客（買手・消費者）に焦点を当て，「なぜ顧客は市場において，そのように行動するのか」という「なぜ」の部分を強調した点にあったと言われている（Sheth, Gardner and Garrett [1988]）。また，この時期（1960年代以降）に急速な発展を遂げた理由として，①顧客志向の経営理念としてマーケティング・コンセプトが登場し，顧客を理解することの必要性が認識されるようになったこと，また，②行動科学関連の知識の体系化が進み，その知見や方法論を利用できるようになったこと，が挙げられている。

すなわち，顧客志向のマーケティングを進めていくためには，消

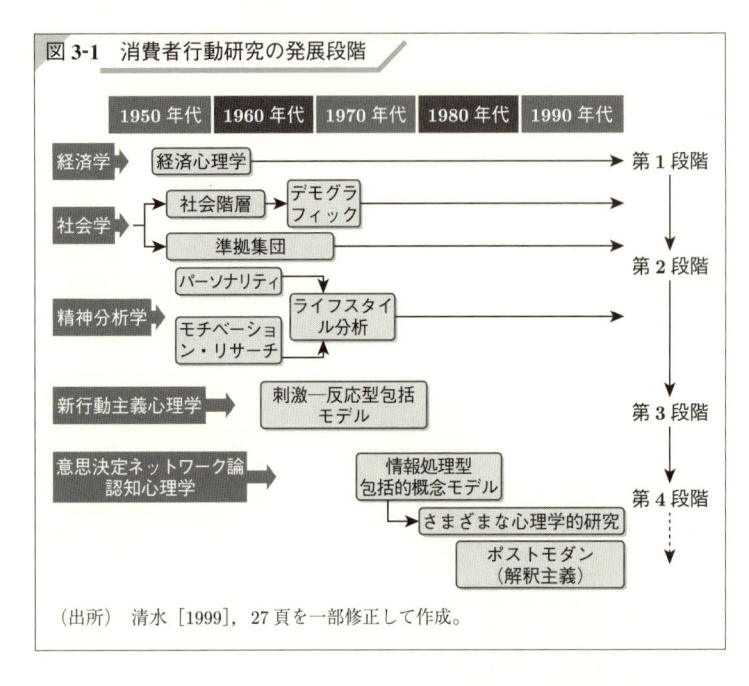

図 3-1 消費者行動研究の発展段階

	1950年代	1960年代	1970年代	1980年代	1990年代	
経済学 →	経済心理学				→	第1段階
社会学 →		社会階層 → デモグラフィック			→	
		準拠集団			→	第2段階
		パーソナリティ → ライフスタイル分析			→	
精神分析学 →		モチベーション・リサーチ ↗				
新行動主義心理学 →		刺激—反応型包括モデル				第3段階
意思決定ネットワーク論 認知心理学 →				情報処理型包括的概念モデル		第4段階
				さまざまな心理学的研究		
				ポストモダン（解釈主義）		

（出所） 清水 [1999]，27頁を一部修正して作成。

費者行動の理解が不可欠であり，また，多面的な消費者の行動を分析するためには心理学，社会学，社会心理学，文化人類学といった関連領域の理論や方法論を積極的に援用していく必要があったのである。そして，それを後押しするかのように，人間行動を理解するための関連諸科学の知識や方法論が，「行動科学」(behavioral science) として体系化されていくのも，この時代であった。

図3-1は，このような1950年代以降における消費者行動研究の発展プロセスを，社会学や心理学などの学問領域と関連づけ，年代別に整理したものである（清水 [1999]）。同図からも明らかなように，消費者行動研究は，その初期の段階から関連諸科学の影響を色濃く受けながら発展してきたのである。

Column ⑥ 1950年代の消費者行動研究

1950年代は、さまざまな分野の先駆的研究を取り入れる形で、行動科学的な消費者行動研究の基礎が築かれていった時期である。ここでは、ボーンの「準拠集団の影響」に関する研究（Bourne [1957]）、カッツとラザースフェルドの「パーソナル・インフルエンス」（対人的影響）に関する研究（Katz and Lazarsfeld [1955]）、カトーナの「経済心理学」的研究（Katona [1953]）を取り上げ、簡単に紹介しておくことにしよう。

(1) 準拠集団の影響　一般に、「個人が自分自身の判断、好み、信念、行動を決定する際の拠り所として用いる集団」を**準拠集団**（reference group）とよぶ。ボーンの研究は、このような準拠集団が消費者の製品選択やブランド選択に与える影響を、製品別に比較検討したものである。

たとえば、準拠集団は、タバコのブランド選択と同様に喫煙するか否かの決定にも影響する。しかし、雑誌については、ブランド選択のみに影響し、雑誌を購入するか否かの決定には影響しない。また、ボーンによれば、準拠集団の影響が大きい製品群は、実質的な効用より表示的な効用（たとえば、人目につきやすい、流行している、など）に着目して購入するタイプの製品群であるという。

(2) パーソナル・インフルエンス（対人的影響）　カッツとラザースフェルドは、個人の選択行動に対する対人的影響の問題を取り上げ、政治行動、消費行動、流行行動を比較しながら精力的な研究を行った。

たとえば、彼らが1940年の大統領選挙の際、投票者の意思決定行動から導いた「情報の2段階フロー・モデル」は有名である。このモデルで、彼らは、コミュニケーションにおけるオピニオン・リーダーの役割と情報の流れ方に着目し、「マス媒体→オピニオン・リーダー→フォロワー」という情報の流れ方の図式を提示して注目を集めた。すなわち、マスコミの効果は、通常考えられているほどには直接的ではなく、多くの場合、情報はオピニオン・リーダーを介在して多くの人に伝達されていく。そして、その過程において、オピニオン・リーダーは単なる情報の経路という以上に、フォロワーの選択に対して大きな影響力をもつことが明らかにされた。

その後,彼らの消費者行動研究においても,オピニオン・リーダーの特性や口コミ (word-of-mouth communication) の効果に関する研究などへと受け継がれていった。

(3) **経済心理学**　カトーナは,ミシガン大学のサーベイ・リサーチ・センターで収集した家計データの分析にもとづき,経済心理学(初期の頃は心理経済学ともよばれた)という独自の分野を開拓し,その後の消費者行動研究に大きな影響を与えた。

彼の経済心理学では,「自由裁量需要は購買能力と購買意欲の関数である」という基本命題から出発し,購買能力を表す「所得変数」と購買意欲を表す「態度変数」の2つを独立変数に,耐久財への支出額,クレジット残高,乗用車の販売台数等を従属変数として説明・予測を試みた。また,30〜40項目の態度データを用いて「消費者センチメント指標」(index of consumer sentiment) を作成し,これを独立変数とした分析なども行っている。

分析課題から見た3つの系譜

前述のように,消費者行動研究が本格化するのは,1950年代の萌芽期を経て1960年代に入ってからのことだが,その後,1970年代以降になると,消費者行動研究は飛躍的な発展を遂げ,きわめて広範囲かつ膨大な量の研究成果が,年々生み出されるようになる。このため,その全貌を明らかにすることは困難だが,本章では,次のような3つの視点で主要な研究の系譜を辿り,とくに,本書が依拠する消費者情報処理理論の位置づけを確認することにしたい。

(1) **購買動機の探究**

まず第1の系譜は,消費者ニーズを明らかにし,製品やサービスの購買動機を把握することに主眼を置いた研究の流れで,1950

年代に米国で登場したモチベーション・リサーチなどが，その代表例である。すなわち，そこでは，消費者はなぜ購買するのかという素朴な疑問から出発して，情動的あるいは一見非合理的な購買動機を分析するために，精神分析学的な手法を用い，潜在意識ないし深層心理への接近が試みられた。

モチベーション・リサーチ自体は，その方法論上の問題などにより，やがて消費者行動研究の表舞台からは姿を消していく。しかし，そこで多用された質的な調査技法は，今日に至るまで連綿として受け継がれていくことになる。

次の第2節では，まず動機づけのメカニズムについて解説したうえで，モチベーション・リサーチに始まる購買動機の探究を目的とした研究の流れを跡づけていく。

(2) 行動の測定と予測

2番目に取り上げる系譜は，観察可能な消費者の「顕示的行動」(overt behavior) に着目し，たとえば，消費者のブランド選択行動をモデル化し，その予測を行おうとする研究の流れである。具体的には，初期の買物日記パネルのデータを用いたブランド・ロイヤルティ研究や確率過程モデルを使ったシェアの予測研究などが，これに該当する。

こうした研究の流れは，やがて1960年代に入ると刺激—反応 (S-R) アプローチとよばれる一連の研究と重なり合っていく。また，1970年代から80年代にかけて，新たな統計的手法の登場やコンピュータの能力が飛躍的に向上したこと，さらには，POSデータが利用できるようになったことから，さまざまな計量モデルとなって発展していくことになる。

第3節では，初期のロイヤルティ研究や確率過程モデルから，ブランド選択モデルとしての定式化を経て，行動の測定と予測を目的とした計量モデルへと発展していく系譜を概観していく。

(3) 内的プロセスの解明

第3の系譜は，ブランド選択などの顕示的行動の前提となる態度などの媒介変数，あるいは，意思決定に伴う情報処理などの内的プロセスの解明に重きを置く研究の流れである。これは，初期の態度理論の応用や多属性態度モデルの研究に始まり，1970年代に消費者情報処理理論が登場して以降，消費者行動研究のメイン・ストリームとなって，現在に至る流れである。

第4節では，態度概念や多属性態度モデルについて紹介したうえで，消費者情報処理理論の特徴と基本枠組みを整理し，今日に至る研究の流れを確認する。

以下，本章で取り上げる3つの視点と系譜は，それぞれ消費者行動の Why（消費者はなぜ購買するのか），What（消費者は何を購買するのか），How（消費者はどのようにして購買するのか）に焦点を当てた研究の流れでもある。そして，これら3つの系譜は互いに影響し合いながら，今日へと至る消費者行動研究の骨格部分を形づくっていくことになる。

2 モチベーション・リサーチの系譜

● 購買動機の探究

消費者ニーズを明らかにし，製品やサービスの購買動機を把握することは，マーケティングを進めるうえでの大前提であり，消費者行動分析の最も基本的な課題だと言える。

古くは，商品分類で有名なコープランドも，その著書（1924年に出版）の中で，消費者の購買動機を合理的動機と情動的動機とに分類しているし，1950年代の米国においてはモチベーション・リサーチが一世を風靡した。そして近年では，脳科学などの進展を受

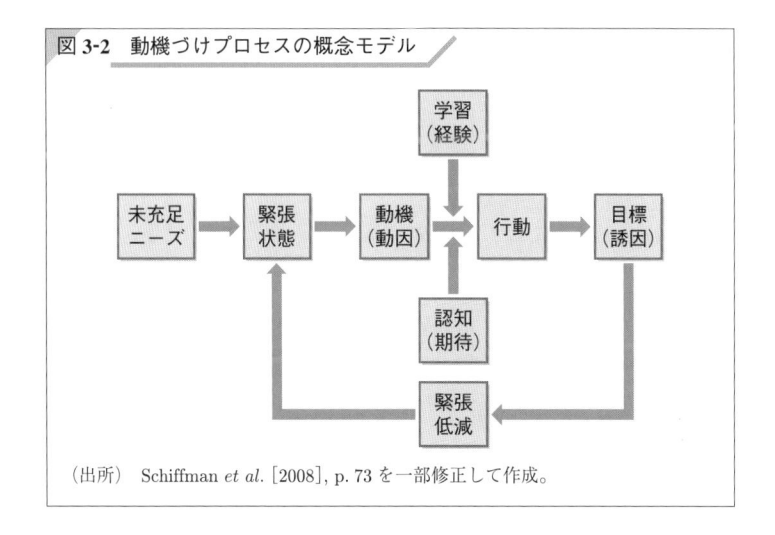

図 3-2 動機づけプロセスの概念モデル

```
                    学習
                   (経験)
                     ↓
未充足  →  緊張   →  動機   →  行動  →  目標
ニーズ     状態    (動因)            (誘因)
           ↑                ↑
           │               認知
           │              (期待)
           │                ↑
           └──  緊張  ←─────┘
                低減
```

（出所）Schiffman *et al.* [2008], p. 73 を一部修正して作成。

け，潜在意識や深層心理レベルで購買動機を把握することへの関心が，再び高まってきている。

ここでは，まずは動機づけのメカニズムについて，関連する用語・概念の整理を行ったうえで，モチベーション・リサーチに始まる購買動機研究の系譜を跡づけていく。

動機づけのメカニズム 一般的に，**動機づけ**（motivation）とは，人を行動へと駆り立て，その行動を方向づけ，維持する心理的なメカニズムやプロセス全般のことを指す。また，「動機」(motive) とは，そのようなメカニズムの中で，特定の行動を駆動し，方向づけ，維持する内的な要因や状態を指す概念である。

図3-2は，このような動機づけのプロセスを図示したものである。図中左側に位置する未充足ニーズによって緊張状態が生じ，それが引き金となって，ニーズの充足や緊張状態の緩和につながる行動が生起する。その際，行動の駆動力となる内的状態を，動機な

いし「動因」(drive) とよぶ。一方、行動を生起させる外的要因は「目標」(goal) ないし「誘因」(incentive) とよばれ、前者は、望ましい理想状態のことであり、後者は、ニーズを充足する能力をもった対象のことを指す（購買行動においては、製品やサービスが誘因に相当する）。そして、動機や動因によって、目標の達成や誘因の獲得につながる行動が駆動され、その結果、ニーズの充足と緊張状態の低減（解消）がもたらされるのである。

ここで「ニーズ」(needs：欲求）とは、行動を発現させる生理的ないし心理的な未充足状態（あるいは不均衡状態）のことである。大別して、ニーズには、1次的（生理的）なものと2次的（心理的・社会的）なものがあり、前者は、生命を維持するための生理的に不可欠で生得的なニーズ（渇き・空腹・性欲・睡眠・苦痛回避など）、後者は、後天的な学習によって獲得された心理的・社会的なニーズ（達成・親和・依存・攻撃など）のことである。

とくに、後者の社会的ニーズに関しては、マレーによる詳細な分類があり、中でも、獲得（モノを所有する）、遊び（リラックスする）、自己顕示（他者の注意を引く）などのニーズは、消費者行動を考えるうえでも示唆的である。また、よく知られているように、マズローの「欲求階層理論」では、ニーズには、①生理的ニーズ、②安全のニーズ、③所属と愛情のニーズ、④自尊のニーズ、⑤自己実現のニーズ、という順序での階層構造があり、低次のニーズが満たされると高次のニーズに移行して行動に影響すると考えられている（後に、知識のニーズや美のニーズが追加されている）。

以上、動機づけという心理的メカニズムについて、簡単に説明した。ここで重要なポイントは、単に未充足ニーズが存在するだけでは、行動は生起しないということである。ある特定の行動が生起するためには、その行動の対象となる外的要因としての目標（誘因）と内的要因としてのニーズとを結びつける動機の存在が必要とな

る。そして、そのような動機は、過去の学習や認知プロセスを通して形成されるものである（再び、図3-2参照）。すなわち、ある目標（誘因）がニーズの充足にとって有効であったという経験、あるいは、有効であろうという期待をとおして動機は形成されるものなのである。

これを購買行動の文脈で考えると、誘因としての製品がニーズの充足に有効であったという経験、あるいは、有効であろうという期待をとおして、その製品の購買動機が形成されることになる。したがって、たとえ消費者のニーズそれ自体にマーケターが直接影響を与えることができなくても、認知プロセスをとおして期待に働きかけることで、購買動機と購買行動に影響を与えられる可能性が出てくる。また、購買動機という行動のベースにある核心部分を把握することで、より深い消費者理解と仮説の導出も可能となる。それは、あたかも犯罪捜査で刑事たちが、犯行の動機から犯人像を割り出し、犯行内容を再構成しながら事件の真相に迫るのと同じである。したがって、購買動機の探究は、消費者像の明確化や製品の意味を理解するうえでの決め手なのである。

このように深い消費者理解につながる購買動機の把握ではあるが、直接的な観察や測定が困難であるために、さまざまな工夫が必要となる。この点で、1950年代に登場したモチベーション・リサーチは、精神分析学の考え方や質的調査技法を駆使して、真正面から購買動機を探究しようとした研究であった。

モチベーション・リサーチの登場

(1) 隠された購買動機への着目

前述のように、大衆消費社会が出現しつつあった1950年代の米国において、消費者の購買動機を直接探究しようとして登場したのが、**モチベーション・リサーチ**（motivation research：購買動機調査）である。

それは、「人はなぜモノを買うのか？」「どうすれば購買意欲を刺

激できるのか？」という素朴な問いかけに対して，ある意味では，真正面から答えを出そうとするものであった。すなわち，消費者の購買行動に関わる心理的要因の中でも，とくに，潜在的欲求（タテマエではなくホンネ）に着目し，「なぜ」の部分に光を当てたことから，別名「Why research」ともよばれていた（島田［1984］）。また，その目的から，フロイト流の精神分析学に基盤を置き，潜在意識や無意識の世界に潜む一見非合理的な動機や情動的な動機を積極的に扱った点も，この研究の特徴である。

たとえば，モチベーション・リサーチでは，意識を，①意識，②前意識または潜在意識，③無意識の3つに区分し，後述する質的調査技法を駆使して，②の潜在意識や③の無意識に根差す購買動機を探り出そうとした。また，従来の定量的技法では，①の意識領域における合理的動機しか解明できないとして，むしろ非合理的な動機や情動的な動機の解明に取り組んだのである。

(2) シンボルとしての消費

モチベーション・リサーチが取り組んだ非合理的ないし情動的な消費の典型例として，「シンボルとしての消費」（製品やブランドをシンボルとした自己表現のための消費）がある。

一般的に，製品やブランドのシンボル（象徴）的機能とは，ある事物がそのモノ自体以外の何ものかを指し示す機能のことである。たとえば，国旗は単なる色のついた布きれ以上の意味をもち，ユニホームも単なる衣服以上の意味をもっている。同様に，製品やブランドには，それが提供する物理的な機能以外にも，こうしたシンボル的な役割をはたしている部分がある。

ディヒターによれば，自動車は単なる移動や運搬のための道具ではなく，社会的地位や経済力の象徴であり，ガールハントの道具であり，旅行の道具であり，家族団欒や贅沢の象徴でもある（Dichter［1960］）。また，パッカードは，その著書の中で，自動車の車種ブ

ランドは，その所有者の人となりや理想像を語る一番の手段であり，「自分が社交的で現代的と見られたい人々」はシボレーを，「派手に振る舞いたい，自我とモダンさを主張したい人々」はフォードを，そして「人並み以上のステータスを表現したい人々」はキャディラックを購入する傾向がある，と指摘している（Packard［1957］）。

同様に，われわれは身にまとう衣服によって（それで体を隠し，変形させ，あるいは，逆に露出させることによって）何かを表現しようとしている。また，何かを象徴する衣服や装身具，とくにブランド品を身につけることで，そのような自己表現は促進され，官能的な喜びや楽しさが得られる。たとえば，モチベーション・リサーチの実践者であったマルティノーは，「私はピンクのシャツを着ることで，私自身について何かを語ろうとしている」(With a pink shirt, I am trying to say about myself) と述べている。まさに，この彼の言葉は，製品やブランドがもつ象徴的意味を言い当てており，モチベーション・リサーチの研究姿勢を如実に物語るものだと言える（Packard［1957］）。

(3) 質的調査技法の採用

モチベーション・リサーチは，消費者の潜在的欲求を探り出すため，あるいは，製品やブランドのシンボリックな意味合いを映し出すために，とくに質的な調査技法を多用した。

ここで「質的（定性的）調査技法」とは，消費者の深層にある考えや感情，あるいは，さまざまな刺激に対する反応を引き出すために用いられる「構造化されていない」(ill-structured) 調査技法のことで，具体的には，次のような技法が含まれる。

① 深層面接法： ある事柄についての深層心理を探り出すために行われる個別面接の技法。
② 連想法： 刺激語を与え，それに対する反応語を調べる方

法。
③ 文章完成法： 課題として文章を提示し，その欠けているところを補わせる方法。
④ 絵画統覚テスト（Thematic Apperception Test: TAT）： ある状況を描いた絵を見せて物語を語らせる技法。
⑤ 略画法： 人物の会話場面などを見せ，吹き出しの中に言葉を記入させる技法（TATの簡略版）。

これらのうち，③〜⑤は**投影法**（projective technique）とよばれる技法である。投影法は，ややもすると抑圧されて回答としては表面化しにくい被験者自身の観念や感情を，間接的な形で，あるいは，他者のものとして回答の中に投影（project）する調査技法のことである。これによって「タテマエ」の回答ではなく消費者の「ホンネ」を探り出せると考えられている（たとえば，*Column* ⑦は，よく知られている投影法を用いたインスタント・コーヒーについての研究事例である）。

また，通常，これらの技法は，少数の被験者に対して，精神分析学や臨床心理学の専門家が，十分な時間をかけて面接し，事例の詳細な記録と考察を行う形で実施される。その点で，多数を対象とした定量調査とは大きく異なるものであった。

Column ⑦　インスタント・コーヒーを使うのは怠け者の主婦？　●●●
　第二次世界大戦後，スイスに本社を置く食品企業のネスレは，米国でインスタント・コーヒーを発売しようとした。しかし，消費者の予想外の抵抗に直面して，頭を抱えてしまった。多くの消費者がインスタント・コーヒーの便利さを認めており，しかもレギュラー・コーヒーより安いのに，なぜか買わないのである。
　調査をすると，多くの消費者は「味が良くないから」と回答したが，ブラインド・テストの結果は，ほとんどの消費者はインスタントとレギュラーとを区別できないことを示していた。何か隠された理由があ

ると確信したネスレのマーケターは，カリフォルニア大学のヘア教授に調査を依頼することにした。

依頼を受けたヘア教授は，インスタント・コーヒーに対する市場の強い抵抗の理由（隠された消費者の「買わない理由」）を明らかにするために，次のような巧みなリサーチ・デザインを考え，それを実施することにした（Haire [1950]）。

まず，彼は，1品目を除いてはすべて同じ内容の買物リストを2種類作成した（図3-3を参照）。リストには7品目が書き上げられており，一方のリストAでは5番目の品目が「ネスカフェ・インスタント・コーヒー，もう一方のリストBでは「マクスウェルハウス・レギュラー・コーヒー」であった。

この2つのリストを用いて，主婦に対する面接調査が実施された。100名の主婦が50名ずつ2つのグループにランダムに分割され，一方のグループにはインスタント・コーヒーを含むリストAが，他方のグループにはレギュラー・コーヒーを含むリストBが手渡された。そして，主婦たちは，手渡された買物リストの内容を十分に検討するように求められ，その後に「このような買物リストで買物をする女性はど

図3-3 実験で提示された2つの買物リスト

買物リストA	
挽き肉	1.5ポンド
ワンダー印のパン	2斤
にんじん	2束
ラムフォード印のベーキング・パウダー	1缶
ネスカフェ・インスタント・コーヒー	1瓶
デルモンテ印の桃缶詰	2缶
じゃがいも	5ポンド

買物リストB	
挽き肉	1.5ポンド
ワンダー印のパン	2斤
にんじん	2束
ラムフォード印のベーキング・パウダー	1缶
マクスウェルハウス・レギュラー・コーヒー	1瓶
デルモンテ印の桃缶詰	2缶
じゃがいも	5ポンド

のようなタイプ（個性と性格）の女性だと思いますか」と尋ねられたのである。

この質問に対して、インスタント・コーヒーの入ったリストAを提示された主婦グループでは、多くの主婦が「このような買物をする女性は怠け者であまり賢くない女性だ」と回答したが、これに対して、レギュラー・コーヒー入りのリストBを提示されたグループでは、怠け者と回答した主婦が1人、賢くないと回答した主婦は6人にすぎなかった。

以上の結果から、インスタント・コーヒーに対する消費者の抵抗の真の理由は、味の問題などではなく、「インスタント・コーヒーを使うことで手抜きをしていると思われたくない」ということだと結論づけられた。

その後、ネスレ社は、ネスカフェ（インスタント・コーヒー）を使うことで、家族の要として家事に専念する時間、あるいは、朝の忙しい一時に家族と会話する時間が生まれること（決して、自分の手抜きではないこと）を広告で訴求し、インスタント・コーヒーを市場に定着させ、ネスカフェ・ブランドの市場地位を確立することに成功した。

このようにモチベーション・リサーチは、投影法といった質的技法を用いることで、消費者の隠された購買動機の解明を行っていったのである。

その後の展開

1950年代に一世を風靡したモチベーション・リサーチであるが、その後、その方法論を中心に、批判されるようになる。それは、①精神分析学的技法を用いることの妥当性への批判、②調査者の能力や直感に依存しており、調査方法の標準化や結果の妥当化が困難であるという批判、③時間と費用がかかりすぎ、代表性を確保するための大量サンプルでの調査の実施が困難であるという批判、などである（島田

[1984]；飽戸［1994］)。

 こうした理由から，その後，モチベーション・リサーチは，少なくともアカデミックな消費者行動研究の表舞台からは姿を消していく。しかしながら，質的調査技法は，実務の世界では引き続き多用され，最近では，「コンシューマー・インサイト」などとよばれて，再び脚光を浴びるようになっている。さらには，潜在意識や深層心理への関心が高まる中，脳科学研究などとも結びついて，ザルトマンのZMET（ザルトマン・メタファー表出法）などに代表される新たな手法にも，その思想や手法は受け継がれていくことになる（Zaltman［2003］)。

 また，動機づけのメカニズム自体は，その後も消費者行動研究における重要な概念として位置づけられ，さまざまな形で取り上げられていく。たとえば，後述する消費者情報処理理論においても，動機づけは，情報処理プロセスをコントロールする重要な要因として位置づけられ，目標階層や関与概念との関連で議論されていくことになるのである（詳しくは，第7章を参照のこと）。

3 ブランド選択モデルの系譜

●行動の測定と予測

 購買動機の探究が購買行動の「なぜ」を問うものであれば，ここで取り上げる研究の系譜は，購買行動の「何を」を問題とするものである。すなわち，何が購買されたのかを記述し，何が購買されるのかを予測しようとする一連の研究である。具体的には，買物日記パネルから得られる購買履歴データを用いたブランド・ロイヤルティ研究に始まり，さまざまなタイプの**ブランド選択モデル**への展開を経て，その一部は現在のマーケティング・サイエンス系の研究へとつながっていく。まずは，その1つの起点となった購買履歴

データの分析から見ていくことにしよう。

購買履歴データの分析　　1950年代の米国では，目に見えない購買動機への関心が高まる一方で，目に見える行動（顕示的行動）としてのブランド選択を，実際のデータにもとづいて分析しようとする動きが出てくる。そして，その契機となったのが，調査会社や新聞社によって設置された買物日記式の消費者パネルという調査の仕組みであり，また，OR（オペレーションズ・リサーチ）や経営科学などの分野で開発された確率モデルの考え方や手法であった。

まず，パネル調査とは，パネラーとして調査に継続して参加する消費者（世帯）に対して，買物日記をつけることを依頼し，購買データ（いつ，どこで，何を買ったか）を系統的かつ継続的に収集するための仕組みである。このような買物日記のデータを製品カテゴリー別に購買履歴データとして加工することで，ブランド選択に関するさまざまな分析が可能となる（もちろん，加工の仕方では店舗選択の分析も可能である）。

たとえば，『シカゴ・トリビューン』紙の消費者パネル100世帯分の購買履歴データを分析したブラウンは，ブランド選択のパターンによって調査世帯を4つのタイプ，すなわち，AAAAAAというように同じブランドばかり購入する「完全ロイヤルティ」（非分割）型，その対極にあるABCDEFというような「ロイヤルティなし」型，それらの中間に位置するABABABという「分割ロイヤルティ」型，あるいは，AAABBBという「不安定ロイヤルティ」型に分類した（Brown [1952-53]）。

また，カニンガムは，同じく購買履歴データを用いた分析で，ブランド・ロイヤルティの測度として購買集中度（一番購入されているブランドの購入割合）を提案している（Cunningham [1956]）。その他，同一ブランドを継続的に購買する期間の長さなど，現在でも使

用されているブランド・ロイヤルティ測度の多くは、この当時に開発されたものである。

このように特定ブランドを集中的・継続的に購買する傾向としてのブランド・ロイヤルティを、主に行動面から把握し測定しようとする一連の研究は、1950年代の購買履歴データの分析を起点としている。

その後、1960年代にかけては、ブランド選択行動を確率モデルによって定式化し、市場シェアの予測に役立てようとする研究が行われた。たとえば、初期の研究としては、購買履歴データにマルコフ型の確率過程モデルを適用し、消費者（世帯）のブランド選択行動の記述と予測が試みられている。その他、ベルヌーイ・モデルや線型学習モデルなど、ORや経営科学などの理論やモデルを利用して、さまざまな確率型ブランド選択モデルが登場した。そして、1970年には、マッシー、モンゴメリー、モリソンという3人の研究者によって、これらの一連の確率モデルについての体系的な整理が行われている（Massy, Montgomery and Morrison [1970]）。

ブランド選択モデルの展開

このように、購買履歴データを用いた一連の研究の特徴は、分析対象を観察可能な「顕示的行動」に限定し、客観的で科学的な研究を行おうとした点にあった。こうした傾向は、ある意味では、潜在意識を扱ったモチベーション・リサーチへのアンチテーゼでもあり、1960年代以降は、心理学の分野での行動主義の影響を強く受けながら、**刺激―反応（S-R）アプローチ**とよばれる研究の系譜と重なっていくことになる。

ここでS-Rアプローチとは、人間（＝消費者）の行動を、「刺激」（Stimulus）とそれに対する「反応」（Response）という観察可能な2つの側面で捉えて分析しようとする研究アプローチの総称である。そして、この立場に立つ消費者行動研究では、「いかなる条件

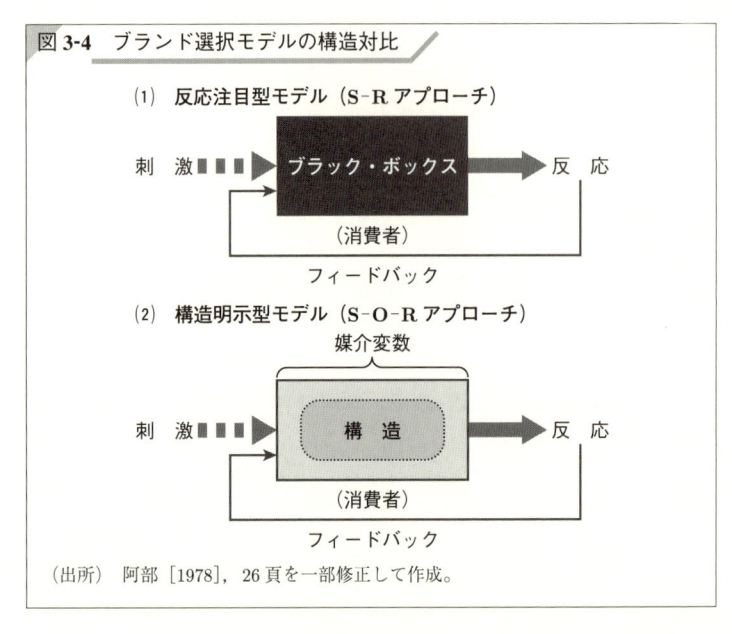

図 3-4　ブランド選択モデルの構造対比

(1) 反応注目型モデル（S-R アプローチ）

刺激 ▶▶▶ ブラック・ボックス ▶ 反応
　　　　　　　　（消費者）
　　　　　　フィードバック

(2) 構造明示型モデル（S-O-R アプローチ）

　　　　　　　媒介変数
刺激 ▶▶▶ 　構　造　 ▶ 反応
　　　　　　　（消費者）
　　　　　　フィードバック

(出所)　阿部 [1978]，26頁を一部修正して作成。

のもとにおいて，いかなる刺激（価格，広告等）を与えた場合に，刺激の受け手としての消費者は，その送り手たる企業（その製品やブランド）に対して，最も効果的に反応（選択・購買）するか」という問題意識のもと，「与えられた刺激と消費者の反応との間の対応関係を説明・予測」することを，基本的な課題としている。

ところで，本来，S-R アプローチは，観察可能な顕示的行動のみに分析対象を限定し，内的プロセスは対象としないという点で，一種のブラック・ボックス・モデルを前提としていた。しかし，その後，心理学の分野において台頭してきた新行動主義の影響を受ける形で，さまざまな媒介変数を導入した構造明示型のモデルが登場してくることになる。すなわち，単純なブラック・ボックス型のS-R アプローチから，刺激と反応を媒介する内的プロセスに着目したS-O-R アプローチへの拡張と発展である（ここでOは生体

〔Organism〕を表し，刺激を受けて反応する消費者自身の内的なメカニズムを指している）。

図3-4は，ブランド選択モデルを，S-Rアプローチに対応する「反応注目型」モデルと，S-O-Rアプローチに対応する「構造明示型」モデルに区分して対比したものである。これら2つのタイプのモデルは，それぞれ，次のような特徴をもっている（阿部 [1978]）。

(1) 反応注目型モデル

反応注目型モデルとは，あくまでも消費者の内的・心理的プロセスをブラック・ボックスとして扱い，結果としての選択行為そのものを重視するモデルと分析視点のことである。たとえば，確率型モデルでは，内的プロセスの説明ではなく，ブランド選択確率を高い精度で予測することを目的としている。1950年代から60年代にかけてのベルヌーイ・モデル，マルコフ・モデル，線型学習モデル，その後の多項ロジット・モデルなどが該当する。なお，図3-4の中で，刺激からの矢印が破線になっているのは，これらのモデルの中には刺激の影響を明示的に扱わないモデル（たとえば，ベルヌーイ・モデルやマルコフ・モデルなど）が含まれているからである。

(2) 構造明示型モデル

構造明示型モデルとは，消費者が特定の選択に至った内的・心理的なプロセスを解明することを重視するモデルと分析視点を指す。刺激と反応を結びつける媒介変数を導入することで明示的に内部構造を説明することを目的としている。さらに，このモデルは，内部構造の一部に限定して明示する部分的モデルと，全体構造の明示化を目的とする包括的モデルとに区分される。たとえば，前者の例として，次節で解説する多属性態度モデルが該当する。また，後者の例としては，古くは**ハワード＝シェス・モデル**（*Column* ⑧参照）に始まり，第2章で取り上げたBMEモデルなどのような一連の包括的な消費者行動モデルがある。

Column ⑧ ハワード＝シェス・モデルの概要

図3-5に示すように，S-O-R型の包括的モデルであるハワード＝シェス・モデルは，入力変数としての刺激，出力変数としての反応，両者をつなぐ媒介変数である仮説的構成概念，そして，（図中では省略されているが）仮説的構成概念に影響を与える外生変数，という4つの部分から構成されるフローチャート型の概念モデルである。

ここで，入力変数としての刺激は，主として企業のマーケティング活動を反映した実体的刺激（実際の製品から得られる品質や価格などの情報）と記号的刺激（広告やカタログなどによってもたらされる情報），それに社会的刺激（家族，友人などの社会的環境が提供する情報）という3つのタイプに区分される。一方，出力変数としての反応は，購買意思決定の結果であるブランドの購買が，その主要な変数である（ただし，言語報告などの顕在的な行動として示された場合には，注意，理解，態度，意図なども出力変数として取り扱われる）。

また，入力変数と出力変数をつなぐ媒介変数である「仮説的構成概念」（hypothetical construct：理論やモデルの構築物として導入される仮説的概念）としては，入力された刺激情報を処理するための媒介変数群（知覚構成概念）と，購買決定を行うための概念形成に関わる媒介変数群（学習構成概念）の2つのタイプが想定されている。

ここで「知覚構成概念」（perceptual construct）とよばれる媒介変数は，「外的探索」「注意」「刺激の曖昧性」「知覚偏向」の4つである。

たとえば，入力変数として外から与えられた刺激情報は，その曖昧性が高い場合には外的探索を促進する。また，刺激情報には選択的な形で注意が振り向けられ，心的状態によって歪められることもある。そして，これらには，動機や態度，確信など，学習構成概念の媒介変数からの影響（フィードバック効果）もある。

一方，「学習構成概念」（learning construct）とよばれる媒介変数は，「動機」「ブランド理解」「選択基準」「態度」「確信」「購買意図」「満足」という7つである。

まず動機は，購買状況に直面した消費者の目標であり，製品を購買し消費することと関係した生理的，心理的欲求から生じる。ブランド理解は，想起集合（evoked set）に含まれるブランドについての知識

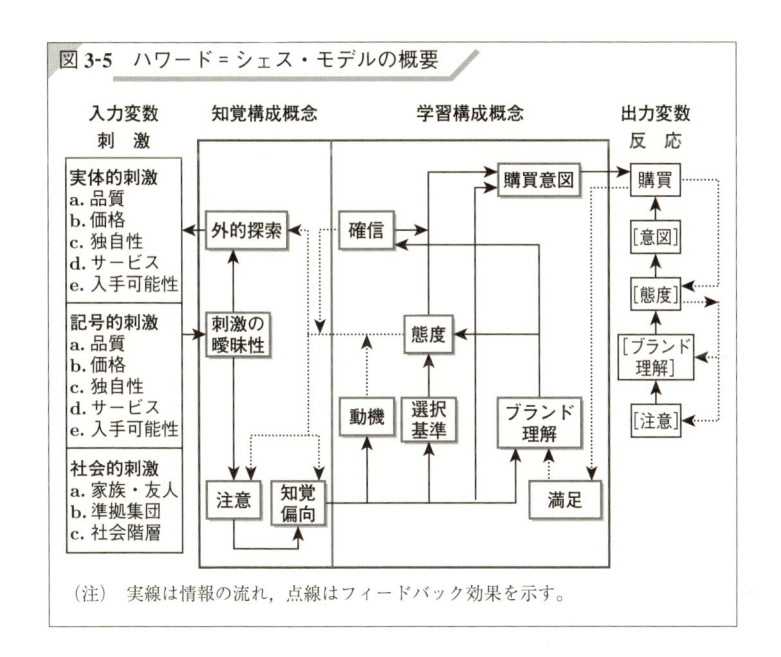

図3-5　ハワード＝シェス・モデルの概要

入力変数 刺激	知覚構成概念	学習構成概念	出力変数 反応

実体的刺激
a. 品質
b. 価格
c. 独自性
d. サービス
e. 入手可能性

記号的刺激
a. 品質
b. 価格
c. 独自性
d. サービス
e. 入手可能性

社会的刺激
a. 家族・友人
b. 準拠集団
c. 社会階層

知覚構成概念：外的探索、刺激の曖昧性、注意、知覚偏向

学習構成概念：購買意図、確信、態度、動機、選択基準、ブランド理解、満足

出力変数：購買、[意図]、[態度]、[ブランド理解]、[注意]

（注）　実線は情報の流れ，点線はフィードバック効果を示す。

であり，選択基準は，消費者の動機を体系づけたり，構造化する機能をもち，ブランド理解とともにブランドに対する態度（全体的評価）を形成する。ブランドに対する態度は確信の程度と相まって購買意図を形成し，それを受けて特定のブランドが購買される。そして，この出力変数としての購買は満足にフィードバックされ，ブランド理解が更新されていく。

最後に，知覚構成概念と学習構成概念に影響を及ぼす外生変数としては，「購買の重要度」「文化」「社会階層」「パーソナリティ特性」「社会的・組織的環境」「時間的圧力」「財政状態」の7つが考えられている。

その後の展開

反応注目型モデルと構造明示型モデルという2つのタイプのブランド選択モデルは，その後，それぞれに異なった展開を遂げていくことになる。

まず，反応注目型モデルのほうは，顕示的行動としてのブランド選択の予測に重きを置く形で，計量モデルを中心としたマーケティング・サイエンス系の研究へと発展していく。とくに，1980年代には，POSシステムとパネル調査の仕組みが結合したスキャナー・パネルとよばれる調査の仕組みが登場し，また，統計解析の技法やコンピュータの能力が飛躍的に向上したことも手伝って，多項ロジット・モデルなどのさまざまな計量モデルが提案された。そして，その過程で，単に選択されるブランドの予測だけではなく，マーケティング変数の効果分析や，購買間隔や購買量の分析も行えるモデルへと発展していくのである（これらのマーケティング・サイエンス系の消費者行動研究については，片平［1987］などを参照のこと）。

また，選択行動を説明・予測するための前段階として，消費者の知覚空間や選好空間を分析するためのモデルにも関心がもたれ，計量心理学の成果を援用する形で，多次元尺度構成法（MDS）などを利用したマッピング技法の研究へとつながっていった。

一方，構造明示型モデルのほうでは，ハワード＝シェス・モデルに代表されるS-O-R型の包括的概念モデルが提案される中で，態度をはじめとする媒介変数の重要性が認識されるようになる。また，部分的な構造明示型モデルでも，多属性態度モデルなどへの関心が高まり，1970年代以降になると，消費者情報処理理論をベースに内的プロセスの解明に力点を置くモデルへと移行していくのである。

4 消費者情報処理理論の系譜

●内的プロセスの解明

　消費者を行動へと駆り立てる購買動機の探究，ブランド選択という顕示的行動の測定と予測，これらに続く第3の系譜は，両者を結ぶ内的プロセスに焦点を当てた研究の流れである。前述のように，単純なS-Rアプローチに代わってS-O-Rアプローチが登場する中，刺激と反応とを結ぶ媒介変数としての態度が注目されるようになった。

　ここで態度とは，ある対象に対して個人がもつ心理的な構えのことである。従来，態度は，好意的—非好意的といった単一次元で捉えられていた。それが，製品やブランドに対する消費者の態度を，多元的に説明する多属性態度モデルが登場し，関心が高まったのである。本節では，まず態度概念と多属性態度モデルを紹介したうえで，その後，消費者情報処理理論の登場を経て現在へと至る，内的プロセスに焦点を当てた研究の系譜を概観する。

媒介変数としての態度概念

　社会心理学者のオルポートによれば，**態度** (attitude) とは，人が行う行動そのものではなく，ある対象（モノ，人，場所，考えなど）に対して特定の方法で反応しようとする傾向性，ないしは，行動の準備状態のことである。また，多属性態度モデルを提案したフィシュバインらは，態度を「ある対象に対して好意的あるいは非好意的に一貫して反応する学習された『先有傾向』(predisposition)」と定義している。

　このように定義される態度概念が，消費者行動論において注目される最大の理由は，何よりも態度によって行動（購買行動）が説明・予測できると考えられるからである。また，態度は決して固定

的なものではなく，ある期間持続すると同時に大きく変化することもある。そして，そのような態度変化（態度変容）を生み出す要因の1つとして，広告などの説得的コミュニケーションの効果が考えられてきた。

すなわち，あるブランドに対して好意的な態度をもつ消費者は，そのブランドを購買する可能性が高く，また，ブランドに対する好意的な態度は，広告によって生み出したり変えたりできるということである。たとえば，緑茶飲料のブランドで，サントリーの「伊右衛門」が好きな消費者は，お茶を買うときには，多分，伊右衛門を選択する可能性が高いであろう。そして，そのような好意的な態度は，過去の飲用経験や広告などの影響を受けて形成されたと考えられる。このように，これまで態度は，刺激（広告など）と反応（選択・購買）とを結びつける重要な媒介変数として，位置づけられてきたのである。

ところで，通常，製品やサービスは，消費者の複数のニーズに対応し，それらを満たすという意味で，複数の属性（多属性）を有している。たとえば，ペットボトルの緑茶飲料であれば，味や香り，成分，デザイン，価格などが，属性に当たる。そして，このような多属性（multi-attribute）な対象に対する態度という観点から，全体的態度を多元的に説明するモデルとして登場したのが，フィッシュバインとエイゼンが提案した**多属性態度モデル**（multi-attribute attitude model）であった（Fishbein and Ajzen [1975]）。

このモデルは，動機づけのメカニズムを説明する理論である「期待―価値」モデル（個人のある行動の傾向性は，その行動がある結果もたらすことへの期待の強さと，その結果の価値によって決まるとするモデル）をベースに，それを多属性な対象に対する態度構造に当てはめたものである。すなわち，このモデルでは，ある対象に対する個人の態度は，ある属性を当該対象が有すると思う個人の確信度（＝期

待）と，その属性の重要度（＝価値）との積を，すべての属性について合計した総和に等しいと考えている。これを数式で表せば，

$$A_O = \sum_{i=1}^{n} b_i a_i$$

　　　ただし，A_O：ある対象 O（製品やブランド）に対する
　　　　　　　　　態度（全体的評価）
　　　　　　b_i：対象 O が属性 i を備えている確信度
　　　　　　　　　（信念の強さ）
　　　　　　a_i：属性 i の評価的側面（重要度）
　　　　　　n：属性の総数

となる。

　したがって，もし，あるブランドに対する消費者の態度を変化させたいならば，①ある属性に関する信念を改善する，②ある属性の重要性を変化させる，③まったく新しい属性を付加する，という方策をとりうることが，この式から示唆される。

　このように，態度概念は，消費者行動を説明する重要な媒介変数として注目を集めるが，やがて研究が蓄積されていく中で，新たな問題も浮上してきた。たとえば，消費者の選択においては，常に態度の存在が前提となるわけではなく，消費者の情報処理能力の限界から，態度を前提としない選択ルールが用いられることも多く，その研究の重要性が指摘されている。また，広告効果の研究からは，必ずしも広告への露出回数と態度変化との間に一意的な関係は見出せず，広告を情報として解釈し処理するプロセスの解明が必要であることが示唆されてきた。

　すなわち，媒介変数を単独で分析する研究アプローチの限界が指摘され，内的なプロセスを包括的に分析するうえでの視点や枠組みが必要とされるようになっていったのである。

> 消費者情報処理理論
> の登場

内的プロセスの解明に重きを置く研究は，1960年代における態度などの媒介変数を中心としたものから，やがて1970年代に入ると，消費者が行う情報処理のプロセス自体に焦点を当てた研究が台頭し，その流れを大きく変えていく。すなわち，**消費者情報処理理論**（consumer information processing theory）の登場である。

ここで言う消費者情報処理理論とは，1970年代の初めにニューウェルとサイモンが提唱した「人間の問題解決行動」モデル（Newell and Simon [1972]）が1つの契機となり，また，当時急速に台頭しつつあった認知心理学の「情報処理モデル」に依拠する形で，新たに登場した分析の視点や枠組みの総称である。

すなわち，人間（消費者）を1つの情報処理システムとして捉え，情報を探索・取得・解釈・統合する内的なプロセスに焦点を当てた研究アプローチのことである。具体的には，初期の情報探索行動の研究や意思決定ネットワーク分析の流れをベースに，そこに前述の多属性態度モデルの研究や行動的意思決定論（とくに，ヒューリスティクス研究）などが融合して，独自の発展を遂げた研究の系譜を指す。

そして，それら一連の研究は，ベットマンによって『消費者選択の情報処理理論』として体系化され，現在に至るまで消費者行動研究のメイン・ストリームの1つを形成しているのである（Bettman [1979]）。

本書の第6章以降は，基本的に，この消費者情報処理理論に依拠した内容になっている。したがって，この理論の詳細や具体的な系譜については，後の章で紹介するとして，ここでは，ベットマン・モデルの概要を紹介しつつ，消費者情報処理理論の中核をなす諸概念について確認しておくことにしよう（消費者情報処理プロセスの詳細については，第Ⅲ部と第Ⅳ部の各章を参照のこと）。

> ベットマン・モデル
> の概要

消費者情報処理理論の基本的特徴は，消費者行動を能動的な問題解決行動として捉え，問題解決の手段としての製品やサービスを選択・購買するために，消費者が自ら進んで必要な情報を探索・取得・解釈・統合するプロセスに焦点を当てている点にある。ただし，消費者の情報処理能力には限界があるので，選択に至るための情報処理と意思決定のプロセスは，最適化ではなく，満足化の原理に従うと想定している（すなわち，ベストなブランドの選択ではなく，満足いくレベルでのブランドの選択という考え方がとられている）。また，一連の情報処理においては，とくに記憶（内部情報）の役割が重視されており，そのあり様による個人差が強調されている点も特徴の1つである。

ここで取り上げる**ベットマン・モデル**は，このような特徴をもつ消費者の情報処理プロセスを描写した概念モデルであり，次のような中核的概念によって構成されている（図3-6参照）。

(1) **情報処理能力**

消費者の「情報処理能力」(processing capacity)には一定の限界があり，この限られた処理能力が複数の活動や課題に配分される。消費者が直面する選択課題は，往々にして，利用可能な処理能力に比して複雑すぎるために，さまざまな単純化や簡便化が行われる。このような処理能力の限界は，さまざまな場面で情報処理に影響を与えることになる。

(2) **モチベーションと目標階層**

消費者は，常に，何らかの目標をもっており，この目標を達成するために選択を行う。達成されるべき究極の目標（消費者にとっての望ましい状態）は，それに至る中間的状態としての下位目標へと次々に分解され，それら一連の下位目標の系列（手段—目標連鎖）からなる「目標階層」(goal hierarchy)によって選択行動は方向づけ

図 3-6　ベットマン・モデルの概要

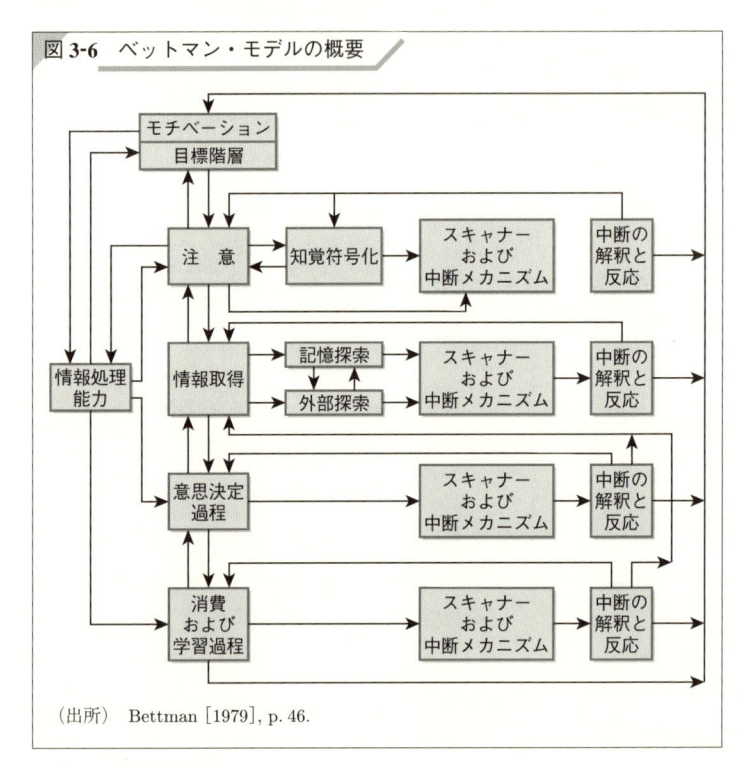

（出所）　Bettman [1979], p. 46.

られる。

(3) **スキャナーと中断**

　目標階層は決して固定的なものではなく，しばしば環境変化のために目標達成のための行動が中断されたり，目標階層の変更や再編成を余儀なくされる。「スキャナー（環境走査）」(scanner) と「中断」(interrupt) は，こうした環境適応のためのメカニズムである。

(4) **注意と知覚符号化**

　目標が与えられている場合，消費者はその目標の達成に役立つような情報に対して積極的に「注意」(attention) を払い（すなわち，情報処理能力を配分し），すでに記憶内に貯蔵されている情報（過去の

経験から得られた知識）とそこでの文脈に照らしてその情報を解釈する（このような注意された情報の解釈・理解をする過程を「知覚符号化」〔perceptual encoding〕とよぶ）。

(5) 情報取得

選択を行う際，消費者は関連情報を探索し取得する。このような情報探索には，すでに記憶内に貯蔵されている情報を探索する「内部探索」（記憶探索：memory search）と，記憶内に十分な情報が存在しない場合に，外部情報源の情報を探索する「外部探索」（external search）とがある。

(6) 記　　憶

記憶（memory）は消費者情報処理モデルの中核概念であり，感覚器官からの刺激情報が最初に貯蔵される「感覚記憶」（sensory memory），情報処理を行う「短期記憶」（Short-Term Memory: STM），短期記憶で処理された情報を保持するための「長期記憶」（Long-Term Memory: LTM）の３つのタイプの記憶がある。なお，長期記憶に貯蔵される情報は，知覚符号化が施された意味情報や感覚情報であり，意味情報はネットワーク構造の形で貯蔵される。

(7) 意思決定過程

消費者は，取得した情報を処理するとともに，その情報にもとづいて代替案（ブランドや店舗）を評価し選択する。ただし，代替案の評価・選択に当たっては，情報処理能力の限界から，複雑な分析や包括的な処理は行われず，「ヒューリスティクス」（heuristics）とよばれる単純なルールに従う（使用されるヒューリスティクスは，個々の消費者により異なり，また，同一の消費者であっても課題や状況によって異なる）。

(8) 消費と学習過程

選択が行われ，選択された代替案が購買・消費された後には，その「アウトカム」（結果：outcome）は１つの情報源として機能し，

将来の選択に影響を与える。すなわち，購買結果の解釈に依存する形で，ヒューリスティクスの単純化や精緻化が行われ選択行動は変容していく。

その後の展開

消費者情報処理理論の登場により，内的プロセスの解明に重きを置く研究は大きく発展していく。しかしながら，1970年代の情報処理理論は，S-O-Rモデルとの対比もあって，消費者の問題解決行動の側面を強調する傾向が強かったと言える。そこでは，明確な目標をもち，取得した情報にもとづいて望ましい選択をする認知的な消費者が前提とされていた。やがて1980年代に入ると，このような認知的な消費者だけでなく，それをベースとしながらも，ときには受動的に行動するような側面も含めてモデル化されるようになるのである。

たとえば，ペティとカシオポが提示した「精緻化見込みモデル」(elaboration likelihood model) は，こうした消費者が行う情報処理の多様性を体系的に説明する枠組みとして利用されていく (Petty and Cacioppo [1986])。すなわち，消費者が行う情報処理の水準と様式を，情報を処理しようとする「動機づけ」(Motivation) の強さと，それを可能にする「能力」(Ability) の程度によって説明しようとする枠組みである。近年では，この2つの要因に情報処理の「機会」(Opportunity) を加えて「MAO」という枠組みが用いられている（詳しくは第6章を参照のこと）。また，多くの場合，動機づけの代理変数として「関与」，能力の代理変数として「知識」が用いられるが，これらについては，第7章と第8章において詳しく解説する。

5　消費者行動研究における近年の展開

　その後,消費者行動研究は,ますます多様化の度合いを深め,また,その領域は広範囲に及ぶため,もはやその全体像を把握することは困難なものとなった。ただ,そのような状況の中でも,消費者情報処理の考え方が,引き続き重要な分析アプローチとして位置づけられていくことになる。

　たとえば,1990年代以降,ブランド問題への関心が急速に高まる中で,消費者情報処理理論にベースを置くブランド知識構造の研究が活発化していく。第1章でも述べたように,ある意味で,これは消費者行動研究の成果と戦略論とを架橋するうえでの1つの重要な接点となっている（消費者の情報処理とブランド知識の関係については第15章で解説する）。

　一方,1980年代より続く研究の新たな流れとして,**消費経験論**は,「購買」から「消費」へ,あるいは,「消費者行動研究」から「消費研究」へと研究対象を拡大させ,方法論的にも,従来の実証的アプローチに対して,解釈的アプローチの適用を主張してきた（消費経験論については,*Column* ⑨を参照）。

　この他,2000年代に入ってからの新たな動きとしては,行動経済学などの影響もあって意思決定における感情の役割への関心が高まり,また,脳科学研究の進展の結果,fMRI（機能的核磁気共鳴断層画像法）やPET（陽電子放射断層撮影法）などの非侵襲的方法によって,消費者の情報処理と脳の活動部位との関係が解明されつつある。

Column ⑨ 消費経験論

　消費経験論は，1980年代初めのホルブルックとハーシュマンによる快楽消費研究を1つの契機とした消費者行動研究の新潮流であり（Holbrook and Hirschman［1982］），研究の対象を「購買」から「消費」へ，あるいは，「消費者行動研究」から「消費者研究」（consumer research）へと拡大する試みとして位置づけられる。

　本文でも述べたように，1970年代に消費者情報処理理論が登場したことにより，消費者の製品選択・ブランド選択に関する理解は深められた。しかし，消費者行動には，そうした製品の獲得（選択・購買）プロセスだけでなく，消費や使用（維持，所有，活動への参加などを含む）プロセスも含まれており，そこでの「ファンタジー，フィーリング，ファン」(3F) といった感情経験に焦点を当てるのが，彼らの快楽消費研究における基本的立場であった。

　当初は，芸術作品や音楽の消費を対象としていたが，その後，他の製品やサービスの消費（使用）における経験的側面にも光を当て，その意味を解釈する研究へと発展していく。また，そのため，情報処理理論のような実証的アプローチではなく，主に，「解釈的アプローチ」（interpretive approach）などを多用するのも，その1つの特徴であった（桑原［2006］）。

Keywords
準拠集団　動機づけ　モチベーション・リサーチ　投影法　ブランド選択モデル　刺激―反応（S-R）アプローチ　ハワード＝シェス・モデル　態度　多属性態度モデル　消費者情報処理理論　ベットマン・モデル　消費経験論

演習問題

3-1 消費者調査において、ホンネではなくタテマエの回答が出やすいのはなぜだろうか。投影法などを参考にして、ホンネを引き出すためのポイントについて考えてみよう。

3-2 1週間分の缶飲料（あるいは、ペットボトル飲料）の購買記録（いつ、どこで、どのようなブランドを、いくらで購入したか、など）をとり、どのようなブランド選択のパターンを示すか分析してみよう。

3-3 自ら積極的に情報を収集しようとする製品とそうでない製品とを比較し、なぜそのような違いが生じるのかについて考えてみよう。また、そこで収集する情報内容の違いも製品間で比較してみよう。

参考文献

阿部周造［1978］『消費者行動——計量モデル』千倉書房。

飽戸弘［1994］「政治経済心理学と深層心理アプローチ」飽戸弘編著『消費行動の社会心理学』福村出版、249-273頁。

片平秀貴［1987］『マーケティング・サイエンス』東京大学出版会。

桑原武夫［2006］「ポストモダン消費者研究」田中洋・清水聰編『消費者・コミュニケーション戦略』有斐閣、203-230頁。

島田一男［1984］「モチベーション・リサーチ再考」『消費者行動の社会心理学』（『年報社会心理学』第24号）、勁草書房、37-52頁。

清水聰［1999］『新しい消費者行動』千倉書房。

Bettman, J. R. [1979] *An Information Processing Theory of Consumer Choice*, Addison-Wesley.

Blackwell, R. D., P. W. Miniard and J. F. Engel [2005] *Consumer Behavior*, 10th ed., South-Western.

Bourne, F. S. [1957] "Group Influence in Marketing and Public Relations," in Likert, R. and S. P. Hayes (eds.) *Some Applications of Behavioral Research*, UNESCO, pp. 207-255.

Brown, G. H. [1952-53] "Brand Loyalty: Fact or Fiction," *Advertis-

ing Age, Vol. 23 (June 9), pp. 53-55; (June 30), pp. 45-47; (July 14), pp. 54-56; (July 28), pp. 46-48; (August 11), pp. 56-58; (September 1), pp. 44-48; (September 22), pp. 80-82; (October 6), pp. 83-86; (December 1), pp. 76-79; Vol. 24 (January 25), pp. 75-76.

Cunningham, R. M. [1956] "Brand Loyalty: What, Where, How Much?," *Harvard Business Review*, Vol. 34, pp. 116-128.

Dichter, E. [1960] *The Strategy of Desire*, Doubleday.

Engel, J. F., D. T. Kollat and R. D. Blackwell [1968] *Consumer Behavior*, Holt, Rinehart and Winston.

Fishbein, M. and I. Ajzen [1975] *Belief, Attitude, Intention and Behavior: An Introduction to Theory and* Research, Addison-Wesley.

Haire, M. [1950] "Projective Techniques in Marketing Research," *Journal of Marketing*, Vol. 14, No. 5, pp. 649-656.

Holbrook, M. B. and E. C. Hirschman [1982] "The Experiential Aspects of Consumption: Consumer Fantasies, Feelings and Fun," *Journal of Consumer Research*, Vol. 8, pp. 132-140.

Howard, J. A. and J. N. Sheth [1969] *The Theory of Buyer Behavior*, John Wiley & Sons.

Katona, G. C. [1953] "Ratinal Behavior and Economic Behavior," *Psychological Review*, Vol. 60, pp. 307-318.

Katz, E. and P. F. Lazarsfeld [1955] *Personal Influence: The Part Played by People in the Flow of Mass Communications*, Free Press. (竹内郁郎訳 [1965]『パーソナル・インフルエンス——オピニオン・リーダーと人びとの意思決定』培風館。)

Massy, W. F., D. B. Montgomery and G. Morrison [1970] *Stochastic Models of Buying Behavior*, MIT Press.

Newell, A. and H. A Simon [1972] *Human Problem Solving*, Prentice-Hall.

Packard, V. [1957] *The Hidden Persuaders*, David Mckay. (林周二訳 [1958]『かくれた説得者』ダイヤモンド社。)

Petty, R. E. and J. T. Cacioppo [1986] *Communication and Persuasion: Central and Peripheral Routes to Attitude Change*, Springer-Verlag.

Schiffman, L., D. Bednall, A. O'Cass, A. Paladino, S. Word and L. Kanuk [2008] *Consumer Behavior*, 4th ed., Pearson Education Australia.

Sheth, J. N., D. M. Gardner and D. E. Garrett [1988] *Marketing Theory: Evolution and Evaluation*, John Wiley & Sons.（流通科学研究会訳 [1991]『マーケティング理論への挑戦』東洋経済新報社。）

Zaltman, G. [2003] *How Customers Think*, Harvard Business School Press（藤川佳則・阿久津聡訳 [2005]『心脳マーケティング——顧客の無意識を解き明かす』ダイヤモンド社。）

第 II 部

環境要因の変化と消費者行動

（時事通信社提供）
● 店頭で料金を払い込む新タイプの家事代行サービス「家事玄人（カジクラウド）」。家事の外部化へのニーズと消費の多様化には密接な関わりがある。

第4章　消費行動と消費パターンの分析
第5章　消費者行動の変化とその諸相

第4章 消費行動と消費パターンの分析

Introduction

第2章で検討したように，本章で取り上げる消費行動とは，消費様式の選択と支出配分に関わる行動のことを指す。本章では，このような消費様式の選択と支出配分を規定するメカニズムについて，単にそれを所得配分（＝支出配分）の問題としてだけでなく，時間や空間といった他の生活資源の配分と関連づけて検討していく。まずは，基本的な分析単位である家族と家計の捉え方を整理することから始め，生活構造や生活意識と関連づけて消費行動を分析するための視点として，①ライフサイクル，②ライフスタイル，③ライフコースという3つの分析アプローチを紹介する。そして最後に，「時間配分の理論」をベースに消費様式の選択メカニズムを検討し，次の第5章への橋渡しとする。

1 生活資源配分と消費行動

分析単位としての家族と家計

消費行動の分析においては，多くの場合，消費者個人ではなく，家族という社会単位，あるいは，家計という経済単位が，基本的な分析単位として用いられる。これは，後述するように，消費様式の選択や**支出配分**においては，家族人数といった規模的要因が大きく影響し，個人ベースでの分析より家計（世帯）ベースでの

分析が適しているからである。また,近年,家族のあり方が大きく変化し,それが消費構造の変化,とくに消費の多様化に影響していることなども理由として挙げられる。そこで,最初に,基本的な分析単位となる「家族」と「家計」という2つの概念について,その異同を確認することから始めよう。

一般的に,「血縁または姻縁によって結ばれている人々の集合体」を「親族」(kindred)とよび,そのような親族の中でも,共住・共食(1つ屋根の下に住み,一緒に食事をする),同一生計(1つの財布で暮らし財産を共有する)ものを**家族**(family)とよぶ。

社会人類学者のマードックは,人間社会に存在する最小の親族集団として,一組の夫婦とその子供からなる「核家族」(nuclear family)という概念を提示した。彼によれば,核家族とは,①居住をともにし,②家族成員の基本的欲求を満たすための最小限の関係(夫婦・親子・兄弟姉妹)を含み,③社会の存続のために不可欠の性・経済・生殖・教育という4つの機能を遂行する最小の社会集団のことである(Murdock [1949])。

これに対して,**家計**(household)とは,企業や政府とともに,経済システムを構成する経済主体の1つであり,生計をともにして経済活動を行う最小の単位のことである。すなわち,労働力を供給して賃金所得を得,あるいは,金融資産や不動産を所有する場合には,それらを運用して,利子・配当所得,家賃・地代所得を得て,それを原資として消費と貯蓄を行う経済主体が家計である(同時に,家計は,公共部門に対して税金を払い,社会保険料の拠出を行い,その給付も受けている)。

通常,これら2つの概念は大きく重なり合い,社会集団としての家族が経済主体としての家計のベースとなっているが,厳密に言えば両者は異なる概念である。また,国勢調査などの統計上の概念として「世帯」があり,血縁の有無にかかわらず共住・同一生計

の者は世帯員に含まれる。したがって,家族,家計,世帯という3つの概念は厳密には100%対応しているわけではない。ただし,本章では,これらをほぼ同義と考えて,以下,文脈に応じて使い分けていくことにする(柏木［2003］,13-15頁)。

> 生活環境,生活構造,生活意識

元来,「home」(家庭)の古語に当たる「ham」には,2つの河が合流する三角地帯に造られた自然の砦という意味があり,流動的な河と固定的な砦という2つの力のバランスの上に成り立つ「家なるもの」を維持することが「household」(家計)の語源だと言われている(坂井［1992］)。また,家庭を拠り所として,さまざまな社会関係の中で営まれるところの「家庭生活」を,①生活主体である家族が,②家族を取り巻く状況や事象のもとで,③家族の生活資源を用いて,④家族の生活欲求を満足させ,⑤家族の生活価値を実現させる生活行為の連続過程として捉える考え方もある(御船［1996］)。

このような生活主体としての「家族」,生活の場としての「家庭」,生活の仕組みとしての「家計」という用語法を念頭に置きつつ,改めて,日常生活における消費の位置づけを整理するならば,おおよそ次のようになろう。

われわれ消費者は,もてる生活上の諸資源(時間・所得・空間など)を利用して,日々,さまざまな課題を解決しつつ,生活自体を「再生産」している。たとえば,最も基本的な生活資源である時間に着目した場合,1日24時間という生活時間を,労働と(広義の)余暇とに配分し,労働によって得られた所得を消費と貯蓄(将来の消費)に配分する。そして,消費に配分された所得で購入した製品やサービスを余暇時間(＝24時間－労働時間)や生活空間と組み合わせて,日々の生活を再生産している。

ここで,このような生活資源の配分行動を**生活行動**とよぶなら

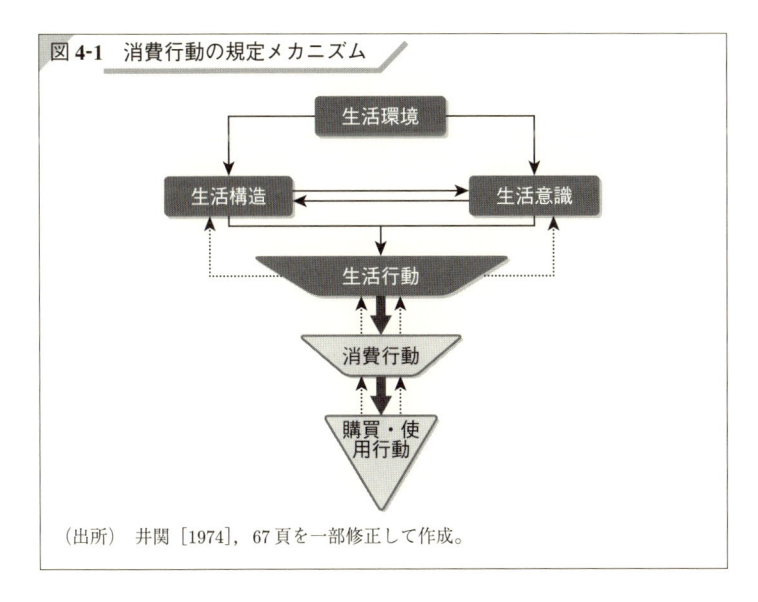

図4-1 消費行動の規定メカニズム

```
         生活環境
        ↙      ↘
   生活構造 ⟷ 生活意識
        ↘      ↙
         生活行動
            ↓
         消費行動
            ↓
        購買・使
        用行動
```

(出所) 井関 [1974], 67頁を一部修正して作成。

ば, 消費行動は, その一部分・一側面であって, 「所得配分」という経済資源配分, 具体的には, 家計の支出配分として位置づけられる。また, 生活行動は, 生活主体としての家族や家計が置かれている環境 (＝生活環境) やその構造的側面 (＝**生活構造**), あるいは, 意識的側面 (＝**生活意識**) の影響を受けており, これらの全体的関係をふまえたうえで, 消費行動 (および, さらに下位レベルの購買行動・使用行動) が規定されるメカニズムを整理すれば, 図4-1のようになる。

図示されているような形で, 生活環境を背景として, 生活構造―生活意識―生活行動の3点セットで生活主体の行動を説明しようとする分析アプローチは, 生活体系アプローチともよばれている (青井 [1971] ; 井関 [1974])。本章では, この説明図式に依拠する形で, 消費行動を生活行動の一部として捉え, 時間や空間といった他の生活資源の配分とも関連づけて分析する立場をとる。以下, この

分析枠組みに含まれる各構成概念の内容を簡単に示せば，次のとおりである。

(1) **生活環境**

生活環境とは，生活主体としての家族や家計の行動に対して，生活構造や生活意識を経由して間接的な影響を及ぼす外的な環境要因群のことである。具体的には，人口動態，経済動向，政治情勢，社会的風潮，社会制度，技術動向などのマクロ的要因が含まれる。たとえば，景気や雇用状況といった経済動向は生活主体の所得面に，また，社会的風潮などは意識面に影響を与えると考えられる（これら環境要因の変化が消費者行動に与える影響については，次の第5章において再び検討する）。

(2) **生活構造**

生活構造とは，生活主体の構造的側面として生活資源の量や内容を規定し，生活行動を条件づけ，制約する要因群のことである。具体的には，世帯収入，家族構成，居住形態，資産の保有パターンなどが挙げられる。このうち，世帯収入などはフロー的要因であるが，資産の保有パターンなどは過去の生活行動（ここでは所得配分）の結果として形成されたストック的要因である。

(3) **生活意識**

生活意識とは，生活主体の価値意識的側面として，生活構造と相互作用しつつ，生活行動を方向づける要因群のことである。具体的には，価値意識，生活信条，生活目標，生活設計，帰属意識，態度，動機，パーソナリティなどが挙げられる。

(4) **生活行動**

生活行動とは，生活構造と生活意識から直接的影響を受け，また，生活環境から間接的影響を受けつつ，生活主体が行う行動のことである。具体的には，時間，所得，空間などの生活資源の配分行動として捉えられる。

(5) **消費行動**

消費行動とは，生活行動の中でも経済的資源としての所得配分（支出配分）に関わる行動を指す。具体的には，消費様式の選択，費目別支出配分などを内容とし，時間配分や空間配分との相互作用の中で実行される。

(6) **購買行動・使用行動**

購買行動とは，消費行動としての所得配分（支出配分）の結果を受け，製品やサービスを具体的に調達する行動を指し，使用行動とは，調達された製品・サービスを実際に消費・使用・処分・廃棄する行動を指す。

なお，図中，双方向の矢印で示されているように，各要因間および行動レベル間には相互作用があると考えられる。たとえば，生活意識が，生活構造を方向づけていくだけでなく，生活意識それ自体も，生活構造によって条件づけられる（生活設計や生活目標によって，家族構成や居住形態は異なり，反対に，世帯収入によって生活設計も変わる）。また，生活資源配分としての生活行動は，生活構造と生活意識によって制約され，方向づけられ，コントロールされるが，中・長期的には，それらを修正していくものと考えられる。そして，購買行動や使用行動の結果も消費行動，さらには生活行動へとフィードバックされていく。

> 消費様式の選択と支出配分

上述のように，生活主体としての家族・家計の行動は，生活資源の配分に関わる生活行動のレベルでも，また，主に所得配分に関わる消費行動のレベルでも，日々の生活の中での反復によってパターン化され，一定の型や様式をもつようになる。いま，このような生活行動や消費行動における型や様式のことを，それぞれ生活様式および消費様式とよぶならば，その選択メカニズムを解き明か

し，変化の方向性を把握することが，消費行動レベルでの分析の眼目となる。

ここで**生活様式**とは，時間・空間・所得といった生活上の諸資源を，どのように配分し利用していくかという生活行動の様式（型）であり，その基本パターンのことである。同様に，**消費様式**とは，とくに所得配分に焦点を当てた財・サービスの選択行動の様式（型）であり，その基本パターンを指す。

とくに，本章では，生活主体としての家族・家計の構造面や意識面との関連性を強調しつつ，消費様式の選択メカニズムや消費パターンを分析するうえでの視点や枠組みの整理を行う。具体的には，次節で，消費行動を分析する際の3つのアプローチを取り上げる。ライフサイクル・アプローチは，ライフステージに集約される生活構造の影響に着目した分析視角，ライフスタイル・アプローチは，主に生活意識（価値意識）をベースとした消費スタイルに注目した分析視角，そして，ライフコース・アプローチは，ライフコース選択に反映された価値意識とその結果としての生活構造に注目した分析視角，という特徴をそれぞれもっている。

また，第3節では，主として「時間配分の理論」に依拠しつつ，消費様式の選択メカニズムと消費パターンについて検討する。後述するように，**消費パターン**とは，「特定の消費様式や消費行為と結びついた製品・サービスの組合せ」のことであり，製品選択やブランド選択を方向づける枠組みとなるものである。

なお，消費行動は，具体的には，費目別の支出配分という形で把握されるが，*Column* ⑩は，家計調査データから見た支出配分構造の現状についての説明である。

Column ⑩ 家計調査データから見た支出配分の実態

所得配分（支出配分）の観点から家計の消費行動を分析する際に利用できるデータとして，総務省統計局が実施している家計調査がある。

2010 年（平成 22 年）の家計調査によれば，全国，2 人以上の勤労者世帯（平均世帯人員 3.41 人，平均有業人員 1.66 人，世帯主平均年齢 47.3 歳）の 1 カ月当たりの平均収入（実収入）は，52 万 692 円，このうち，世帯主の収入は 41 万 7281 円で，実収入の 80.1％を占めている。また，実収入から税金や社会保険料などの非消費支出 9 万 725 円を差し引いた可処分所得は 42 万 9967 円となっている。

図 4-2 に示されているように，可処分所得のうち，消費に回される消費支出が 31 万 8315 円，黒字分が 11 万 1653 円，これらが預貯金，保険，ローンの返済に充てられる（可処分所得に占める消費支出の割合：平均消費性向は 74.0％）。

一方，消費支出の費目別構成比から支出配分の実態を見ると，食料 21.9％，住居 6.5％，光熱・水道 6.8％，家具・家事用品 3.3％，被服及

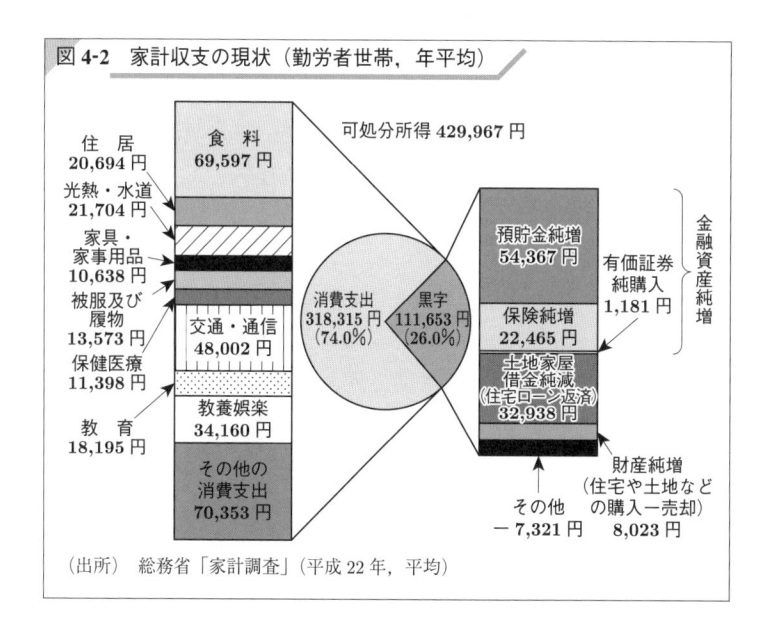

図 4-2 家計収支の現状（勤労者世帯，年平均）

住居 20,694 円
食料 69,597 円
光熱・水道 21,704 円
家具・家事用品 10,638 円
被服及び履物 13,573 円
保健医療 11,398 円
交通・通信 48,002 円
教育 18,195 円
教養娯楽 34,160 円
その他の消費支出 70,353 円

可処分所得 429,967 円

消費支出 318,315 円（74.0％）
黒字 111,653 円（26.0％）

預貯金純増 54,367 円
有価証券純購入 1,181 円
保険純増 22,465 円
土地家屋借金純減（住宅ローン返済）32,938 円
その他 −7,321 円
財産純増（住宅や土地などの購入−売却）8,023 円

金融資産純増

（出所）総務省「家計調査」（平成 22 年，平均）

び履物 4.3%, 保険医療 3.6%, 交通・通信 15.1%, 教育 5.7%, 教養娯楽 10.7%, その他 22.1% となっている（いわゆるエンゲル係数は 21.9%, 最大の支出項目はその他の 22.1% である）。

2 消費行動分析の3つのアプローチ

前述のように，支出配分としての消費行動は，生活様式や消費様式をベースに規定されると考えられる。ここでは，このような消費行動を分析する視点として，①ライフサイクル，②ライフスタイル，③ライフコース，という3つのアプローチを取り上げ，その各々の特徴について簡単な整理を行うことにする。これらの3つのアプローチは，生活主体としての家族（場合によっては個人）の生活構造上ないしは生活意識上の特徴に着目し，その集約的指標と消費行動とを関連づけて分析するための視点である。

ライフサイクル・アプローチ

一般に，**ライフサイクル**（life cycle）とは，生物の一生に見られる，個体の発生から消滅に至る循環のことであり，「生命周期」とも訳される。人間のライフサイクルも，出生—成長—成熟—老衰—死亡といった規則的な推移を辿るが，これを家族の生活周期として捉え直したものが「家族ライフサイクル」（family life cycle）の概念である。

すなわち，家族それ自体は集団であって生命をもたないが，夫婦の結婚によって成立し，子供の誕生によって構成員を増やし，また，子供が成長して独立した後，やがて夫婦の一方が死亡すること

表 4-1 家族ライフサイクル上の主なステージ

ステージ	家族構成	家計の状況	消費の特徴
独身段階	結婚前の独身者	所得は低いが、負債もなく、貯蓄する必要性も感じていない。	車、ファッション、レジャー、外食などに支出。
新婚段階	子供のいない新婚の夫婦	共働きであれば可処分所得は増大。独身者より経済的に豊か。	車、ファッション、レジャーなどに支出。耐久財（家具や家電製品）も購入。
満杯の巣 I	末子が未就学の夫婦	子育てのため妻などが離職した場合には可処分所得は減少。子育てでの支出が追加。	持ち家の購入（関連して、家具や装飾品）。ベビーフードや玩具など。
満杯の巣 II	末子が就学期に達した夫婦	夫の収入増、妻の復職などにより処分所得は増えるが、子供の成長により消費額も増大。	子供の成長に伴い食品や衣服への支出の増大。自転車、レッスン料、スポーツ用品などに支出。
満杯の巣 III	まだ扶養する子供をもつ中年の夫婦	夫婦の収入は増大、子供のアルバイト等で教育費の分所得は増大、大学進学等で教育費も増大。	家具や家電製品の買い替え、セカンド・カーの購入。教育費の増大。
空の巣 I (現役)	子供が自立した夫婦 (現役)	子供の独立により、所得の自由裁量度が増し、より多くの貯蓄が可能に。	家の修繕、旅行、外食、スポーツ用多目的車 (SUV)、セカンド・ハウス、孫のための支出。
空の巣 II (退職)	子供が自立した夫婦 (退職)	退職により可処分所得は減少。医療費などの支出が増大。	医療・健康器具、医薬品の購入。ヘルスケア、サイズやボディラインナップに時間を使う
高齢単身 I	配偶者を亡くした高齢単身者 (現役)	現役のため一定の収入が見込める。加えて、貯蓄がある場合には利用可能。	食品などの支出は減少。ヘルスケア、疾病ケア、旅行、代行サービスなどへの支出の増加。
高齢単身 II	配偶者を亡くした高齢単身者 (退職)	貯蓄の取り崩しによって生活。どれだけ支出できるかは貯蓄額に依存。	購買意欲の減少、医療費の増大などにより、消費支出は急速に減少。

(出所) Blackwell, Miniard and Engel [2005], pp. 492–494 の表にもとづき作成。

で，家族という集団は消滅していく。このような家族の形成—発展—衰退—消滅という規則的周期に着目し，各段階における生活行動や消費行動を分析対象とするのが，ライフサイクル・アプローチである。

表4-1は，ライフサイクル上での典型的な段階設定（これを「ライフステージ」とよぶ）を示したものである。基本的に，「独身段階」から「新婚段階」「満杯の巣段階」（フル・ネスト：full nest），「空の巣段階」（エンプティ・ネスト：empty nest）を経て，「高齢単身段階」に至るという単線的な流れが，想定されている。また，ある段階と次の段階とを画する出来事は「ライフイベント」（life event）とよばれ（たとえば，「新婚段階」と「満杯の巣段階」を画する出来事は第一子の誕生である），家族はさまざまなライフイベントを経験しながら次の段階へと移行していく。そして，各ステージごとに，家族構成や家計収入などの生活構造は大きく異なり，その結果，消費の特徴も表に示されているように異なる。

ライフサイクル・アプローチでは，人々は皆同じような形でライフサイクル上の段階（ライフステージ）を経験し，また，各段階ごとには同質的であるという前提が置かれてきた。しかし，当然，同じ段階にいる家族でも価値意識は異なり，また，非婚化や晩婚化，あるいは，未婚の一人親の増加などにより，そもそも家族ライフサイクルが「結婚」から始まるという前提も大きく揺らいでいる。こうした中，消費者の価値意識の違いに着目したライフスタイル・アプローチの重要性が増してきた。また，単線型のライフサイクルを想定するアプローチの妥当性や有効性が疑問視される中，後で紹介するライフコース・アプローチが登場することになる。

| ライフスタイル・アプローチ |

ライフスタイル（life style）という言葉自体は，マーケティングや広告の実務で古くから多用され，すでに日常語化している用語

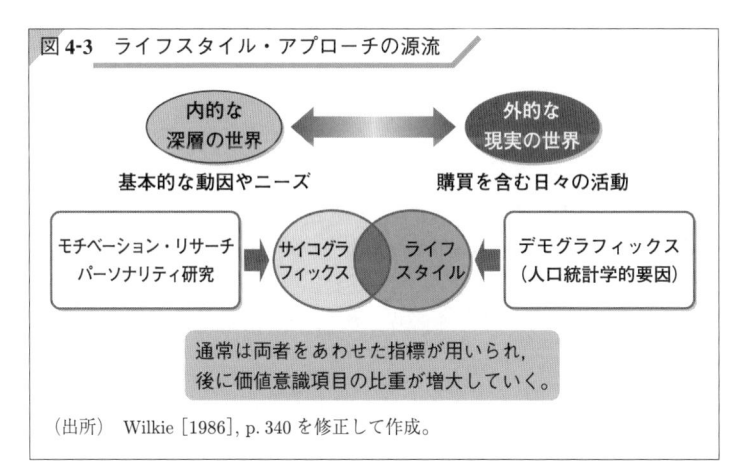

図 4-3　ライフスタイル・アプローチの源流

内的な深層の世界 ⇔ 外的な現実の世界

基本的な動因やニーズ　　購買を含む日々の活動

モチベーション・リサーチ／パーソナリティ研究 → サイコグラフィックス ∩ ライフスタイル ← デモグラフィックス（人口統計学的要因）

通常は両者をあわせた指標が用いられ、後に価値意識項目の比重が増大していく。

(出所)　Wilkie [1986], p.340 を修正して作成。

だと言えよう。

このライフスタイルの概念は、古くは社会学者のウェーバーを起源としており、特定の社会階層内部で共有される財の消費や価値観、生活態度に関する複合的なパターン（特定の生活様式で表現される財の消費原則）として捉えられてきたと言われている（井関 [1979]）。また、ライフスタイルを「生活空間、生活時間、そして価値観のすべてを包括した、その人の生活様式、生活スタイル」と定義し、ほぼ「生活様式」に近い概念として捉える場合もある（飽戸 [1999]）。このように、ライフスタイルとは、人々の生活の仕方、その人の価値意識を反映し、具体的には、そのお金の使い方、選択する財やサービス、行動の組合せの型（パターン）として捉えられる概念だと言える。

また、ウィルキーは、図4-3に示すような形で、ライフスタイル研究の歴史を整理し、その源流に、モチベーション・リサーチやパーソナリティ研究から発展した「サイコグラフィックス」(psychographics) を位置づけている（Wilkie [1986]）。ここでサイコグラフィックスとは、「消費者を心理的次元上に位置づける定量的調

査技法」の総称であるが (Wells [1975])，初期の AIO アプローチに始まり，その後は，消費者の価値意識に注目してライフスタイルを類型化する試みへと発展していった。以下は，ライフスタイル分析の代表的手法である。

(1) AIO アプローチ

AIO アプローチとは，ウェルズらによって提唱された初期の代表的な分析手法であるが，ジフが提案したサイコグラフィックの具体的手法としても位置づけられている (Wells and Tigert [1971]；Ziff [1971])。

ここで AIO とは，Activities, Interests, Opinions の頭文字で，「活動 (A)：どのようなこと (仕事，趣味，娯楽など) に時間を使っているか」「関心 (I)：どのようなこと (ファッション，食事など) に興味・関心をもっているか」「意見 (O)：政治，社会問題など，さまざまな出来事をどう感じているか」という 3 つの側面 (＋デモグラフィック属性) について質問することで，生活全般に関するライフスタイル，あるいは，特定の生活領域や製品カテゴリーに関するライフスタイルを測定しようとするものである。

たとえば，プラマーは，300 もの AIO 項目を用いて，クレジットカードの利用者と非利用者とのライフスタイルを比較しているが (Plummer [1974])，特定の領域ごとに膨大な数の質問項目を使った分析は実務的にも効率が悪く，1980 年代に入ると次に述べる総合的なライフスタイル類型へと移行していくことになる。

(2) VALS：Values and Lifestyles

VALS とは，スタンフォード大学の研究センターで開発されたライフスタイル類型で，その理論的ベースはマズローの「欲求階層理論」やリースマンの「性格類型論」などにあり，約 800 問の価値やライフスタイル，消費行動に関する質問項目を用いて，9 つの価値類型が抽出されている (Mitchell [1983]；Mitchell, Ogilvy and

Schwaltz [1986])。

具体的には,①生存者型(生きていければよいと思っている人々),②受難者型(社会の底辺にいるものの上昇志向はある人々),③帰属者型(伝統を重んじ保守志向の強い人々),④競争者型(上昇志向は強いがいまだに成功していない人々),⑤達成者型(すでに体制を作り上げその頂点にいる人々),⑥私は私型(外向きよりも自分の内面への志向性が強い人々),⑦試行者型(いろいろなことへの挑戦志向が強い人々),⑧社会意識型(内部志向だけでなく社会的な出来事へも積極的に参加する人々),⑨統合型(内外ともにバランスのとれた人々)の9つの類型である(これらのうち,①と②は欲求追随群,③~⑤は外部志向群,⑥~⑧は内部志向群,⑨は統合群という4つのグループに大別される)。

その後,米国では,1989年にVALS 2が開発され,資源とモチベーションにもとづく8つのライフスタイル類型が新たに提案された。また,日本でもJapan-VALSが開発されており,こちらはロジャースの普及理論と心理学の類似性理論にもとづき,10類型が提示されている。

(3) LOV：List of Values

LOVとは,VALSに対抗する形で,ミシガン大学調査研究センターが開発した手法であり,AIOアプローチやVALSと比較して,きわめて単純な調査によって対象者の価値意識を測定する点に特徴がある。

具体的には,「帰属意識」「人生の楽しみや喜び」「他人との温かい関係」「充足感」「他人からの尊敬」「興奮」「達成感」「安心感」「自尊心」という9つの価値意識項目を被験者に提示し,自分にとって最も重要な価値を2つ選択させ,9つの価値項目の相対的な順位づけや価値意識項目ごとの9段階評定評価によって価値意識を測定している。

ライフコース・アプローチ

ここで言う**ライフコース**（life course）とは，文字どおり"人生の道筋・軌跡"のことであり，「個人が一生の間に辿る道筋（人生行路）」を指す概念のことである。元来，家族社会学の分野において，従来の「ライフサイクル」概念に代わるものとして，1970年代に登場した分析アプローチであるが，近年では，個人の生き方の選択と社会変動とを結びつける分析視点として，多方面で注目されている。

人は一生の間に，就学，就業，結婚，出産といったライフイベント（人生上の出来事）を経験し，そこでの選択に伴って，さまざまな社会的な役割を獲得していく（たとえば，結婚に伴って夫ないし妻の役割，出産に伴って父親ないし母親の役割を獲得していく）。こうしたライフイベントの継起や役割の配列を，そのタイミングや間隔に着目しながら分析していくところに，このアプローチの特徴がある。

先に取り上げたライフサイクル・アプローチでは，最頻値として現れるモーダル・コース（典型的なコース）を念頭に置き，人は誰でも，独身，新婚，子育て（満杯の巣），子育て解放（空の巣），高齢単身という段階を踏んでいくことを想定していた。このため，典型的でない家族（たとえば，子供のいない夫婦，離婚・再婚の夫婦など）をモデルの中に取り込んで分析することは困難であった。また，現実の社会に目を向ければ，単に離婚・再婚の増加にとどまらず，長寿化によって「空の巣」期間や「お一人様の老後」の期間は伸び，晩婚化や晩産化で結婚・出産のタイミングは遅れ，さらには，生涯未婚者や子供をもたない夫婦が増加するなど，家族のライフサイクルは急速に複線化・多様化してきている。その結果，もはや，従来型のライフサイクル・アプローチでは，現実に十分対応できなくなっている。

この点で，まずは家族の中での個人の生き方（人生）に着目する

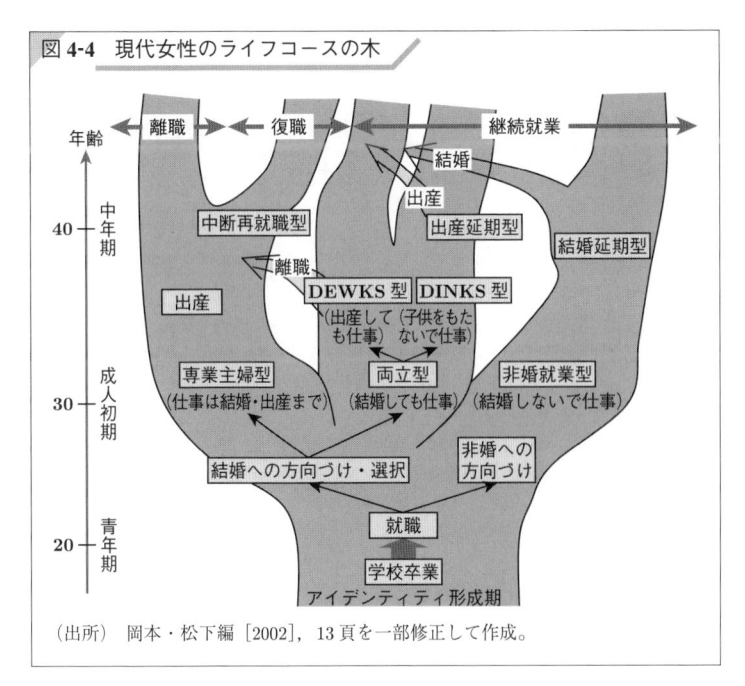

図 4-4 現代女性のライフコースの木

- 離職 ← → 復職 ← → 継続就業 →
- 年齢
- 中年期 40
- 成人初期 30
- 青年期 20

図中ラベル:
- 結婚
- 出産
- 中断再就職型
- 出産延期型
- 結婚延期型
- 離職
- DEWKS型（出産して子供をもたも仕事）
- DINKS型（子供をもたないで仕事）
- 出産
- 専業主婦型（仕事は結婚・出産まで）
- 両立型（結婚しても仕事）
- 非婚就業型（結婚しないで仕事）
- 結婚への方向づけ・選択
- 非婚への方向づけ
- 就職
- 学校卒業
- アイデンティティ形成期

（出所）岡本・松下編 [2002]，13 頁を一部修正して作成。

ライフコース・アプローチは，「家族の個人化」が進む現代社会に適した分析視点だと言える。また，「生き方の選択」が可能な時代となり，選択したライフコースによって生活上の大きな違いが生まれる今日的状況においては，必要不可欠な分析アプローチであるとも言える。

たとえば，図 4-4 は，現代女性のライフサイクルが複線化・多様化している様子を「ライフコースの木」として図示したものである。最終学校卒業後の就職，結婚，出産といったライフイベントでの選択の結果，さまざまに分岐していく女性のライフコースが見て取れる。専業主婦，ワーキング・マザー（DEWKS：Double Employed With Kids），DINKS（Double Income No Kids），ワーキング・シングルと，選択したライフコースに価値意識が反映されて

表 4-2　3 つの分析アプローチの比較

	ライフサイクル・アプローチ	ライフスタイル・アプローチ	ライフコース・アプローチ
概要	家族ライフサイクル上のステージとそこでの生活構造の共通性に着目して消費行動を分析。	価値意識の違いを反映した生活スタイルに着目して消費行動を分析。	ライフイベントでの選択によって生じるライフコースの違いに着目して消費行動を分析。
前提	独身―結婚―出産……，という典型的なコース，単線型のライフサイクルを想定。	価値意識等によって生活行動・消費行動を説明する類型化が可能。	ライフイベント選択によって生活行動・消費行動を説明するライフコースの類型化が可能。
特徴	生活構造の集約的標識	生活意識の集約的標識	生活構造（生活意識）の集約的標識
分析単位	家　族	個　人	個　人

いるとともに，各コースごとに生活構造（家族構成，家計収支等）は大きく異なるであろう。

　残念ながら，ライフコース視点での消費行動の分析事例はまだ数少ないが（青木・女性のライフコース研究会編［2008］），生活構造と生活意識の問題を同時に検討する視点として，今後の活用が望まれる分析アプローチだと言える。

　以上，①ライフサイクル，②ライフスタイル，③ライフコースという 3 つの分析アプローチを紹介したが，その特徴を比較・整理したものを表 4-2 に示しておく。

3　消費様式の選択メカニズム

　本書では，消費行動を単に所得配分や支出配分の問題として捉え

るのではなく，時間を含む他の生活資源配分とも関連づけ，消費様式の選択問題として分析する立場をとる。そこで，第1節でも述べたように，まずは時間コストに着目しつつ，家事を家庭内で行うか外部化するかという図式で，消費様式の選択メカニズムについて考えていくことにしよう。

時間配分の理論：家計内生産か外部化か

経済学者のベッカーは，ほとんどの消費には家計内での最終加工過程が必要であるとし，通常は家事活動が担うこの部分を**家計内生産**とよんだ。また，家計は，家事の一部を市場でのサービス購入という形で外部化することができるので，家計内生産か市場購入（**家事活動の外部化**）かという消費様式の選択は，基本的には当該家計にとっての**時間コスト**に依存するとした（Becker [1965]）。

この考え方にもとづけば，一方には，多くの生活時間を家計内での最終加工に投じて，手間暇かけて消費を行うという時間集約的で家計内生産型の消費様式があり，他方には，できる限り家事は外部化し，加工度・完成度の高い製品（そのまま消費できる製品）やサービスを利用して消費を行うという時間節約的で市場購入（外部化）型の消費様式があると考えられる。そして，家計はそれらを両極とする中から，自分たちにあった消費様式を時間コストを勘案して選択することになる。

たとえば，食事の仕方を例にとると，前者の家計内生産型の消費様式には，素材レベルの食材を購入して手間暇かけて調理して食事をとるという伝統的な「内食」のパターンが含まれ，後者の市場購入（外部化）型の消費様式には，レストランなどを利用する「外食」のパターンが含まれる。また，その中間には，レトルト食品などの加工度の高い食品，あるいは，弁当・惣菜の利用といった「中食」のパターンなどが位置づけられる。

ここで重要なポイントは，消費は瞬間的に行われるものではな

く，所得に加えて時間という生活資源を必要とするという事実である。また，各家計が時間をかけて家計内生産型の消費を行うか，それとも家事活動を外部化してサービスという形で市場購入型の消費を行うかは，当該家計にとっての時間コストで決まる。すなわち，時間コストの低い家計は家計内生産型の消費を行い（たとえば，素材を購入して時間をかけて調理し），時間コストの高い家計は家事活動を外部化して市場購入型の消費を行う（たとえば，外食サービスを利用する），という消費様式の選択図式が基本的に考えられる。また，通常，時間コストは機会コスト（その時間働いた場合に得られる所得）によって測られるので，所得稼得能力の高い家計（所得稼得能力の高い構成員が多い家計）の時間コストは高く，そのような家計では家計内生産ではなく，外部化が選択されることが多い。

このように，家計内生産を行って時間集約的な消費を行うのか，あるいは，家事を外部化して時間節約的な消費を行うのか，さらには，労働時間と余暇時間のどちらに多くの時間を割くのかなどは，基本的に，所得と時間コストによって決まる**時間配分**（time allocation）の問題として定式化することが可能である。

消費様式の選択プロセス

最後に，前項で紹介した時間配分の理論をベースにして，家計内生産型か市場購入型（外部化型）かという消費様式の選択メカニズムを，図 4-5 のような説明図式によって考えてみよう。

同図において，選択された消費様式のアウトプットである「消費パターン」とは，「特定の消費様式や消費行為と結びついた製品・サービスの組合せ」のことで，単に製品やサービスの選択内容というだけでなく，そのような消費行為に投入される時間やその他の生活資源とセットになった概念である。

たとえば，「内食」という伝統的な食の消費パターンを例に考えれば，それは単に素材となる食材を購入して調理するだけでなく，

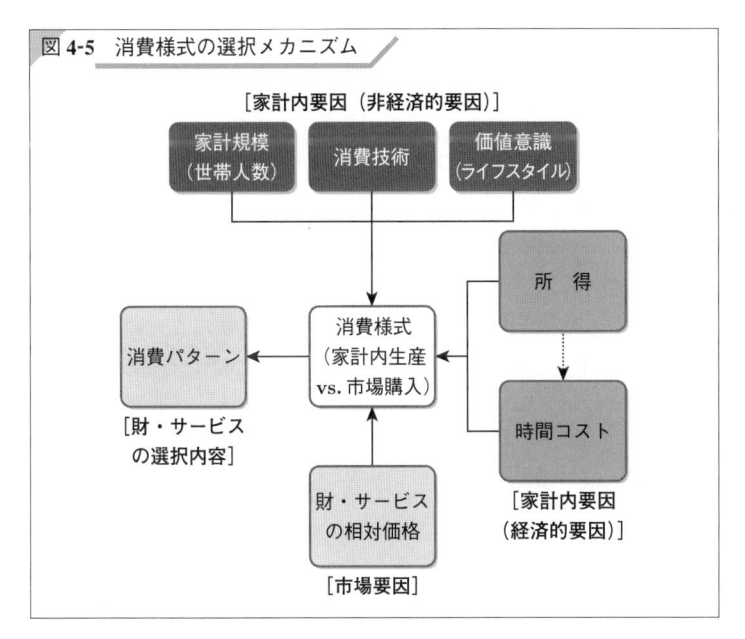

図 4-5 消費様式の選択メカニズム

[家計内要因（非経済的要因）]

- 家計規模（世帯人数）
- 消費技術
- 価値意識（ライフスタイル）

↓

消費様式（家計内生産 vs. 市場購入） → 消費パターン　[財・サービスの選択内容]

← 所得
← 時間コスト　[家計内要因（経済的要因）]
← 財・サービスの相対価格　[市場要因]

調理するための時間や技術，そして器具や設備などを前提として成り立つ消費のパターンである。一方，冷凍食品などを利用して時間節約型の消費を行うためには，冷凍冷蔵庫や電子レンジなどの機器や器具が必要となるというように，消費は1つのパターンとして成り立っている。

このように，消費者が購入する製品やサービスは，通常，特定パターンの消費行為と結びついており，反対に，特定の消費様式や消費行為のパターンを選択することで，製品選択やブランド選択に一定の枠が課されることになる。また，図示されているように，このような消費様式の選択プロセスに影響を与える要因としては，以下のような家計要因と市場要因が考えられる。

(1) **時間コスト**

最も基本的な規定因である時間コストの上昇は，時間節約型消費

を促し，加工度の高い製品やサービスの購入割合を高める（時間コストの低い家計と比べて高い家計についても同様のことが言える）。反対に，時間コストの下落（あるいは，時間コストの低い家計の場合）は，家計内生産を中心とした時間集約型消費につながる。

(2) 所　　得

通常，消費行為の時間コストは，放棄所得（その時間働かないことで失われる所得）などの機会コストとして測られる。このため，賃金率や所得水準が上昇すれば時間コストも上昇することになり，結果的に，時間節約型消費を促す。また，所得の増大は予算制約を緩め，財に対してサービスの相対価格が高い場合には，直接的にも消費のサービス化（時間節約型消費）を促していく。

(3) 家計規模：世帯人数

世帯人数に代表される家計の規模的要因も，消費様式の選択に影響を及ぼす。たとえば，単身者の場合，利用可能な生活時間は1日24時間に限定されていて，その中で労働も消費も行わなければならない。これに対して，2人以上の世帯では，構成員の生活時間をプーリング（pooling）して活用できるので，時間制約は単身者世帯と比べて緩和される。それゆえに，他の条件が等しければ，世帯人数が少ない家計（とくに単身者世帯）では，家事活動の外部化が志向され，市場購入が促進されると考えられる。

(4) 消費技術：設備ストック

消費様式の選択には，消費を行ううえでの知識やスキル，あるいは，保有する家電製品等の設備ストックも影響する。たとえば，調理技術だけに限らず，さまざまな生活・家事領域での知識やスキルは，家計内生産の時間生産性や生み出される生活効用を高める。また，こうした人的資本の面に限らず，家計が保有する設備ストックは，その内容と使われ方で，家計内生産を促したり，反対に，市場購入による時間節約につながると考えられる。

⑸ **価値意識：ライフスタイル**

たとえ所得水準や家計規模が同じであっても、価値意識やライフスタイルの違いを反映して、消費様式の選択の仕方は異なったものとなるであろう。また、機会コストとしての時間コストだけでなく、消費行為に投じる時間がもたらす経験価値の側面にも考慮する必要がある。

⑹ **市場要因：財・サービスの相対価格**

最後に、消費様式の選択には、財とサービスの相対価格といった市場要因も影響する。もしサービスが財よりも選好されるのであれば、その相対価格の下落は、財からサービスへの代替という形で消費のサービス化を促すことになる。

以上の整理は、あくまでも概念的なものであるが、時間コストを鍵概念として、消費様式と消費パターンの選択に影響を及ぼす主な要因の体系的理解には役立つ。次章では、この枠組みをベースに、環境要因の変化が消費行動に及ぼす影響について検討していく。

外部化の進行と消費の多様化

上述のように、家計内生産という考え方の背景には、ほとんどの消費は家計内における追加的な加工によって完結・完了するという基本的認識がある。

たとえば、何度も出している調理の例で言えば、家族の好みにあわせた味付けをする、レトルト食品や冷凍食品を食器に移してレンジで加熱（解凍）する、総菜を皿に盛る、弁当を食卓に出す、といった家庭内での「最終加工過程」は、程度の差こそあれ何らかの形で存在する。近年、よく「食の外部化」が進んでいると言われるが（*Column* ⑰参照）、味付けの好みや食べるタイミングなどに起因する消費の個別性・多様性に対して、完全に対応することは困難なことである。

実は，家計が家計内生産という形で最終加工過程での調整を一切行わず，その部分を外部化して市場で購入する製品やサービスに委ねるということは，このような個別的で多様な消費に対応できるだけの多様性が製品やサービスの側にも求められるということでもある。もし仮に，消費者ニーズの多様性自体に変化がなかったとしても，家庭内での最終加工過程で調整が行われるのか，それとも市場で多種多様な製品・サービスを購入するのかによって，顕在化する消費の多様性は，その程度において大きく異なったものとなる。

このように，「消費と生産との境界」は決して固定的なものではなく，その時々の状況によって変化するが，それを消費様式の選択や消費パターンの変化と関連づけて捉えることにより，多様化をはじめとする消費構造の変化を把握することができるのである。

Column ⑪　進む食の外部化

本文中でも述べたように，家計の消費行動において，時間コストの上昇は時間節約型の消費様式の選択を促し，結果的に，サービスの購入や完成度の高い製品の購買となって現れる。このことは，とくに食の領域において顕著であり，近年頭打ちになったとはいえ，これまで外食や中食といった形で「食の外部化」が進行してきた。

表4-3は，家計調査データ（2人以上世帯）にもとづき，食関連指標として，①外食率（食料費に占める外食費の割合），②中食率（食料費に占める調理食品の割合），③食の外部化率（①+②），④エンゲル係数（消費支出に占める食料費の割合）を算出し，1965年以降を時系列に比較したものである。

同表から確認できるように，1965年以降，勤労者世帯のエンゲル係数は一貫して低下し，65年の38.1%から2010年の23.3%へと45年間に15ポイント近く下落した。一方，同じ期間に，外食率は，6.6%から16.9%へと10ポイント強ほど増加，中食率も3.1%から11.9%へと3倍以上に増大している。この結果，外食率と中食率を合計した外

表4-3 外食率,食の外部化率の推移(1965〜2010年)

(%)

	1965年	1970年	1975年	1980年	1985年	1990年	1995年	2000年	2005年	2010年
外食率	6.6	8.9	10.2	12.7	14.1	15.6	16.2	16.9	16.7	16.9
中食率	3.1	3.6	4.4	5.8	6.5	8.1	9.4	10.8	11.8	11.9
外部化率	9.7	12.5	14.6	18.4	20.7	23.8	25.6	27.6	28.6	28.8
エンゲル係数	38.1	34.1	32.0	29.0	27.0	25.0	24.0	23.0	22.9	23.3

(出所) 総務省統計局「家計調査」(2人以上世帯平均)。

部化率は,2010年時点で28.8%にまで達している。

 ちなみに,同じく家計調査データを用いて単身者世帯の数値を算出してみると,2010年の外食率は42.7%,中食率15.5%,外部化率58.2%,エンゲル係数は24.1%となっている。また,外食産業総合調査センターが,マクロ・データ(国民経済計算)から算出した数値では,2010年の外食率は34.1%,外部化率は42.2%であった。

 このように,2人以上世帯の外部化率28.8%に対して,単身者世帯のそれが58.2%と大きく上回っており,本文中で指摘した世帯規模と外部化の関係を裏づける結果となっている。

Keywords

消費行動 支出配分 家族 家計 生活行動 生活構造 生活意識 生活様式 消費様式 消費パターン ライフサイクル ライフスタイル AIO VALS LOV ライフコース 家計内生産 家事活動の外部化 時間コスト 時間配分

演習問題

4-1 ライフサイクル，ライフスタイル，ライフコースという3つの分析アプローチは，市場細分化の切り口を考えるうえでも有用である。関心のある製品やサービスの市場を取り上げ，これら3つのアプローチを用いて，有効な細分化基準を考えてみよう。

4-2 2人以上の世帯では，時間以外にも生活資源のプーリングが可能である。どのようなものがあるか考えてみよう。また，そのようなプーリングができない単身世帯の場合には，消費行動の面でどのような特徴が出てくるかもあわせて考えてみよう。

4-3 時間コストが増大する中，食の外部化が進んできたが，近年では外食率は低下傾向にある。内食，中食，外食という食領域での消費様式選択に影響を及ぼす諸要因を列挙し，今後の動向について考えてみよう。

参考文献

青井和夫［1971］「生活体系論の展開」青井和夫・松原治郎・副田義也編『生活構造の理論』有斐閣，139-180頁。

青木幸弘・女性のライフコース研究会編［2008］『ライフコース・マーケティング――結婚，出産，仕事の選択をたどって女性消費の深層を読み解く』日本経済新聞出版社。

飽戸弘［1999］『売れ筋の法則――ライフスタイル戦略の再構築』筑摩書房。

井関利明［1974］「消費行動」富永健一編『経済社会学』（社会学講座8），東京大学出版会，45-82頁。

井関利明［1979］「ライフスタイル概念とライフスタイル分析の展開」村田昭治・井関利明・川勝久編著『ライフスタイル全書――理論・技法・応用』ダイヤモンド社，3-41頁。

岡本祐子・松下美知子編［2002］『新・女性のためのライフサイクル心理学』福村出版。

柏木惠子［2003］『家族心理学――社会変動・発達・ジェンダーの視点』東京大学出版会。

坂井素思［1992］『家庭の経済――家計と市場をめぐるひとつの解釈』放送大学教育振興会。

御船美智子［1996］『家庭生活の経済――生活者の視点から経済を考える』放送大学教育振興会。

Becker, G. S. [1965] "A Theory of the Allocation of Time," *Economic Journal*, Vol. 75, pp. 493-517.（「時間配分の理論」宮澤健一・清水啓典訳［1976］『経済理論――人間行動へのシカゴ・アプローチ』東洋経済新報社。）

Blackwell, R. D., P. W. Miniard and J. F. Engel [2005] *Consumer Behavior*, 10th ed., South-Western.

Mitchell, A. [1983] *The Nine American Lifestyles: Who We are and Where We're Going*, Macmillan.

Mitchell, A., J. Ogilvy and P. Schwartz [1986] *The VALS Typology: A New Perspective on America*, SRI International.（吉福伸逸監訳［1987］『パラダイム・シフト――価値とライフスタイルの変動期を捉える VALS 類型論』TBS ブリタニカ。）

Murdock, G. P. [1949] *Social Structure*, Macmillan（内藤莞爾監訳［1978］『社会構造――核家族の社会人類学』新泉社。）

Plummer, J. T. [1974] "The Concept and Application of Life Style Segmentation," *Journal of Marketing*, Vol. 38, pp. 33-37.

Wells, W. D. [1975] "Psychographics: A Critical Review," *Journal of Marketing Research*, Vol. 12, pp. 196-213.

Wells, W. D. and D. J. Tigert [1971] "Activities, Interests and Opinions," *Journal of Advertising Research*, Vol. 11, pp. 27-35.

Wilkie, W. L. [1986] *Consumer Behavior*, John Wiley & Sons.

Ziff, R. [1971] "Psychographics of Marketing Segmentation," *Journal of Advertising Research*, Vol. 11, pp. 3-10.

第5章 消費者行動の変化とその諸相

Introduction

人口動態や社会的価値観の変化,雇用環境の変化や景気動向,そして新たな技術の登場,政府の規制など,さまざまなマクロ的な環境要因の変化も,消費者の行動に影響を与える。本章では,これら消費者を取り巻く環境要因の変化が,生活構造や生活意識の変化を経由するなどして,消費行動や購買行動に影響を与えるメカニズムを取り上げる。とくに,こうした消費者行動の変化の諸相の中でも,消費主体と消費プロセスの変化をとおしてもたらされる消費の多様化の問題,インターネットの登場により大きく変化する情報メディア環境の中で広がる消費者間の相互作用の問題に焦点を当て,検討していく。

1 消費者行動の変化をどう捉えるか

消費者を取り巻く環境要因の変化

消費者を取り巻き,その生活の構造や意識,そして行動に影響を及ぼす環境要因にはさまざまなものがある。第4章では,それらを生活環境として一括りにしたが,その内容に着目した場合,図5-1に示すような形で,領域ごとに整理することが可能である(これは企業の外部環境分析などで用いられる整理のフレームで,その頭文字をとって **SEPTEmber** あるいは PEST とよばれている)。

図 5-1 消費者を取り巻く環境要因

〈生活環境〉

- S 社会的・文化的要因
- 技術的・環境的要因 T・E
- E 経済的要因
- 政治的要因 P

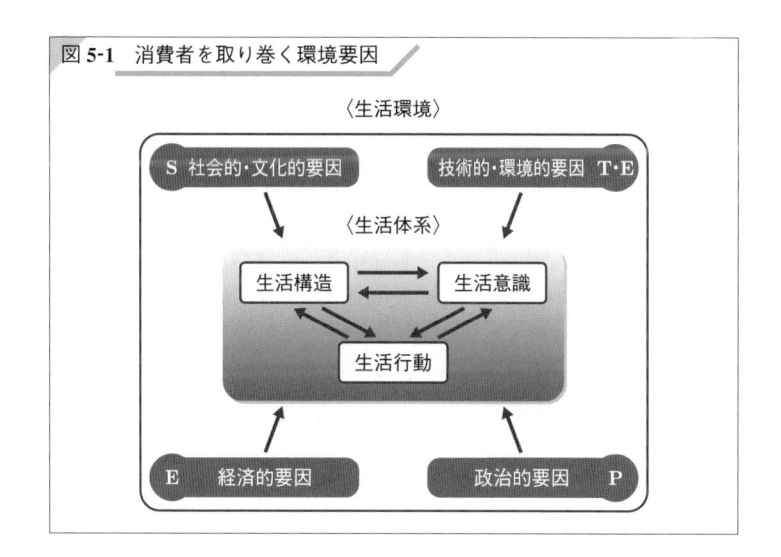

〈生活体系〉
- 生活構造 ⇔ 生活意識
- 生活行動

以下,簡単に,その内容について検討しておこう。

(1) 社会的・文化的要因:social and cultural factor

生活構造と生活意識の両面に影響を与えるものとして,社会全体のあり様を形成する社会的・文化的要因の変化が考えられる。具体的には,人口減少や少子高齢化といった人口動態の変化に始まり,家族関係や地域での人間関係といった社会的関係の変化,あるいは,役割意識や規範意識といった人々の価値意識の変化などが挙げられる。

後述するように,これらの要因は互いに関連しており,社会の基本単位としての家族の変容が人口動態変化のベースにあり,また,結婚や出産に関する社会的規範の変化が晩婚化・非婚化,あるいは,晩産化・少産化といった少子化の背景にあると考えられる。そして,これらは家族という消費主体自体の変化でもあり,その関連性を把握することはきわめて重要なことである。

なお,消費行動や購買行動に直接的に影響を及ぼす価値意識の変

第5章 消費者行動の変化とその諸相

化としては，環境志向や安全・安心志向の高まりなどが指摘され，ライフスタイル変化との関連で議論されてきた。

(2) 経済的要因：economic factor

経済成長や雇用環境，好況・不況といった景気動向などの経済的要因は，家計の働き方や所得水準を決定し，消費者の生活構造の側面，とくに購買能力に影響を与える。また，金利や物価の動向などは，貯蓄か消費かの決定，資産の保有形態，支出配分に影響する。

バブル崩壊後，日本経済は「失われた20年」とも言われる長期的な低迷状態にあり，その中で経済的格差も拡大してきたと言われている。また，経済のグローバル化が進む中，リーマン・ショックに見られるように日本経済は海外での経済危機などの影響を受けやすくなっており，今後，経済的要因の不確実性はさらに高まっていくと考えられる。

(3) 政治的要因：political factor

制約的あるいは促進的な形で消費者行動に影響を与えるものとして，政治的あるいは制度的要因の変化も忘れてはならない。規制緩和（あるいは，規制強化）や税制・年金制度の変更などは，消費者の生活構造を大きく規定し，消費行動や購買行動に影響を与える。

たとえば，記憶に新しいところでは，タバコ税の引き上げやタスポ（成人識別ICカード）の導入などは，タバコの消費や購買行動に対して抑制的な影響を与えた。また，2009年9月には，内閣府の外局として消費者庁が設置されている（*Column* ⑫参照）。これまで複数の官庁に分かれて所管されていた消費者関連の法律を執行し，消費者行政を一元的に遂行するための組織として期待されている。

(4) 技術的・環境的要因：technological and environmental factor

同様に，情報通信技術（ICT）に始まり，交通・輸送技術や医療技術などの諸技術の発展，あるいは，地球環境問題や資源エネルギー問題なども，制約的あるいは促進的に作用する要因である。

第3節では，情報メディア環境の変化が消費者行動に与えた影響について検討するが，インターネットの登場と普及，そしてその高度化がもたらした影響は計り知れない。また，先の政治的要因の影響とも関連するが，e-JAPAN構想やu-JAPAN構想といった国の情報通信政策によって，ブロードバンド化やユビキタス化が促進されたことも，インターネットの普及と使い方の変化に大きな影響を及ぼしたと言える。

　もちろん，これらの環境要因群は独立しておらず，互いに関連しあって，消費者行動に影響を及ぼす。たとえば，東日本大震災の影響を例にとって考えてみると，震災は単に日本経済にダメージを与えただけでなく，人々の価値意識にも大きな影響を与え，家族の絆や社会的なつながりの大切さを再認識させた。また，復興財源の確保のための増税や長期化するであろう電力不足は，今後，消費や購買に決定的な影響を及ぼすであろう。そして，原発事故に端を発する安心・安全意識のさらなる高まり，節電・節約のための具体的行動や生活の見直しは，消費の社会的な意味を消費者に問いかけることになるのかもしれない。

Column ⑫　消費者庁の設置

　2006年から2008年にかけて相次いで発生した家庭用器具の欠陥による死亡事故，食品の偽装表示，中国製冷凍餃子中毒事件などを契機に，当時の福田内閣が設置した「消費者行政推進会議」により消費者庁の創設が提案され，2009年9月に内閣府の外局として発足した。

　従来の消費者行政は，農産物の規格・品質表示についてはJAS法を所管する農林水産省が，その加工品や添加物については食品衛生法にもとづいて厚生労働省が行う，というように，多数の官庁にまたがって縦割り行政の弊害が生じていた。これに対して，消費者庁は，一元的な窓口機能，企画立案，法執行，勧告などの機能を有する消費者行

政全般についての司令塔として位置づけられ,「取引」「安全」「表示」など消費者の安全安心に関わる問題を幅広く所管する官庁となった。

消費者庁と同時に発足した第三者機関としての「消費者委員会」,独立行政法人の「国民生活センター」などとの連携により,消費者視点からの政策・行政の実現が期待されている。

個人化する家族,多様化する世帯

消費者行動の変化は,前項で整理したマクロ的な環境要因の影響を受けつつ,消費主体である家族や家計それ自体が変化することによっても生じる。ここでは,このような消費主体である家族や家計それ自体の変化に着目し,とくに生活構造面での変化を中心に,その消費行動・購買行動への影響について,検討しておこう。

さて,前項でも少し述べたが,人口減少や少子高齢化といった人口動態変化の起点には,社会の基本単位としての家族の変化があり,それはまた経済行為の単位としての家計の変化にも直結している。すでに,日本の総人口は2004年をピークに減少し始めているが,世帯数では2015年まで増加すると予測されており,生活構造の面において「**家族の個人化**」と「**世帯の多様化**」が急速に進みつつあると言える。

このような基本認識をふまえて,まずは,家族の変化から見てみよう。これまで,大多数の個人にとって,「親が作り子供として生まれ育った家族」(定位家族)から巣立ち,新たに「自らが子供を産み育てていく家族」(生殖家族)をもつという形で,生涯に各々1つずつの家族を経験するという生き方が普通であった。しかし,最近では,2つ以上の家族を経験することも稀ではなくなった。その結果,家族のあり方も大きく変化し,もはや「核家族」は典型的な家

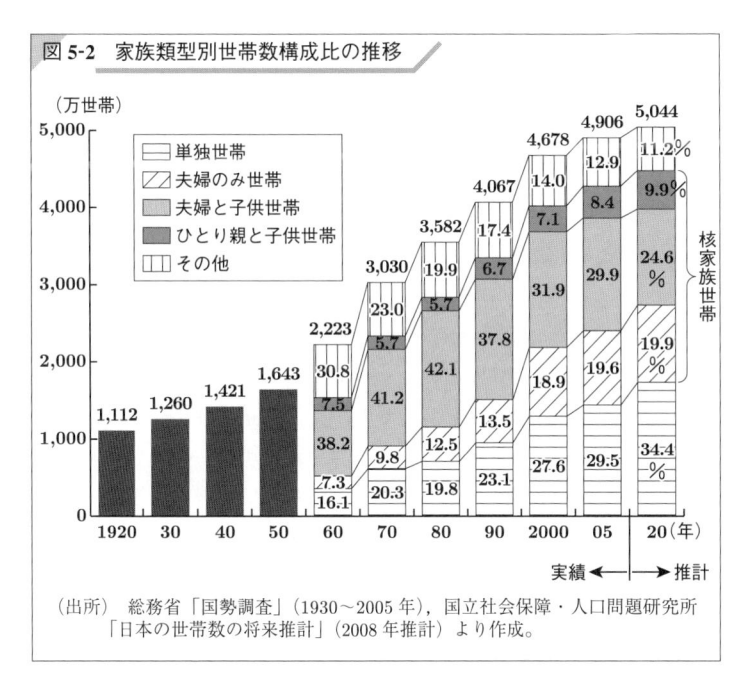

図 5-2 家族類型別世帯数構成比の推移

(出所) 総務省「国勢調査」(1930～2005年),国立社会保障・人口問題研究所「日本の世帯数の将来推計」(2008年推計) より作成。

族形態ではなくなりつつある。

たとえば,図5-2は,家族類型別の世帯構成比の推移を示したものだが,全世帯に占める「夫婦と子供世帯」(いわゆる核家族としての「標準世帯」)の構成比は,1980年に42.1％であったものが,2005年には29.9％に低下し,2020年にはさらに24.6％まで低下すると予測されている。一方,「単独世帯」の構成比は,1980年の19.8％から2005年には29.5％となり,さらに2020年には34.4％になるとの予測である。また,「夫婦のみ世帯」の構成比も,1980年の12.5％が2005年には19.6％,2020年には19.9％になると予測されており,家族形態は急速に多様化していくと考えられる(なお,同時に進行する長寿化の結果,単独世帯といっても従来のような若年層の単独世帯だけでなく,高齢者の単独世帯,とくに女性高齢者の単独世

帯が急増するものと予測されている)。

　このような世帯の多様化の背景には,晩婚化・非婚化の進展,離婚・再婚の増加といった結婚行動の変化,あるいは,既婚夫婦の晩産化・少産化,あるいは子供を産まない夫婦の増加といった出生行動の変化があり,このような「家族の個人化」によって,家族や家計の規模は縮小していく。また,晩婚化による結婚時期の遅れ,あるいは晩産化による出産時期の遅れは,同じ「夫婦のみ世帯」や「夫婦と子供世帯」であっても世帯主年齢の分散を大きくし,ますます多様な世帯を生み出していく可能性がある。

　一方,家計の変化に目を転じると,雇用構造・雇用制度は急速に多様化し,かつ非正規化しつつある中,「働き方」の違いが家計に及ぼす所得面での影響が次第に大きくなっている。すなわち,非正規雇用の割合が高まる中,働き手の数とその働き方によって家計の所得水準には大きな格差が生じる。また,夫婦共働きか片働きかという働き手の数によって購買力は大きく異なり,今後共働き世帯の増加によって「ダブルインカム化」や「家計の個計化」が進むと考えられる。

　最後に,生活意識の面に簡単に触れておこう。すでに,多くの消費者調査・意識調査が指摘しているように,高齢化が進む中での「量から質へ」という変化,経験的価値が重視される中での「モノからコトへ」という価値意識の変化は今後も強まると考えられる。また,LOHAS (Lifestyles of Health And Sustainability) に代表される環境意識・健康意識も引き続き高まっていくと予想される。ただ,上述した「家族の個人化」は,一方で個の自立・確立を前提とした「自分らしさ」の追求を推し進め,他方では,新たなつながりや絆づくりに価値を置く人々を増やしていくとも考えられる。また,「人生80年」時代を迎えてのさらなる長寿化の進展は,人々の生活上のリスク意識を高めていくであろう。

生活と消費の様式変化：個別化と外部化

先に第4章で解説したように、生活主体としての家族は、もてる生活上の諸資源（時間・所得・空間など）を用いて、日々、さまざまな生活上の課題を解決しつつ、生活自体を「再生産」している。このような生活資源の配分行動を「生活行動」とよび、その中で、「所得配分」という経済資源の配分、具体的には、家計の支出配分として位置づけられるものが消費行動である。また、生活主体が置かれている環境（＝生活環境）や生活主体の構造的側面（＝生活構造）、あるいは、その意識的側面（＝生活意識）によって、まずは生活様式や消費様式が規定され、それが具体的な支出配分に反映されていくと考えられる。

ここで言う「生活様式」とは、時間・空間・所得といった生活上の諸資源を、どのように配分し利用していくかという生活行動の様式（型）であり、その基本パターンのことを指す。同様に、「消費様式」とは、とくに所得配分に焦点を当てた財・サービスの選択行動の様式（型）であり、その基本パターンのことを指している。また、図5-3に示されているように、このような生活様式・消費様式のあり様は、とくに、生活構造や生活意識の変化を受けて変容し、結果としての消費の変化を生み出していくと考えられる。

たとえば、前述のような単独世帯の増加に代表される世帯規模の縮小や共働きの増加といった生活構造の変化は、次節で検討するように、まずは「時間コスト」を増大させ、**家事活動の外部化**といった生活様式の変化を生み出す。そして、それはサービス消費の増大という消費様式の変化と家事代行サービスなどへの支出の増大といった具体的な消費・購買行動につながっていくのである。あるいは、家族内での役割意識の変化や「自分らしさ」の追求といった生活意識の変化が、時間的・空間的な「生活の個別化」や「家計の個計化」を推し進め、消費支出におけるパーソナル・ユースの割合を

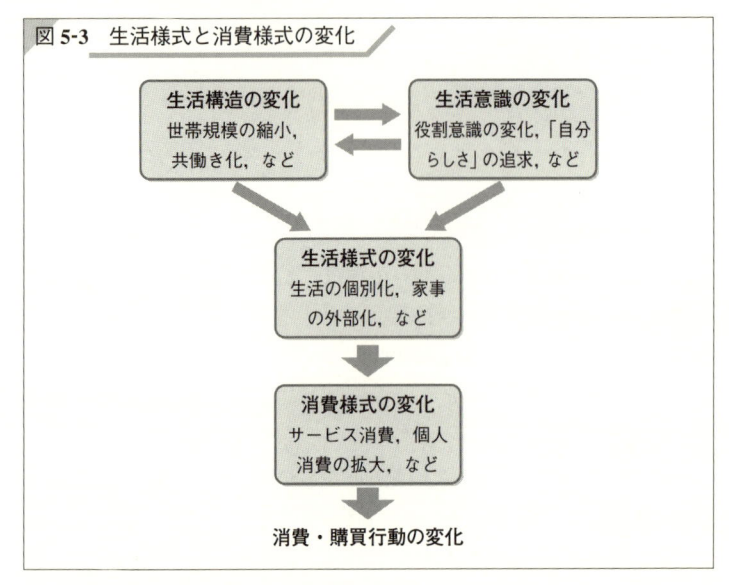

図 5-3 生活様式と消費様式の変化

生活構造の変化
世帯規模の縮小，共働き化，など

⇄

生活意識の変化
役割意識の変化，「自分らしさ」の追求，など

↓

生活様式の変化
生活の個別化，家事の外部化，など

↓

消費様式の変化
サービス消費，個人消費の拡大，など

↓

消費・購買行動の変化

増大させていくことも考えられる。

そこで，以下，節を改めて，このような消費様式の変化がもたらす消費行動や購買行動への影響について，とくに時間コストに焦点を当てながら検討していくことにしよう。

2 家事の外部化と消費の多様化

消費者行動の変化は，消費行動のレベルでも，また，購買行動のレベルでも起きている。ここでは，さまざまな環境要因の変化が家計の時間コストを増大させ，それが引き金となって「家事の外部化」という消費プロセスの変容が起こること，また，その結果として**消費の多様化**が進むことについて検討しておこう。

具体的には，図5-4に示す図式を手がかりに検討していく。こ

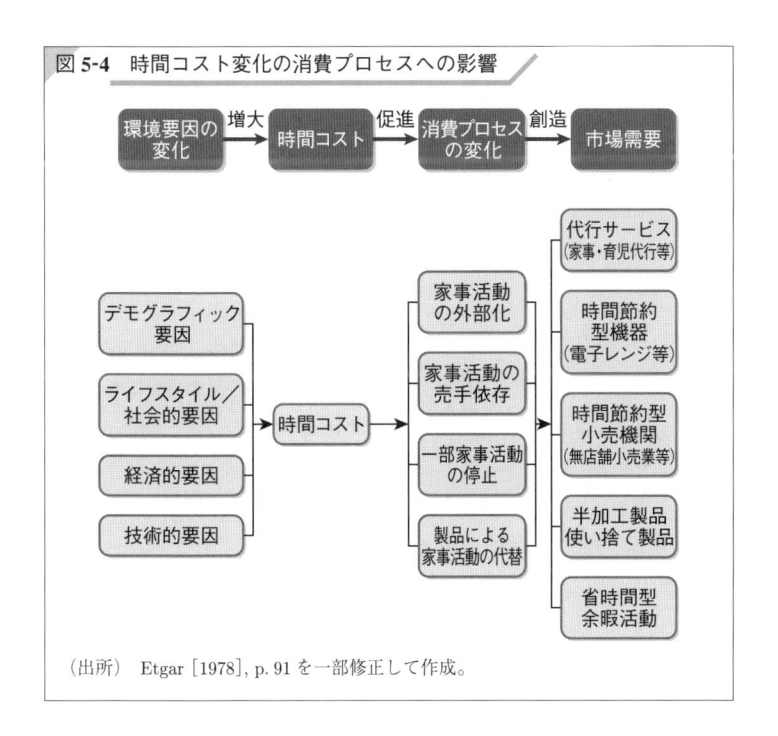

> **図 5-4　時間コスト変化の消費プロセスへの影響**
>
> 環境要因の変化 →[増大]→ 時間コスト →[促進]→ 消費プロセスの変化 →[創造]→ 市場需要
>
> - デモグラフィック要因
> - ライフスタイル／社会的要因
> - 経済的要因
> - 技術的要因
>
> → 時間コスト →
>
> - 家事活動の外部化
> - 家事活動の売手依存
> - 一部家事活動の停止
> - 製品による家事活動の代替
>
> →
>
> - 代行サービス（家事・育児代行等）
> - 時間節約型機器（電子レンジ等）
> - 時間節約型小売機関（無店舗小売業等）
> - 半加工製品　使い捨て製品
> - 省時間型余暇活動
>
> （出所）　Etgar [1978], p. 91 を一部修正して作成。

れは、マーケティング学者のエトガーによって提示されたもので、第4章で紹介した「時間配分の理論」をベースに、時間コストの増大が消費プロセスに与える影響を整理したものである（Etgar [1978]）。古い論文であるが、今日でも十分に通用する視点と枠組みなので、最近の状況も補いながら検討しておこう。

時間コストを増大させる諸要因

第4章で検討したように、消費様式の選択プロセスにおいて、最も基本的な規定因は時間コストである。一般的に、時間コストの増大は、時間節約型消費を促し、加工度の高い製品やサービスの購入割合を高めると考えられる。すなわち、家事活動の外部化という消費プロセスの変容と、その結果としての消費パターンの選択に

おける変化である。

図5-4の一番左側のボックスに示されているように，時間コストを増大させる環境要因としては，以下のようなものを考えることができる。

(1) **デモグラフィック要因**

世帯人数に代表される家計の規模要因は時間コストを規定し，規模が小さくなるほど時間コストは増大する。したがって，晩婚化や非婚化，あるいは離婚などによる単独世帯の増加は，時間コストの増大につながる。また，出生率の低下は，女性を家事労働から解放し，その雇用労働者化を促すため，今後も女性にとって時間の機会コストは，上昇していくと考えられる。

(2) **ライフスタイル／社会的要因**

家事労働に対する価値観の変化，余暇活動への関心の高まりなどは，家事労働の時間コストを高め，自由時間へ多くの価値を置く傾向を生み出してきた。また，多様化し多忙化するライフスタイルの変化も時間コストを増大させる要因である。

(3) **経済的要因**

所得水準が継続的に上昇するという従来の経済環境は，これまで時間コストを一貫して押し上げてきた。その背景には，教育投資の結果としての所得獲得能力の増大，女性の雇用労働者化などの流れなどもある。また，豊かな生活の追求は，放棄所得という観点から見た場合の時間コストを増大させてきた。

(4) **技術的要因**

情報通信技術（ICT）をはじめとするさまざまな技術革新は，われわれの生活を便利にさせると同時に，また，忙しくもしている。たとえば，インターネットや携帯電話の登場により，われわれは，24時間追い回されるような状況に陥っている（*Column* ⑬参照）。

Column ⑬ 豊かさのパラドックス

本文中でも述べたように、さまざまな環境要因の変化が時間コストを増大させているが、重要なことは、それらが複合して、生活を多忙化させているということである（矢野［1995］）。

かつて経済学者のリンダーは、豊かな社会は時間がますます不足する社会だとして、これを「豊かさのパラドックス」と名づけている（Linder［1970］）。

すなわち、われわれは24時間という限られた生活時間の中で、余暇を楽しむどころか、財を消費するために振り回されている。より多くのものを消費するために必要な、より多くの所得を得るために、働き続けている。この悪循環の結果、時間はますます稀少なものと実感されるようになった。いまや状況はさらに悪化しており、ネット社会の到来によって、24時間追い回される「時間にしばられた有閑階層」（The Harried Leisure Class）は急速に増大していると言える。

家事活動の外部化：消費プロセスの変容

図5-4に示されているように、エトガーの説明図式において中核をなすのは、時間コストの増大によって引き起こされる消費プロセスの変容、すなわち、時間節約型消費プロセスへの変容の段階である。

第4章でも述べたように、消費は時間と無関係の瞬間的な活動ではなく、多くの場合、最終段階での家計内生産のために時間を必要とする。したがって、時間節約型消費プロセスへの変容とは、このような最終段階での処理時間をさまざまな形で節約することであり、具体的には、以下のような形で行われることになる。

(1) 家事活動の外部化

消費プロセスにおける時間節約の1つのパターンは、家事活動

を外部化する形で行われる。これまで、伝統的に家庭内で行われてきた炊事、洗濯、育児などが外部化され、外食、クリーニング、託児などのサービス利用が進んだ。時間コストの増大に伴い、家事活動はますます外部化され、サービス消費によって代替されていくであろう。

(2) 家事活動の売手依存

消費プロセスにおける時間節約は、サービスを利用するだけではなく、製品の購買や小売機関を利用することでも可能である。たとえば、弁当・惣菜といった中食や冷凍食品・レンジ食品などの加工済み食品を利用することで調理時間を省くことができる。これらは小売機関やメーカーに消費プロセスの一部を委ねていくということである。

(3) 家事活動の停止

場合によって、家計は家事活動の一部または全部を停止したり、あるいは、その回数を減らすことで時間節約を行うことがある。もちろん、それによって生活効用が低下する場合もあるが、たとえば、アイロン不要な形態安定シャツなど生活効用を低下させずに手間を省く商品の登場にもつながる。

(4) 製品による家事活動の代替

多くの家電製品がそうであるように、家計は製品の購入によって家事活動を代替し、時間の節約を図ることができる。また、電子レンジや全自動洗濯機などは、さらなる時間の節約に貢献してきた。ある意味で、これらは家計内での設備投資によって家事労働の時間生産性を引き上げることだとも考えられる。

なお、以上の家事活動と関わる消費プロセスの変容のうち、(1)は狭義の外部化、(1)~(4)のすべてを広義の外部化と捉えることもできるであろう。

市場需要への影響　このような消費プロセスの変容から生まれる市場需要は多岐にわたるが，おおむね以下のような5つの領域に整理することができる。

① 代行サービス： 家事活動の外部化ニーズに対応する従来型のサービス（外食，クリーニング，託児所など），時間節約のためのさまざまな分野の代行サービス（買物，送迎，手続き等の代行）など。

② 時間節約型機器： 消費プロセスの省力化による時間節約（フード・プロセッサー，食器洗浄機など），処理時間の短縮化による時間節約（電子レンジ），自動化，予約機能，遠隔操作による時間節約など。

③ 時間節約型小売機関： コンビニエンス・ストアなどの24時間営業の小売店，通販，ネット通販などの無店舗小売業，さまざまな宅配サービスなど。

④ 半加工品・使い捨て製品： 消費プロセスでの処理（調理）時間の節約につながる調理済食品，廃棄・処分の手間の省略につながる使い捨て製品など。

⑤ 省時間型余暇活動： より高速な交通手段を利用した短期間の旅行，都心のジムやアスレチックなど。

多様化する消費の諸相　第4章において，「食の外部化」を例に説明したように，生産と消費との境界は決して固定的なものではなく，消費様式が変化する中で境界も変化し，結果的に多様な消費パターンを生み出す。たとえば，すべて素材から手作りする，加工食品や調理済み食品を使う，弁当や惣菜などを買って済ませる，外食サービスを利用する，といった食の外部化の程度によって，多様な消費パターンが生まれることになる。

前述のように，消費主体としての家族・家計自体の変化，さまざまな要因による時間コストの増大，その結果としての家事活動の外

部化などは，時間節約型消費プロセスへの変容を促し，消費パターンを多様化させてきた。また，時間コストが同じ家計でも，価値意識や消費技術が大きく異なる場合もあり，結果として，ここでも消費パターンの多様性が生み出されることになる（たとえば，時間コストは同じであっても，手作り志向か簡便志向か，あるいは，料理上手か否かによって，食の消費パターンは異なったものとなるであろう）。

ところで，このような消費者間において見られる消費の多様性に対して，同一の消費者内においても消費の多様化が進行している。同じ消費者が，生活シーンによって製品・サービスやブランドを使い分けるタイプの多様化であり，その背景には，消費や使用の目的・状況が，時間的・場所的・対人的に多様化してきたことが挙げられる（たとえば，同じ消費者であっても，時と場所，そして誰が一緒かなどによって，食の消費パターンは異なる）。すなわち，「十人十色」（消費者間の多様化）の時代から「一人十色」（消費者内の多様化）の時代へと，多様化の程度と内容は大きく変化してきている。

いずれにせよ，これら消費の多様化については，単に表面的な多様性の程度だけでなく，その理由や原因についても，掘り下げて検討しておく必要がある。

3 インターネットが変える消費者行動

総務省の『情報通信白書（平成23年版）』によれば，2010年末の日本のインターネット利用者数は9462万人，人口普及率で78.2%に達している。これらネット利用者のうち，パソコン（PC）からの利用者が92.0%，携帯電話などのモバイル端末からの利用者が83.3%，PCとモバイル端末の併用者が68.6%となっている（図5-5参照）。また，PCでのネット利用者のうちの88.6%は，ブロード

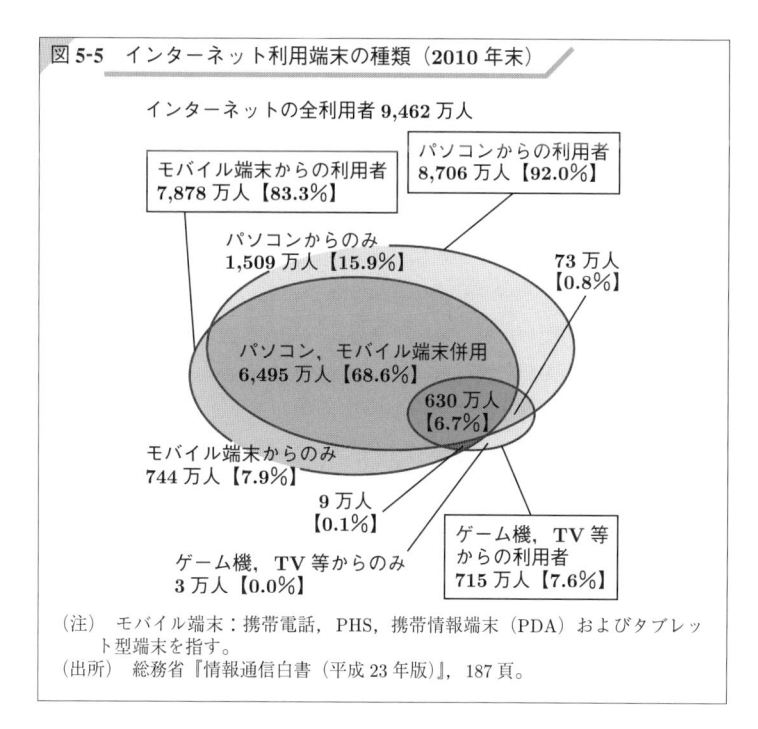

図5-5 インターネット利用端末の種類（2010年末）

インターネットの全利用者 9,462万人

モバイル端末からの利用者
7,878万人【83.3%】

パソコンからの利用者
8,706万人【92.0%】

パソコンからのみ
1,509万人【15.9%】

73万人
【0.8%】

パソコン，モバイル端末併用
6,495万人【68.6%】

630万人
【6.7%】

モバイル端末からのみ
744万人【7.9%】

9万人
【0.1%】

ゲーム機，TV等からのみ
3万人【0.0%】

ゲーム機，TV等
からの利用者
715万人【7.6%】

（注）モバイル端末：携帯電話，PHS，携帯情報端末（PDA）およびタブレット型端末を指す。
（出所）総務省『情報通信白書（平成23年版）』，187頁。

バンド回線で常時接続しており，動画などの大容量のコンテンツも利用可能な環境にある。

インターネットに代表される新たな情報通信技術（ICT）の出現とその普及は，テレビや新聞といった従来型のマス・メディアの位置づけを変化させ，単に情報を探索し取得するだけの消費者ではなく，他の消費者や企業に向けて情報を発信する消費者を生み出した。この節では，このようなネットの登場によって大きく変化する情報メディア環境を取り上げ，その中で，より能動化する消費者の行動と広がる消費者間の相互作用に焦点を当てて検討していく。

> インターネットの登場とその変遷

日本におけるインターネットの歴史は、1984年に、東京大学、慶應義塾大学、東京工業大学の3大学を結んだネットワーク、JUNET（Japan University NETwork）が開発されたことに始まる。ほどなく多くの大学や研究機関がJUNETに参加し、ネットワークは拡大していった。また、1989年には全米科学財団（NSF）が構築した学術研究用のネットワークであるNSFNETにも接続され、世界中のデータベースにアクセスできるような状況が出現した。

一方、「コンピュータを媒介としたコミュニケーション」（Computer-Mediated Communication: **CMC**）という観点から当時の状況を振り返ったとき、1985年の「電気通信の自由化」を契機に普及が始まったパソコン通信がはたした役割も大きい。この時期、ASCII-NET（1985年）、PC-VAN（1986年）、NIFTY-Serve（1987年）といった大手の事業者が次々とサービスを開始し、電子メールの送受信、電子掲示板、チャットなどを利用した会員同士の情報交換が行われるようになる。電話回線を利用した当時のパソコン通信は、各ホスト局ごとの「閉じた」ネットワークであったが、CMCの場を提供することによって、後にインターネットが普及する下地をつくっていった。

やがて1990年代に入ると、WWW（World Wide Web）の技術が登場するとともに、MosaicやNetscapeといったウェブ・ブラウザ（閲覧ソフト）が開発され、インターネットの使い勝手は向上していく。日本でも、1993年に、商用のインターネット接続サービスが開始され、パソコン通信からの移行も含めてインターネットの利用者が増大していった。とくに、1995年に、マイクロソフト社がインターネット接続機能を標準装備したOS「Windows 95」を発売し、本格的なインターネット時代に突入することになる。

その後，2001年頃からは，国の「e-JAPAN」構想などが追い風となり，ADSLやFTTH（光ファイバー）によるブロードバンド化が急速に進む。この結果，インターネットへの常時接続，通信の高速・大容量化によって，動画などを含むコンテンツのリッチ化，放送と通信の融合が加速度化していくこととなる。

　ところで，日本のインターネット利用における大きな特徴となるのが，携帯電話などのモバイル端末を使ったインターネットへの接続と利用である。1999年に，携帯電話からのネット接続サービスが開始され，まずは電子メールの送受信や携帯向けサイトの閲覧が可能となった。その後，2001年には，高速データ通信を実現した第3世代携帯電話（3G）が登場し，2010年度末時点では携帯電話の98.8％が3Gとなっている。この結果，携帯ネット接続のモバイル化とパーソナル化だけでなく，高速化・大容量化も進展した。

　以上のようなインターネットの普及と発展に伴って，消費者のネット利用の方法も大きく変化してきた。また，そのようなネット利用の変化に対応し，あるいは，それを先取りする形で，ネット自体もさらに進化してきたと言える。

　たとえば，インターネット普及の黎明期には，企業のウェブサイト（ホームページ）は会社概要や簡単な商品紹介が中心であり，消費者にとっても従来のマス・メディアを補完する目新しい情報メディアといった位置づけにすぎなかった。

　しかしながら，1997年にショッピングモールサイトの楽天市場，1999年にYahoo! オークションがサービスを開始し，また，2000年には米国の書籍販売サイトのAmazonが日本語版サイトを開設したことにより，インターネットは購買の場としても活用されていく。また，この時期，電気製品を中心とした価格比較サイトの「価格.com」(1997年)，化粧品の口コミサイトである「@cosme（アットコスメ）」(1999年) などもサービスを開始し，インターネットは

情報源としても新たな広がりを見せていく。

さらには、2002年頃からブログが普及し始め、個人でも簡単にウェブサイトを開設し、日記のように頻繁に内容を更新することができるようになった。そして、2004年にはmixiやGREEといった**SNS**（Social Networking Service）がサービスを開始し、また、2008年にはTwitterの日本語版インターフェイスが利用可能となり、急激に利用者が増加している。この結果、インターネットは、いまや消費者にとっての情報発信の場、あるいは、情報共有の場としても定着しつつある。

なお、厳密な定義と区分は難しいが、ブログ、SNS、Q&Aサイト、価格比較サイト、商品評価サイトなど、消費者自身が主体となって書き込みや投稿を行い、情報を発信し共有するサイトは、消費者によってコンテンツが生成されていくメディアという意味で、**CGM**（Consumer Generated Media）とよばれる。また、とくにSNSなどのように、情報発信による社会的相互作用を通じて広がっていくように設計されたメディアを「ソーシャル・メディア」とよんでいる。

| 能動化する消費者、広がる相互作用 |

上述のように、インターネットの登場により、消費者を取り巻く情報メディア環境は大きく変化した（図5-6参照）。すなわち、既製のコンテンツを受容する一方だったマス・メディア中心の情報環境から、自ら情報を検索し処理するといった消費者の能動性が発揮できるメディア環境、さらには、自らの情報発信行為によって「参加する」メディア環境へと変化してきたのである（池田[2010]）。また、対人的な情報環境もネットの登場で大きく変化し、直接的な知人・友人との間に限定されていた口コミは、ネットをとおして見も知らぬ他人との間でも行われるようになった。そして、ソーシャル・メディアの急速な普及は、そうした消費者間の相互作

図 5-6　情報メディア環境の構図

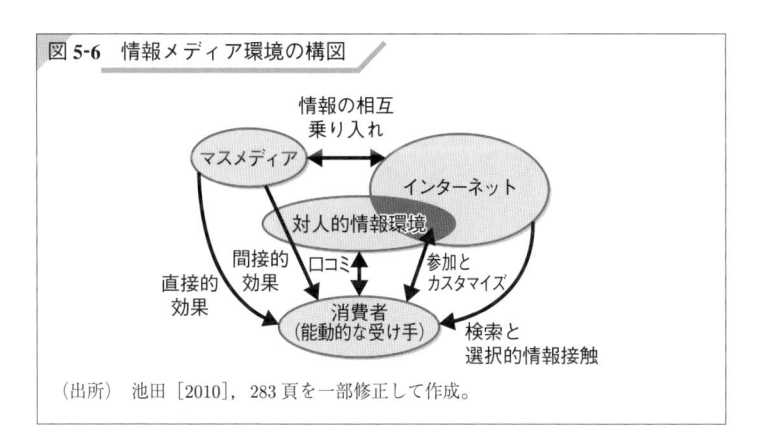

（図：マスメディア ⇔ インターネット（情報の相互乗り入れ）、対人的情報環境（口コミ）、消費者（能動的な受け手）に対して、直接的効果、間接的効果、参加とカスタマイズ、検索と選択的情報接触）

（出所）　池田［2010］，283頁を一部修正して作成。

用の広がりを後押ししている。

　ここで，このような情報メディア環境の変化が消費者行動に与える影響を，購買意思決定プロセスに即して見てみよう。まず最初に特筆すべきは，GoogleやYahoo!といった検索サイトの登場により，消費者にとって情報探索が格段に容易になったことである。また，最近では，ネットでのキーワード検索と連動したマス広告も多用されることになり，能動的な情報検索をさらに助長している。加えて，価格.comなどの比較サイト，@cosmeなどの口コミサイトを利用した製品比較・店舗比較もごく普通のものとなっている。そして，もう1つの影響は，購買後の使用経験をとおした製品・サービスの評価を，消費者自身がブログやTwitterなどで情報発信するようになり，さらに，それが他の消費者によって検索され共有されるようになったことである。ちなみに，こうしたネットの登場によって生まれた新たな消費者行動の特徴は，AISASなどのモデルの形で提案されている（*Column* ⑭参照）。

　前述のように，消費者個人が主体となって情報を発信し，共有するサイトはCGMとよばれ，消費者間の相互作用を生み出すベースとなっている。ただし，一口にCGMと言っても，そのスタイ

ルは多様であり，大別して，①経験を蓄積するもの（ブログやSNS），②質問や回答を蓄積するもの（Q&A型知識共有サイト），③商品評価を蓄積するもの（AmazonなどのECサイト，@cosmeなどの口コミサイト）に分類される。また，CGMにおいて共有される情報や知識は，単にテキストによる書き込みだけでなく，画像や動画，そして行動履歴と多岐にわたるが，情報交換が活発化して利用者が増えるほど，ネットワーク外部性が働いて，得られる情報の質が向上すると言われている。

なお，近年，モバイル環境でのネット利用をベースに，Twitter, mixi, Facebookといったソーシャル・メディアが急速に普及してきたことにより，単に情報の共有といった面だけでなく，共感やつながりといった面での消費者間の相互作用を捉えることも重要になってきている（再び，*Column* ⑭参照）。

そして，こうした消費者間の相互作用によって，さまざまなネット上のコミュニティが形成されていくことになる。

最後に，能動化する消費者，あるいは，相互作用の広がりを促進するもう1つの側面として，ネットの登場が製品開発プロセスへの消費者の関与を促進するケースを取り上げておきたい。たとえば，「たのみこむ」(tanomi.com) や「空想生活」(cuusoo.com) といったサイトでは，消費者からの要望や商品のアイデアを募り，その一部を製品化している。また，この他にも，ネットを利用する形で製品開発プロセスに消費者を関与させるメーカーも増えている。

かつて，未来学者のトフラーは，情報化が進むことによって，消費者が生産者の役割をはたす可能性があることを指摘し，生産者と消費者を組み合わせた造語として「プロシューマー」と名づけた (Toffler [1980])。ある意味で，プロシューマーは，創造的消費の担い手として「アクティブ・コンシューマー」(濱岡 [2002]) としての側面をもち，また，企業とともに価値を創造するという意味で

は，価値共創の担い手でもある。

Column ⑭　AISAS モデル

本文でも述べたように，インターネットの登場とそれに伴う CGM や SNS などの普及は，消費者の購買行動に大きな影響を与えた。

たとえば，古典的な AIDMA（アイドマ）の考え方では，消費者の購買行動を，Attention（注意），Interest（興味・関心），Desire（欲求），Memory（記憶），Action（行動）でとらえられていた。これに対して，インターネット時代の新たな消費者行動モデルとして電通が提案している AISAS（アイサス）モデルでは，Attention（注意），Interest（興味・関心），Search（探索），Action（行動），Share（共有）という 5 段階が想定されている。

AISAS モデルで新たに追加された「Search」は，Google や Yahoo! といった検索サイトの利用が一般化し，製品やサービスに興

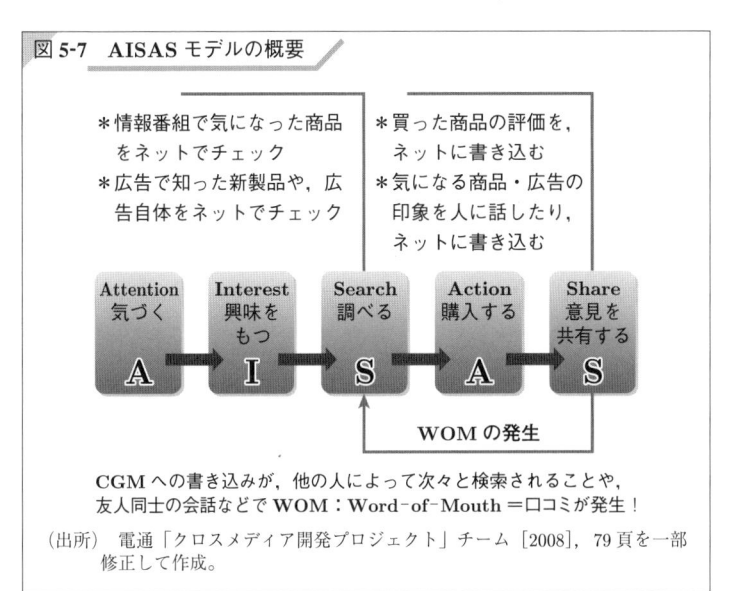

図 5-7　AISAS モデルの概要

* 情報番組で気になった商品をネットでチェック
* 広告で知った新製品や，広告自体をネットでチェック

* 買った商品の評価を，ネットに書き込む
* 気になる商品・広告の印象を人に話したり，ネットに書き込む

Attention 気づく → Interest 興味をもつ → Search 調べる → Action 購入する → Share 意見を共有する

A → I → S → A → S

WOM の発生

CGM への書き込みが，他の人によって次々と検索されることや，友人同士の会話などで WOM：Word-of-Mouth ＝口コミが発生！

（出所）電通「クロスメディア開発プロジェクト」チーム［2008］，79 頁を一部修正して作成。

第 5 章　消費者行動の変化とその諸相

味・関心をもった消費者は，まずはネットで調べてみるという行動パターンを示すことを表している。一方，「Share」は，ブログやSNSなどを介した消費者同士による使用感や感想などの情報発信や情報共有を表している。

なお，最近では，ソーシャル・メディアのさらなる普及を背景に，共感を重視したSIPSモデルが提案されている。これは，Sympathize（共感），Identify（確認），Participate（参加），Share & Spread（共有・拡散）という4段階からなるモデルである。

新たな情報過負荷の発生

一般論としては，情報はないよりはあったほうがよい，また，少ないよりは多いほうが望ましい意思決定につながると言える。しかし，それは消費者が処理できる範囲内においてのことであり，処理能力を超えるような大量の情報は，かえって意思決定の質を劣化させることが知られている。すなわち，**情報過負荷**（information overload）とよばれる現象である。

基本的に，インターネットは，このような情報処理能力の制約から人間を解放するメディアであり，検索可能な形での膨大な量の情報と多様な検索や処理の機能をもたらし，一方では消費者の能動性を高めたが，他方では新たな問題を出現させている（池田［2010］）。

たとえば，インターネットでは検索すべきサイトや検索方法自体を選択しなければならず，また，膨大な量の検索結果が新たな情報過負荷を引き起こす危険を常に孕んでいる。すなわち，使い方を自分にあわせてカスタマイズできるというインターネットのメディア特性が，逆に，消費者側に選択と情報処理の負荷をかけやすく，また，どんなサイトや情報が信用できるのかという信憑性やリスク判断の課題を突きつけてくる。さらには，膨大な情報の大海から検索

する際の信憑性判断の結果として，自分の傾向性に一致した情報のみを選択するというバイアスが発生する可能性もある。

　以上のように，インターネットは膨大な量の情報と多様な検索機能をもたらしたが，また，それゆえに，情報過負荷にはじまり，信憑性判断の困難さ，選択的バイアスの問題などは，マス・メディアの時代よりも拡大し深刻化したとも言える。しかし，結局のところ，これらは情報源と情報内容の選択問題であり，基本的には，消費者情報処理の視点で読み解かれるべき問題なのである。

Keywords
SEPTEmber　家族の個人化　家事活動の外部化　消費の多様化
CMC　SNS　CGM　情報過負荷

演習問題

5-1　消費者庁のホームページ（http://www.caa.go.jp/）などを参考にして，消費者をめぐる政策・行政の広がりと内容について調べてみよう。

5-2　食以外の分野についても，消費者間，あるいは，消費者内で，どのような消費パターンの多様化が起こっているか，その原因や背景を含めて考えてみよう。

5-3　日々の生活を振り返り，PCや携帯電話を使って収集している情報を整理してみよう。その中で，CGMやSNSなど他の消費者が発信している情報はどの程度か，その使い方も含めて考えてみよう。

参考文献

池田謙一［2010］「マスメディアとインターネット」池田謙一・唐沢穣・工藤恵理子・村本由紀子『社会心理学』有斐閣, 267-289頁。

岩田正美［1991］『消費社会の家族と生活問題』培風館。

品田知美［2007］『家事と家族の日常生活——主婦はなぜ暇にならなかったのか』学文社。

電通「クロスメディア開発プロジェクト」チーム［2008］『クロスイッチ——電通式クロスメディアコミュニケーションのつくりかた』ダイヤモンド・フリードマン社。

濱岡豊［2002］「創造しコミュニケーションする消費者,『アクティブ・コンシューマー』を理解する」『一橋ビジネスレビュー』第50巻3号, 57-73頁。

宮田加久子・池田謙一編著［2008］『ネットが変える消費者行動——クチコミの影響力の実証分析』NTT出版。

矢野眞和編著［1995］『生活時間の社会学——社会の時間・個人の時間』東京大学出版会。

Etgar, M. [1978] "The Household as a Production Unit," J. N. Sheth (ed.), *Research in Marketing*, Vol. 1, JAI Press, pp. 79-98. （青木幸弘訳［1987］「生産単位としての家計——家計生産関数アプローチから見た消費行動」『流通情報』9月号, 36-44頁, 10月号, 33-40頁。）

Kotler, P., H. Katajaya and I. Setiawan [2010] *Marketing 3.0: From Products to Customers to the Human Spirit*, John Wiley & Sons. （恩藏直人監訳［2010］『コトラーのマーケティング3.0——ソーシャル・メディア時代の新法則』朝日新聞出版。）

Linder, S. B. [1970] *The Harried Leisure Class*, Columbia University Press. （江夏健一・関西生産性本部訳［1971］『時間革命——25時間への知的挑戦』好学社。）

Toffler, A. [1980] *The Third Wave*, Morrow & Company. （徳岡孝夫監訳［1982］『第三の波』中央公論社。）

第 III 部

消費者情報処理の分析フレーム

(PANA通信社提供)

●飲み物だけでもさまざまなブランドが並ぶコンビニの店内。私たちはどのように商品を認知し、選ぶのだろうか。

第6章　情報処理のメカニズム

第7章　情報処理の動機づけ

第8章　情報処理の能力

第6章 情報処理のメカニズム

Introduction

本章では，第Ⅲ部以降での共通の認識基盤となる消費者の認知的な情報処理のメカニズムについて概説する。消費者を1つの情報処理システムとして捉えることにより，消費者を取り巻くさまざまな環境の詳細を外部情報として捉えることができ，また消費者がこれまでの経験にもとづいて蓄積してきた知識を内部情報として把握することが可能になる。このようなシステム発想により，日々行われている消費者の購買や消費を詳細に解明することができ，こうした購買や消費に対する適切なマーケティング戦略を策定するために必要なアイデアを創造することができるであろう。

1 情報処理システムとしての消費者

　ある現象や対象を捉えるときに，その全体像を個々の要素に分解したうえで，それらの要素と要素間の関係を把握しながら全体像を捉えるというシステム発想がある。消費者を捉えるときにも，このシステム発想はとても有効である。消費者の認知的なメカニズムをシステムとして捉えた記憶の二重貯蔵モデルは，消費者の認知過程を理解するうえでの基本的な認識となっている。

記憶の二重貯蔵モデル　　図 6-1 は，消費者の記憶プロセスを概念的に示した記憶の**二重貯蔵モデル**（dual

図 6-1 記憶の二重貯蔵モデル

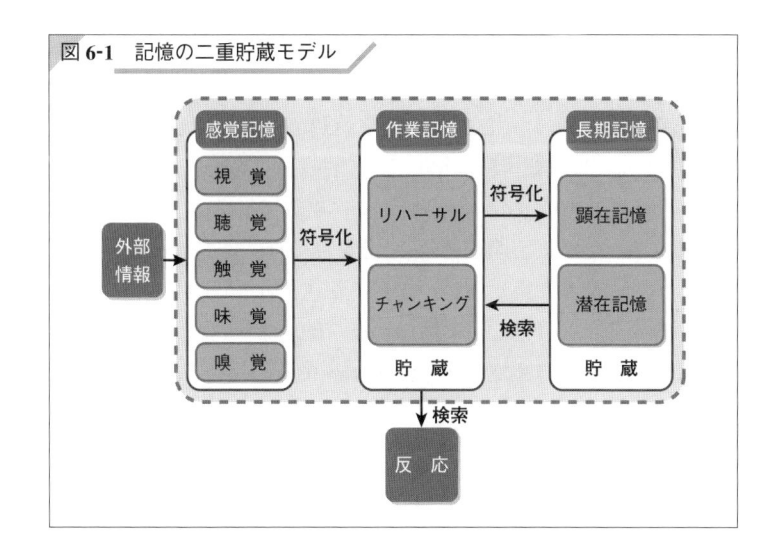

```
感覚記憶          作業記憶           長期記憶
 視 覚                     符号化
 聴 覚    符号化   リハーサル        顕在記憶
外部
情報 触 覚    →
 味 覚           チャンキング       潜在記憶
 嗅 覚                     検索
          貯 蔵           貯 蔵
          ↓ 検索
          反 応
```

strage model）である。破線の内部に位置づけられているのが、消費者の頭の中に仮定される記憶の構成体である。このモデルは、短期的な記憶の作業場として考えられる「作業記憶」と、長期的な記憶の貯蔵庫である「長期記憶」という2つの記憶構成体を中心にしたシステム構造として記憶を捉える点にその特徴がある。これら2つの構成体に記憶が貯蔵されているという意味で二重貯蔵モデルと命名されている。

外部環境から入力される外部情報は、「感覚記憶」としてきわめて短時間だけ保持される。感覚記憶とは、五感（視覚・聴覚・触覚・味覚・嗅覚）である感覚器官を経た後に、瞬間的に貯蔵される記憶である。そして、これらのうち注意が向けられた情報、あるいは何らかの意味が見いだされた情報のみが短期的に作業場に転送され、そこで作業記憶として保持される。さらに、一時的に保持されながら適切な処理がなされた情報は、長期記憶として半永久的に貯蔵される。

伝統的な記憶研究では，記憶のプロセスは，記銘，保持，想起という3つの段階から構成されると考えられてきた。消費者を1つの情報処理システムとして捉える消費者情報処理研究では，この記憶のプロセスを「符号化」(encoding)，「貯蔵」(storage)，「検索」(retrieval) という情報処理プロセスとして捉える。図6-1に示されるように，外部情報が感覚記憶を経て作業記憶に転送されるプロセスと，作業記憶から長期記憶に転送される際のプロセスを符号化，作業記憶と長期記憶に情報が経時的に保持されている状態を貯蔵，長期記憶や作業記憶から情報を適宜引き出すことを検索とよぶ。

　符号化とは，入力した外部情報を内部情報としての記憶表象（認知表象）に確立することである。ここでいう記憶表象とは，意識上に現れる外部情報に対する記憶像のことである。消費者はこの記憶像によって環境の詳細を知ることになる。この記憶像の1つひとつが環境の詳細を構成する要素としてはたらく。一般に認知要素 (cognitive element) とよばれる。貯蔵とは，これらの認知要素を経時的に保持することである。検索とは，状況や課題に応じて，特定の認知要素を適切に探し出すことである。

作業記憶

　作業記憶は，かつて短期記憶とよばれていたが，これは貯蔵のみの機能を強調するものであり，現在では先導的に情報処理作業を推進し，その制御に関わる役割をはたすと認識されていることから，作業記憶ないしは作動記憶とよばれる。作業記憶への符号化は，「選択的注意」ともよばれ，感覚記憶から作業記憶に転送する情報を選別するフィルターの役割をはたしている。作業記憶における貯蔵には，その瞬間的な性格のために2つの特徴的な活動が存在する。1つは，「リハーサル」(rehearsal) である。このリハーサルには，反復や復唱として行われる情報の保持と活性化に関わる「維持リハーサル」と，情報

の意味やイメージを精緻化させるために行われる「精緻化リハーサル」がある。精緻化とは，認知要素間の結合のことであり，この作業により意味が見いだされたり，イメージが鮮明になったりする。

これらのリハーサルの長さや回数，その精緻化度合いに応じて，その情報は長期記憶へと符号化されながら転送される。他の1つは，**チャンキング**（chunking）である。チャンクとは，処理の単位となる「情報の固まり」のことであり，情報のポケットのようなはたらきをする。通常われわれは，7±2のチャンクをもっていると考えられている。瞬時に利用できる情報の記憶容量と考えてもよい。こうしたチャンクの有効利用が後述するチャンキングであり，これも作業記憶上で行われている。

長期記憶

長期記憶とは，大量に貯蔵されている意味的な関連性をもつ内部情報である。長期記憶は自分の過去経験に関する想起意識にもとづいて，潜在記憶（implicit memory）と顕在記憶（explicit memory）に分類される。潜在記憶とは，自分の過去経験を思い出すという意識を伴わない記憶である。顕在記憶とは，自分の過去経験を思い出すという意識を伴った記憶である。「コカ・コーラとペプシコーラでは，どちらが好きですか」との問いに，「コカ・コーラ」と答えたとする。このときに，意識を伴わずにはたらいたのが潜在記憶である。これに対して，「先ほど，自販機で買ったコーラを思い出してください」と問われて答えたものが顕在記憶である。

長期記憶を複層的に捉えた複数記憶システム論によると，長期記憶は「エピソード記憶」「意味記憶」「知覚表象システム」「手続記憶」という4つの記憶システムからなると考えられている。これらのうち，顕在記憶に該当するのはエピソード記憶であり，その他は潜在記憶と考えられている。潜在記憶は，記憶全体の基礎的な土台としてはたらいている。

エピソード記憶とは，自らの体験にもとづき，「いつ」「どこで」という時間的・空間的に位置づけられた出来事に関する記憶である。個人的な経験や深い感情をも含む自伝的記憶（autobiographical memory）でもある。意味記憶とは，「サントリーの伊右衛門」というように，世の中について消費者が知っている一般的な知識である。知覚表象システムとは，感覚や知覚のレベルで対象を同定する際にはたらく記憶であり，意味的な処理が行われる前の段階ではたらく記憶である。同定とは，たとえばAとBを識別する以前に，「AがAであること」「BがBであること」を識別することである（189頁も参照）。ブランドのロゴマークやそのパッケージ・デザインから，そのブランドが特定化される際にはたらく記憶である。手続記憶とは「そばの打ち方」といった，必ずしも言語記述だけでは表現しきれない難しい手続きやその方法についての記憶である。

　長期記憶への符号化とは，作業記憶上において作動する精緻化リハーサルやチャンキングにより生み出されていく認知要素間の新たな連合（association）に関わるものである。先述したように認知要素間を結びつける作業は精緻化とよばれ，記憶のプロセスにおいて知識を関連づけて自ら意味づけていくことである。たとえば，「アップル」という情報を長期記憶へ符号化する際には，「果物」の一種として関連づけると同時に，情報機器を製造・販売する「ブランド」としても関連づけることができる。「アップルは果物」「アップルはブランド」という具合に認知要素間に連合が形成されて，長期記憶に符号化されるのである。

　長期記憶における貯蔵では，個々の認知要素が互いに関連し合いながら，全体としてある「まとまり」をもった認知構造が形成されている。長期記憶からの検索とは，長期記憶においてある特定の情報を活性化させ，さらにその活性化の拡散（spreading activation）

を通じて，作業記憶へ適切な情報を転送することである。

2 処理能力と処理資源の限界とその克服

人間には限られた能力しかない。いわゆる「有限能力」として知られているものである。これは購買や消費という課題に対しても言えることである。しかしながら，われわれは何とかこの有限能力の限界を克服して，うまく課題を乗り切ろうとしている。一連の情報処理は，作業記憶の領域において行われるが，そこでの作業容量には一定の限界がある。また，作業記憶における情報処理に配分される処理資源にも限界がある。こうした限界を克服するものとして，チャンキング，ヒューリスティクス，目標階層という興味深い情報処理がみられる。

チャンキング　先述したチャンキングは，こうした有限能力を克服する1つの情報処理である。先述したように，チャンクとは情報の固まりのようなものであり，このチャンクを有効利用するのがチャンキングである。いま，下記の1行目にあるようなアルファベットの綴りが短時間だけ露出されて，瞬時に記憶するような課題が与えられたとしよう。

AUSOFTBANKDOCOMOSKYJALANANHKTBSABC
AU SOFTBANK DOCOMO SKY JAL ANA NHK TBS ABC
AU SOFTBANK DOCOMO　SKY JAL ANA　NHK TBS ABC

一般には，Aから始まる7±2の文字が記憶可能な容量として考えられている。「マジカルナンバー7±2」とよばれる短期的な記憶容量である。ただし，この場合のチャンクは，アルファベットの一文字である。しかしながら，この文字列に何らかの意味が見

いだされた場合はどうであろうか。たとえば、2行目にあるような「AU」「SOFTBANK」といった「企業名」というチャンクが利用された場合、おそらく最後尾の「ABC」まで記憶できるかもしれない。さらに、3行目から読みとれるように「市場」というチャンクが利用されたら、「通信」「航空」「放送」という枠が設定され、それらのなかに企業名が組み込まれて、余裕をもった処理ができる可能性がある。ここでは、単に外部情報の作業記憶への符号化だけではなく、長期記憶からの検索をも手伝った精緻化という作業が伴ってくる。チャンキングとは、このようにチャンクをめぐるその柔軟な操作化とその利用に関する情報処理なのである。このような仕組みにより有限能力を克服しながら、外部環境にある膨大な数の情報を効率よく処理している。

| ヒューリスティクス | 食品や日用品といった頻度の高い購買やある特定の製品カテゴリーの購買において、消費者はお決まりの方法で評価や選択をしていることが多い。たとえば、「冷凍食品は特売時に買う」「いつものビールを選ぶ」といったように、きわめて簡単な方法によって選択がなされる。このような選び方や評価の方法は**ヒューリスティクス**(heuristics) とよばれる。これは簡便法ともよばれるように、消費者にとってはとても簡単で便利な方法である。これも限られた処理能力を克服するために利用される1つの情報処理である。

こうした方法は、購買対象がもつさまざまな属性などを収集し、それらを比較検討したうえで最適な選択肢を選ぶというよりも、これまでの経験をふまえて、瞬時に満足可能な範囲にある選択肢を選ぶといったものである。一度に数十アイテムの購買をしなくてはならないスーパーマーケットでの購買や、関与の低い製品カテゴリーにおける購買などではよく見られる。消費者はこのようなヒューリスティクスを数多く持ち合わせており、購買機会に応じて適切なヒ

図 6-2　目標の重要性と目標階層

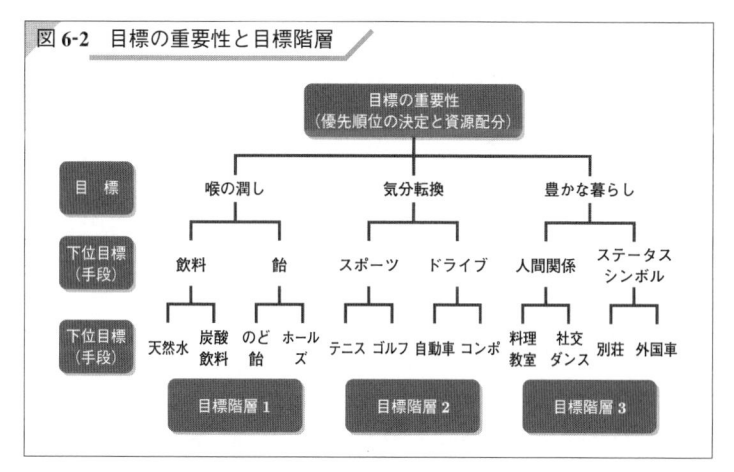

```
                        目標の重要性
                   (優先順位の決定と資源配分)
                              │
          ┌───────────────────┼───────────────────┐
目　標   喉の潤し            気分転換            豊かな暮らし
          ┌──┴──┐          ┌──┴──┐          ┌──────┴──────┐
下位目標  飲料　飴          スポーツ ドライブ  人間関係　ステータス
(手段)                                                  シンボル
        ┌─┴─┐ ┌─┴─┐      ┌─┴─┐ ┌─┴─┐      ┌─┴─┐   ┌─┴─┐
下位目標 天然水 炭酸 のど ホール テニス ゴルフ 自動車 コンポ 料理 社交 別荘 外国車
(手段)       飲料 飴  ズ                              教室 ダンス

         [目標階層1]         [目標階層2]         [目標階層3]
```

ューリスティクスを発動させたり，臨機応変にヒューリスティクスを組み合わせて活用したりする。このようなヒューリスティクスの詳細については，第9章で説明される。

目標階層　「もう少し豊かな暮らしをしたい」と思いつつ，「ここらで気分をリフレッシュ」しようと腰を上げたが「まずは喉の渇きに一杯」，このような一連の思考と行動はよくあることである。消費者は同時並列的に複数の課題に直面しており，それぞれの解決に向けた目標を設定している。しかしながら，限られた能力と限られた処理資源のために，同時並列的な処理はなかなか難しい。そこで，複数ある課題の中で優先順位を設定して，有限の能力と資源の効率的な配分をしている。このように，情報処理のプロセス全体をコントロールする司令塔としての役割をはたしているのが**目標階層**（goal hierarchy）である。

図6-2は，目標の重要性と目標階層を示している。目標階層とは，ある目標を達成するための手段それ自体が下位目標となり，「手段―目標」の連鎖構造によって最終目標を頂点に下位目標群が階層化されたものである。この目標階層は，情報処理システム全体

を駆動する動機づけとして機能しており，ある課題に配分される処理能力と処理資源は，目標間の相対的重要性と目標階層内での水準によって規定される。図に示されるように，並列する目標の重要性を相対的に検討したうえで，特定の目標階層について，その目標を達成するための下位手段を明確化させながら，それらの実現により目標の達成をめざすということが理解できる。

3 消費者情報処理モデル

　消費者研究において消費者情報処理アプローチが中心的な位置づけとして認識されるにつれ，そのアプローチに共通する概念モデルが構築されていった。ここでは，いくつかの概念モデルに共通する主要な構成要素の確認をしたうえで，本書における消費者情報処理の分析モデルを提示し，近年とくに強調される「MAO」という分析視点について説明していく。

情報処理システムの構成要素

　消費者を1つの情報処理システムとして捉えるとき，消費者情報処理の概念モデルでは，そのシステムを構成する要素として，「問題認識プロセス」「情報取得プロセス」「情報統合プロセス」という3つの下位プロセスを設定している。各プロセス内での具体的な情報処理作業については，次の消費者情報処理の分析モデルの項で詳しく説明する。

(1) **問題認識プロセス**

　人間の意思決定を科学する学問分野として知られる「意思決定科学」(decision science) の分野全般に共通するのは，問題解決行動という視点である。ある問題に対する解決策や解決手段をいかに見いだすかに向けて，どのような行動がとられるかという見方である。

消費者情報処理に関するモデルも,こうした問題解決行動を前提として構築されてきた。情報処理は問題を認識することから始まり,適切な問題解決策をもって終了すると捉え,「問題」に対する「解決策」に向けた消費者の行動に関心を寄せるものである。

ここでいう問題とは,マーケティングの文脈で表現するならば,ニーズに該当するものであり,解決策とはそのニーズの充足策である。マーケターは,この充足策の有力候補として,自社の製品やサービスをブランドという1つのパッケージに詰めて提供している。

問題解決行動を前提とした情報処理システムでは,まず問題認識プロセスを第1の下位プロセスに設定している。次の第7章で詳細に説明するが,問題とは,ある理想的な状態と現実の状態とのギャップとして捉えられる。そして,このギャップに問題があると認識するのである。問題として具体的に設定される「対象(方向)」は何か,その「強さ(水準)」はどの程度なのかといった点に関して,情報処理プロセスの全体をコントロールしているのが問題認識プロセスである。ここでは,前述した目標階層にもとづく処理能力と処理資源の配分が行われながら,環境のスキャニング(監視)やその中断といった環境への適応とその調整のメカニズムがはたらいている。

(2) 情報取得プロセス

問題認識プロセスにおける目標階層から特定の目標が設定されると,この目標を達成するための策や手段を必要とする。情報取得プロセスは,これらの策や手段となる情報を取得していくプロセスである。具体的には,情報の探索と解釈に関わる情報処理が行われる。情報の探索では,適切な情報を長期記憶に貯蔵された内部情報から検索する内部探索と,外部環境に探し求める外部探索がある。情報の解釈では,情報探索による追加情報や修正情報を獲得しなが

ら，随時アップデートする形で情報の解釈が行われる。手持ちの情報を組み合わせ，コンテクストと対応させながら，またときには入手不可能な情報を埋め合わせる推論などを行いながら解釈が行われる。

情報取得プロセスでは，環境との境界面における情報入力に関するコントロールと，入力情報の一時的な処理が主に行われており，最終的な意思決定が行われる次の統合プロセスへの事前処理的なプロセスとしての役割を担っている。

(3) 情報統合プロセス

情報取得プロセスを通じて適切な情報を取得すると，これらの情報をもとにした最終的な意思決定が行われる。この意思決定には，評価と選択（購買）というモードがある。評価とは，ある対象に対する総合的判断を示すものであり，「好き―嫌い」を示す態度（attitude），「買いたい」という傾向を示す購入意向（intent），「良い―悪い」を示す価値判断（judgment）などが含まれる。選択（購買）とは，ある対象を具体的に選ぶ（買う）という行為を示すものである。厳密にいうと，選択（購買）は頭の中での情報処理の結果を反映したうえでの行動であるために，情報処理プロセスとは区別すべきであるが，ここでは選択（購買）という課題が設定された場合の情報処理プロセスという意味で理解される。評価のモードでは，取得された情報をもとにして総合的な判断を下す意思決定が行われがちであり，一方の選択（購買）のモードでは，ある特定の情報に重点を置く大胆な判断を示す意思決定が行われる傾向を示すようである。

このような課題の傾向はあるにしても，それぞれのモードには共通する意思決定のルールのようなものが見られる。環境から取得される外部情報と既存の内部情報によって，それぞれの対象に対する1つの評価をまとめ上げる統合的なルール，あるいは選択対象を選

図6-3 消費者情報処理の分析モデル

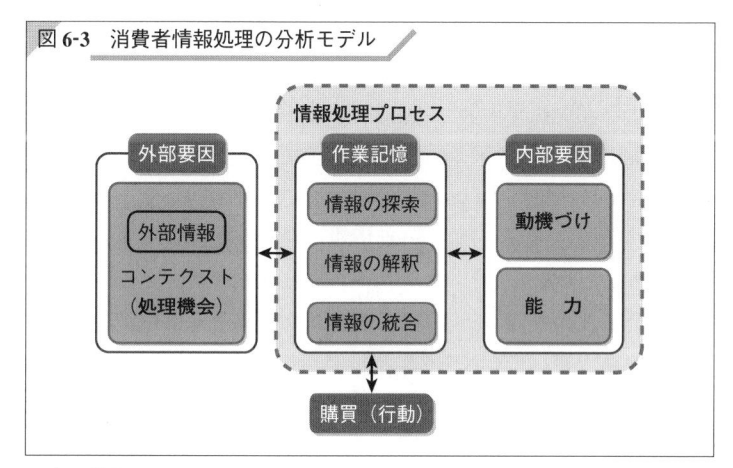

```
                    ┌─────情報処理プロセス─────┐
  ┌──外部要因──┐    ┌──作業記憶──┐  ┌──内部要因──┐
  │           │    │  情報の探索  │  │  動機づけ  │
  │  外部情報  │ ⇔ │  情報の解釈  │⇔│           │
  │ コンテクスト│    │  情報の統合  │  │   能 力   │
  │ (処理機会) │    └──────────┘  └──────────┘
  └──────────┘          ⇕
                    購買（行動）
```

び出す選抜ルールといったものである。消費者はこれらのルールを経験的な学習により数多く獲得しており，また状況に応じてこれらの組合せを行いながら，新たなルールを構築する。

こうした情報統合プロセスは，消費者による評価や選択（購買）という消費者行動に対する関心の核心的な部分に関わる重要なプロセスであり，またそれは学習を通じた行動変容を生み出すメカニズムでもある。

消費者情報処理の分析モデル　上記の3つの下位プロセスをシステム内に想定し，実際の購買意思決定プロセスを考慮したものを，ここでは消費者情報処理の分析モデルとして説明する。

図6-3は，消費者情報処理の全体像を把握するための分析モデルである。すでに第2章と第3章でも述べてきたように，これまでにも消費者の情報処理プロセスを説明するさまざまな概念モデルが提唱されてきた。このモデルでは，とくに購買意思決定プロセスを強調して，消費者の意識的な情報処理作業に焦点を当て，作業記憶上で展開される具体的な処理作業の内容を明示したうえで，それ

らの作業に影響を与える規定要因を明確化している。

情報処理プロセスとして示される中央のボックスが作業記憶であり、その作業記憶で展開される具体的な処理作業となるのが、「情報の探索」「情報の解釈」「情報の統合」である。こうした処理作業を規定する要因は、大別して外部要因と内部要因がある。図の左側に位置する外部要因には、「外部情報」と「コンテクスト」（処理機会）がある。外部情報とは、外部環境に存在するあらゆる情報である。五感を通じて入力できる対象すべてがこの外部情報となる。コンテクストとは、外部情報の背後にある状況や文脈のことである。コンテクストには、消費者に起因するものと競争に起因するものが考えられる。消費者に起因するコンテクストとは、消費者の置かれる状況や消費者の負う課題である。時間的圧力、予算的制約、社会的要因（対人関係など）などがそれである。競争に起因するコンテクストとは、外部情報が競争的に置かれる状況や文脈である。これは焦点となる外部情報の内容によって異なる。たとえば、「この棚から選ぼう」「このお店で決めよう」「他のお店も検討してみよう」といったようなさまざまなコンテクストのもとでは、同一の対象でも異なった情報処理がなされる可能性がある。こうしたコンテクストは、情報処理が行われる1つの**処理機会**（opportunity）として考えられる。

右側にある内部要因には、情報処理作業を推進・抑制する**動機づけ**と**能力**という規定要因がある。情報処理の動機づけとして機能するのは、消費者のもつ目標・価値・関与などであり、それらの構造体系である「手段―目標連鎖」（means-end chain）などの把握が重要となる。さらに、後で詳しく説明するが情報処理の能力としては、消費者のもつ専門知識力（expertise）が重要な役割をはたすと考えられている。

以下では、まず作業記憶上での具体的な情報処理作業である「情

報の探索」「情報の解釈」「情報の統合」について説明し，次に情報処理作業に影響を与える内部要因である「動機づけ」と「能力」について説明する。

(1) **情報の探索**

情報処理プロセスにおいて展開されるのは，まず情報探索である。情報探索は通常，消費者が自らの記憶のなかから関連情報を再生する「内部探索」から始まる。しかしながら，ここでの情報が十分でないときや欠如しているときや，情報が錯綜し相矛盾するときには，その内部探索を中断する。こうした事態が生じたときに消費者は，環境にある自分以外のさまざまな情報源から情報を探索する「外部探索」に移行する。ただし両者は，それぞれが独立して存在するというものではなく，外部探索における情報の接触により即座に内部探索に移行し，またその追加的内部探索により，さらなる外部探索が生じるという相互循環的なプロセスとして認識しておく必要がある。

(2) **情報の解釈**

情報探索を行いながら，手持ちの情報と追加・修正される情報によって，対象に対するさまざまな解釈がなされていく。このような解釈には，頭ごなしに解釈を押しつけるトップダウン型の理論駆動型処理と，外部情報の詳細な積み上げによるボトムアップ型のデータ駆動型処理があり，対象の解釈はこの両処理のバランスによって行われている。これら情報の探索と解釈に関する詳細は，第10章において解説する。

(3) **情報の統合**

情報の統合とは，探索によって収集された情報や解釈によって形成された知識をもとにして，購買における適切な選択肢をさまざまな角度から検討して総合的に評価・選択することであり，購買意思決定に向けた各情報の統合化に関する情報処理作業である。そのう

ちとくに関心が寄せられるのは，その評価方略や選択方略とよばれる意思決定ルールである。すでに述べたヒューリスティクスといった簡便な方略も，この意思決定ルールの1つとみなされる。消費者は過去の購買や消費を経て，さまざまな意思決定ルールのレパートリーを数多くもっており，それぞれの処理機会に応じて，それらのレパートリーから適切なものを使い分けている。これらのルールは必ずしも頑健なものではなく，処理機会によっては，いくつかのルールを組み合わせて使用したり，その使用結果を学習して新たなルールを再構築したりする。このような意思決定ルールの詳細は，第9章において説明される。

(4) 動機づけ

情報処理プロセスを規定する動機づけ要因として，これまでに目標・価値・関与といった要因が考えられてきた。動機づけの詳細は第7章で説明されるが，本書では，動機，動機づけ，動機づけられた状態という3つの様態を識別する。動機とは，あくまでも認知の問題であり，これに目標や価値が付加されたときに動機づけとなり，さらに動機づけられた状態を捉えるものが関与である。たとえば，「喉が渇いた」というのは，あくまでも認知的に問題を認識しただけであり，ここに「喉の渇きを潤す」という目標が付加されて，はじめて動機づけとなる。さらに，「喉の渇きを潤したい」という動機づけられた状態になると関与が感知されることになる。現在では，動機づけの代理変数として関与概念が用いられることが多い。

この動機づけられた状態である関与のメカニズムを説明するのが手段—目標連鎖モデルであり，自分自身に関する自己概念（自己知識）と対象であるブランドや製品との間に想定される知識構造にもとづいて説明される。今日のブランド・マーケティングを理解するうえでは，欠かすことのできない重要な考え方である。

⑸ 能　　力

　情報処理プロセスを規定する重要な要因として、情報処理の能力がある。たとえば「パソコン」について、ある消費者は「インターネットとメールが使える機器」として大雑把に捉えているが、別の消費者は「CPU の種類、CPU の周波数、二次キャッシュ容量、……」というように、詳細なスペックにまでこだわって捉えている。同じ対象についても、処理能力の違いにより、情報処理プロセスに大きな違いが現れてくる。探索される情報の量や質、解釈されるレベル、統合する方略等、処理作業のそれぞれにおいて違いが生じてくる。

　現在では、処理能力を捉える有力な概念として「専門知識力」(expertise) が考えられている (Alba and Hutchinson [1987])。専門知識力とは、認知努力、認知構造、分解能力、精緻化能力、記憶能力という5つの構成次元からなる処理能力を規定する要因である。ここで認識すべきことは、5つの次元間の関係である。それは、消費者は経験を重ねることによって、認知努力の軽減をはかるために認知構造を発達させながら、分解能力・精緻化能力・記憶能力を向上させていくということである。処理能力については、第8章において詳細に説明する。

MAO 視点から捉える情報処理

　近年、消費者を情報処理の視点から捉える一般的な枠組みとして、MAO が考えられている。M とは Motivation（動機づけ）、A とは Ability（能力）、O とは Opportunity（処理機会）である。図6-4では、内部要因に位置づけられる動機づけが M、能力が A、そして外部要因にある情報処理機会が O に該当する。これらの「MAO」により、消費者の情報処理プロセスは大きく規定される。

　図6-4は、本書を構成する枠組みを示している。本書では、この MAO 視点から捉えた情報処理を基本枠組みとしており、第Ⅲ

図6-4 購買プロセスとMAO

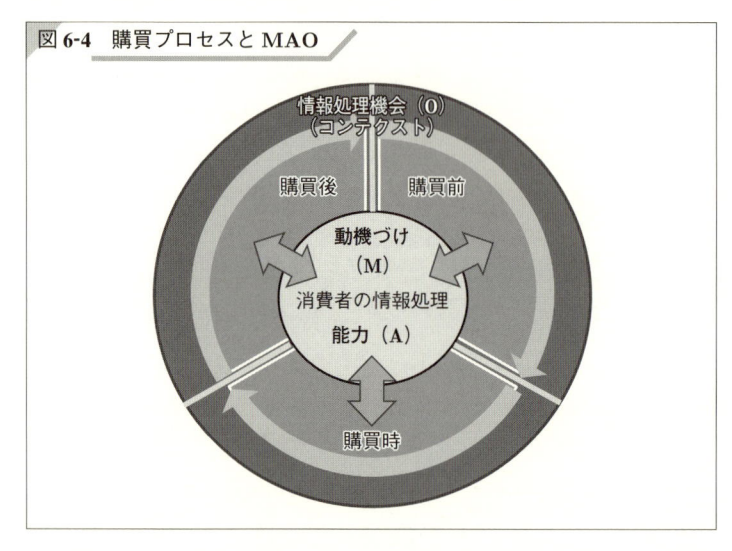

(図：情報処理機会（O）（コンテクスト）を外側に、購買後・購買前・購買時の3区分、中心に動機づけ（M）と消費者の情報処理能力（A））

部の第7章において動機づけ、第8章において能力について押さえ、続く第Ⅳ部では処理機会を購買意思決定プロセスとして展開させながら、購買前・購買時・購買後というステップに識別して、それぞれの処理機会に応じた具体的な情報処理の様相を解説する。そして第Ⅴ部では、購買前・購買時・購買後という処理機会を情報処理サイクルとして捉え、購買意思決定とマーケティングの基本戦略を第13章、コンタクト・ポイントや関与などの購買意思決定の特性とマーケティング戦略を第14章、ブランド構築を念頭に置いたマーケティング・コミュニケーションを第15章で詳解していく。

4 消費者情報処理とマーケティング対応

進展する消費者情報処理研究

1970年代の中頃から本格的に始まった消費者情報処理研究は，当初は消費者の情報処理に関する基礎的な理解を目的にしていた。情報の探索や収集，情報の獲得やそのパターンなど，消費者がどのように情報を入手するか，どのような選択方略をとるか，さらには情報環境や選択課題にどのような対処をするかといった基礎的かつ包括的な視点から，消費者情報処理に関する，いわば「基礎研究」が1970年代には進められてきた。

1980年代になると，当初に想定していた深い処理（情報探索をしたうえで，念入りな評価や選択をするという情報処理）だけではなく，内部情報へのアクセス容易性という処理負荷のかからない浅い処理の重要性も認識され始めてきた。このように情報処理の多様性を前提として，いくつかの要因や条件のもとで処理の様式が確定されるという統合的な枠組みを提示するモデルやフレームワークなども登場してきた。こうした要因や条件次第で決まる情報処理という意味の「コンティンジェンシー・リサーチ」が1980年代には主流となってきた。

このリサーチのもとでは，「タスク効果」「コンテクスト効果」「正確さと努力のトレードオフ」という3つのアプローチが展開された。タスクとは消費者に負わされる課題のことであり，認知・評価・選択といったそれぞれの反応モードに関わる課題や，課題を構成する次元や課題における対象数などの要因に規定されるものである。

コンテクストとは，タスクとも一部重複するが，一般的には選択

肢の数やその次元数などの要因に規定される状況のことである。先述したMAOのO（処理機会）は，このようなタスクやコンテクストをひとまとめにした捉え方である。

正確さと努力のトレードオフとは，使用する処理方略に要するコストとベネフィットに関わる要因のことである。こうした処理機会に応じて機能する消費者の個人差要因として，「処理能力」の重要性が指摘され始めた。MAOのA（能力）である。このような能力要因は，トレードオフの一方である正確さと密接に関わるものである。

一方の努力に関する点は，「資源配分」に関わる要因であり，限られた処理資源を適切に配分するために，これを統制する「消費者価値」，動機づけられた状態である「関与」，関与づけられるメカニズムを表す「手段—目標連鎖モデル」などの解明が進んだ。MAOのM（動機づけ）の部分である。1980年代は，「処理機会」をふまえたうえで，能力と動機づけという視点から情報処理を捉えた時代であった。

1990年代には，能力を規定する消費者知識に迫る研究が多くなった。スキーマやカテゴリーといった仮説的な知識構成体を捉え，処理機会に主観的に適応していく消費者像が確立していった。主観的にその処理機会を「再構築」したり，客観的な情報だけではなく，「直観」や「類推」などを利用して主観的な知識をはたらかせる情報処理を認識していった。こうした流れは，客観的な製品特性やそれらをいくぶん主観的に捉えた製品便益だけではなく，感覚属性やイメージ属性といった主観的かつ体験的な情報の重要性が認識されてきたことを示唆している。

また1990年代は，インターネットというバーチャルな消費空間の出現時期であり，まさに情報空間における情報処理を対象とする研究が始まった時代でもある。さらに，「情報の固まり」であるブ

ランドを情報処理の視点から捉え,ブランド・マネジメントに対する消費者情報処理研究の有用性を示す研究が数多く現れることとなった。このように1990年代は,客観的な情報だけではなく,消費者が自らのうちに主観的に捉える直観や感情,あるいは類推などによって導かれるさまざまな情報の役割が主張された「消費者主観」の情報処理研究の時代ということができる(*Column* ⑮)。

2000年を迎えると,情報技術の急速な進展や想定外の企業間連携なども日常茶飯事となり,消費者を取り巻く市場環境はさらに激変していった。市場にはさまざまな「ハイブリッド製品」が登場し始め,消費者がこうした課題にどのように対応しているかに関心を寄せる研究が多くなってきた。また,ブランド・マーケティングを念頭に置いた詳細な研究も展開され始め,学習との関連から捉える「ブランド・エクイティ」や,ブランド知識の多次元性から捉えた「ブランド統合体」,ブランドとのリレーションシップを規定する「ブランド・コミットメント」といった概念なども提唱された。また,インターネット上での情報処理に関する研究も格段と多く報告されるようになってきた。このような状況にあった2000年代は,直接的に市場やブランドのマーケティングに関わる「消費者課題」への対応といった実践的研究が萌芽した時代でもある。

Column ⑮ 感情の情報処理

消費者情報処理に関するモデルは,これまでにも数多くの進化を遂げてきた。消費者行動,さらには人間行動の解明に向けた精力的な研究成果をもとにして,新たなモデルの開発が今日も進められている。

図6-5は,大平[1997]による感情の情報処理機構モデルである。ここでは,限られた資源の配分先と作業記憶内に焦点を当て,注意フィルター,作業記憶,長期記憶のそれぞれが配分先として明示されて

図 6-5 感情の情報処理

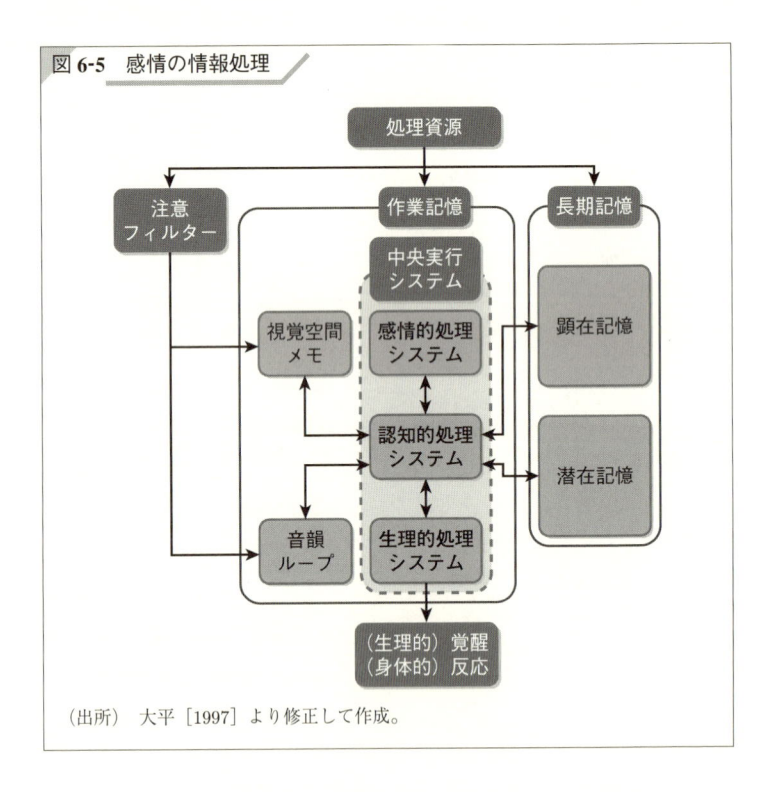

(出所) 大平［1997］より修正して作成。

いる。また，作業記憶内に注意フィルターを経た「視覚空間メモ」と「音韻ループ」という感覚的情報を扱う装置を組み込み，さらに情報別の処理を行う中央実行システム（感情的情報処理システム，認知的情報処理システム，生理的情報処理システムからなる3つの下位システムをもつ）が示されている点が特徴的である。

感情という情報は，注意フィルターにおいて優先的に検出されるようにバイアスを与え，視覚空間メモと音韻ループにより視覚的・音声的な情報に処理され，中央実行システムにおいて処理される。ここにある3つの下位システムは，独立して機能しながらも相互作用する。感情的情報処理システムで主観的な体験として感知され，認知的処理システムでコントロールされながら適切な資源配分がなされる。そこ

では感情という情報が，長期記憶内にあるエピソード記憶や意味記憶だけではなく，意思決定ルールとなる手続記憶なども検索し，さらには交感神経などを通じて，身体の各部位とつながる生理的情報処理システムにも影響を与えて，生理的覚醒をも導いていくのである。

多様な情報概念

認知のうえでは現実（リアル）空間から仮想（バーチャル）空間に至るまで，感情のうえでは好きから嫌いまで，そして行動のうえでは買うから買わないまで，さまざまな対象や状態が情報として捉えられる。消費者情報処理の枠組みのもとでは，これまでの研究の進展により，客観的で具体的な個別情報だけでなく，主観的で抽象的な統合情報さえも，同じ情報という概念で捉えることが可能になる。前者は，「タウリン1000 mg」や「排気量1800 cc」といった製品のもつ個別の情報であり，後者は「暮らしぶり」や「生活スタイル」といった統合的な情報である。これら両極の間に，「元気が出そう」「燃費が良さそう」という属性情報，健康ドリンクや自動車という製品カテゴリーという情報，アリナミンやプリウスといったブランドという情報などが位置づけられる。また，消費者自らも「自己」という情報になり，自己以外の「他者」（さらには社会）も同様に情報として捉えることができる。そして，「怒り」「悲しさ」「気分」といったさまざまな感情さえも，すべて情報として捉えることができる。図6-6には，消費者自らの「自己」と社会を構成する「他者」，処理機会となる「コンテクスト」とそのときの「感情」という4つの鍵となる情報を基軸にして，マーケティング提案となる処理対象としての「スタイル」「ブランド」「製品カテゴリー」「属性」「特性」という5つの情報が示されている。

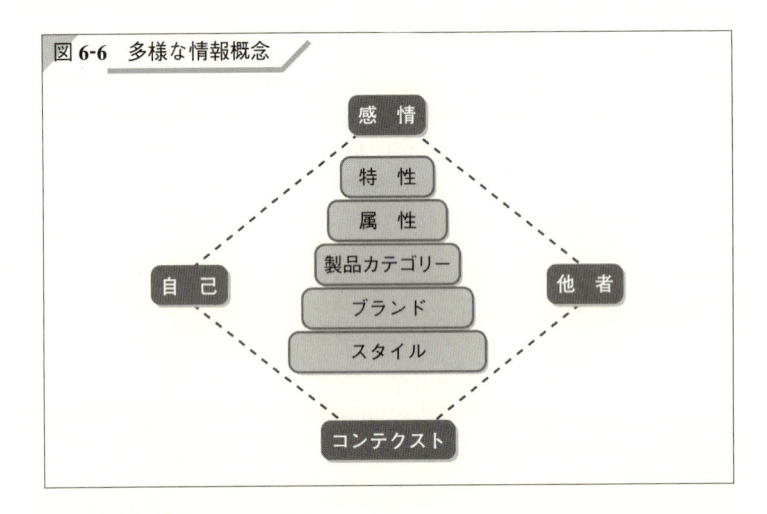

図 6-6　多様な情報概念

```
           感 情
         ┌──────┐
         │ 特 性 │
         │ 属 性 │
自 己    │製品カテゴリー│    他 者
         │ ブランド │
         │ スタイル │
         └──────┘
          コンテクスト
```

消費者情報処理とマーケティング対応

本書の第Ⅲ部以降では，消費者情報処理に基本認識を置きながら，情報処理が発動される処理機会の重要性を強調する。ここでは情報処理機会を3つの側面から捉えることにより，効果的なマーケティング戦略のあり方を考察していく。

第1は，消費者の購買に関する「情報処理プロセス」としての処理機会である。購買の行われる購買前段階，購買時段階，購買の行われた購買後段階という3つのプロセスから処理機会を捉える。第Ⅳ部では，購買意思決定のプロセスを前提として，各プロセスにおける情報処理を詳解する。

第2は，各プロセスにおける具体的なマーケティング・アクションとなる消費者との**コンタクト・ポイント**（contact point）としての処理機会である。購買前プロセスでは広告やプロモーションなど，購買時プロセスでは販売員との対話や交渉，購買後プロセスではアフターサービスやメンテナンスなど，各プロセスにおいて数多くのコンタクト・ポイントが設定されている。このようなポイント

はすべて，消費者の処理機会となる重要な戦略ポイントとして本書では位置づけている。

第3は，このようなコンタクト・ポイントとしての処理機会を，循環する**情報処理サイクル**として捉えている。「購買して終わった」というのではなく，むしろ「購買してから始まった」という経験も，これまでには多いのではないだろうか。本書では，こうした処理機会の循環的な性質を考慮しながら，応用的なマーケティング戦略を第Ⅴ部で詳しく説明する。

Keywords

二重貯蔵モデル　チャンキング　ヒューリスティクス　目標階層　処理機会　動機づけ　能力　MAO　コンタクト・ポイント　情報処理サイクル

演習問題

6-1　これから購買しようと予定している対象を取り上げ，図6-6にもとづいて，重要となる情報を書き出してみよう。

6-2　いま，思いつく複数の目標とそれらに関する下位目標を，図6-2にある目標階層のように整理してみよう。

6-3　オリジナルの消費者情報処理の分析モデルを考えてみよう。

参考文献

阿部周造［1978］『消費者行動——計量モデル』千倉書房。
大澤豊責任編集［1992］『マーケティングと消費者行動——マーケティン

グ・サイエンスの新展開』有斐閣。

大平英樹 [1997]「認知と感情の融接現象を考える枠組み」海保博之編『「温かい認知」の心理学——認知と感情の融接現象の不思議』金子書房, 9-36 頁。

杉本徹雄編著 [1997]『消費者理解のための心理学』福村出版。

須永努 [2010]『消費者の購買意思決定プロセス——環境変化への適応と動態性の解明』青山社。

中西正雄編著 [1984]『消費者行動分析のニュー・フロンティア——多属性分析を中心に』誠文堂新光社。

新倉貴士 [2005]『消費者の認知世界——ブランドマーケティング・パースペクティブ』千倉書房。

Alba, J. W. and J. W. Hutchinson [1987] "Dimensions of Consumer Expertise," *Journal of Consumer Research*, Vol. 13 (March), pp. 411-454.

Hoyer, W. D. and D. J. MacInnis [1997] *Consumer Behavior*, South-Western.

第7章 情報処理の動機づけ

Introduction

消費者の情報処理は,理想とする目標の状態と現実の状態との間に存在するギャップを認識するという問題認識により始まる。この認識が動機となり,理想的な目標の状態に向かって問題解決をはかるという形で情報処理が動機づけられる。

本章では,情報処理の動機としての問題認識,動機づけとしてのはたらきをする目標と目標階層について説明したうえで,消費者が動機づけられるメカニズムを理解するために,製品と消費者との関係を捉えた手段―目標連鎖モデルについて詳解し,最後に動機づけられた状態である関与という概念について説明する。

1 動機としての問題認識

すでに前章で説明したように,消費者情報処理研究の枠組みでは,消費者の行動は目標の存在を前提とし,その達成をはかろうとする目標達成行動として捉えられる。このような目標達成行動は,目標の状態と現実の状態とのギャップによって引き起こされる**問題認識**(problem recognition)から始まり,その認識された問題の解決をはかるという形で行われる。すなわち,現実の状態から目標の状態に向かって,このギャップを解消するために情報処理が動機づけられるのである。

図7-1 基本的な購買および使用動機

解消（情報）型動機　　　報酬（変換）型動機

負の状態からの解消
①問題除去
②問題回避
③不完全な満足
④接近・回避の混合
⑤通常の消耗

正の状態への報酬
⑥感覚的満足
⑦知的刺激または習熟
⑧社会的承認

（出所）　Rossiter and Percy [1997] より一部修正して作成。

解消型動機と報酬型動機

問題認識は，目標の状態と現実の状態という2つの状態に対する認識によって規定される。この認識が情報処理の直接的な「動機」(motive) になると考えられる。消費者が理想とする目標の状態とは，消費者が過去の経験にもとづいて形成するある特定の状態に対する期待，あるいは将来の目標や到達すべき目標として考えられる。前者は，普段あるはずの醬油を切らしたときなどに感じる負（マイナス）の状態からみた通常の状態である。後者は，いまだ実現できていない豊かな暮らしや念願の別荘獲得など，現実よりさらにレベルアップした正（プラス）の状態である。

図7-1は，消費者の購買動機および使用動機を示したものである。図の左側に示されている動機は，負の状態からの解消を試みようとする解消型の動機である。これらの動機は，その解消のために情報を探索するという意味で情報型動機ともよばれる。図の右側に示されているのは，製品やブランドの購買や使用によって，自分自身に報酬を与えようと試みる報酬型の動機である。これらは，感覚的な満足や知的刺激のために，あるいは社会的承認のために，自らを正の方向に変換したいと願う変換型の動機ともよばれる。

> 動機を誘発する要因

現実の状態とは，消費者が今現在どのような状態であるかを認識したものである。この状態は通常とくに意識することがないために，物理的要因・消費者の欲求・外的刺激によって触発されてはじめて認識されることが多い (Hoyer and MacInnis [1997])。物理的要因としては「壊れた」とか「老朽化した」などの客観的な物理的要因が，消費者の欲求としては「喉が渇いた」などの生理的欲求（一般に「動因 (drive)」とよばれる）や「人に笑われる」といった心理社会的欲求が，外部刺激としては店頭の陳列・広告・友人や知人からの情報（一般に「誘因 (incentive)」とよばれるもの）などが，現実の状態を認識させることになる。

2 動機づけとしての目標と目標階層

> 目標と目標階層

消費者情報処理の枠組みでは，行動を一定の方向に向けて生起させる「動機づけ」(motivation) は，消費者のもつ「目標」(goal) として捉えられる。これは，認識された問題の解決に方向づけをする理想的な目標の状態を示している。

ただし，消費者のもつ目標は1つとは限らない。同時に複数の目標をもつことが少なくないからである。たとえば，「自動車の買い換えもしたいし，海外旅行にも行きたい，でもその前にお腹が減った」という具合に，同時に複数の目標をもつことが多い。動機づけは，その強度によって情報処理の方向づけをすると同時に，情報処理をどの程度続けていくかに関わる持続性にも影響を与える。このときに重要となるのが「処理資源」である。処理資源とは，情報処理に費やされる一種の心的なエネルギーである。前章ですでに述

べたように，処理能力と同じように処理資源についても有限であることを再認識すべきである。

消費者は，それぞれの目標に優先順位をつけ，限られた処理資源をそれぞれに配分する必要が出てくる。こうした優先順位の決定と処理資源の配分も，動機づけと深く関わっている。消費者にとって重要性が認められた動機づけの強い目標には，より高い優先順位が与えられ，より多くの処理資源が配分されることになり，集中的かつ持続的に情報処理が行われるのである。

こうしたときに，それぞれの目標に優先順位を与えて，情報処理をコントロールする役割をはたすと考えられているのが**目標階層**（goal hierarchy）である。前章の図6-2が示すように，目標階層とは目標に対する下位目標群を，階層的に位置づけたものとして捉えられる。ここでは，最終的な目標を頂点にして，その目標を達成するためにいくつかの手段が設定される。それらの手段が目標に対する「下位目標」（sub-goal）として位置づけられ，それらの間に「手段—目標連鎖」（means-end chain）という階層構造が仮定される。この目標階層が，情報処理システム全体を駆動する動機づけの役割をはたすのである。各目標の相対的重要性によってその優先順位が決められ，処理資源はその優先順位と目標階層内での水準に依存しながら配分される。

目標のタイプ

消費者のもつ目標には2つのタイプが考えられている（池田・村田［1991］）。認知を基盤に捉えた**結果志向の目標**と，感情を基盤に捉えた**プロセス志向の目標**である。それぞれは，その根底にある動機のタイプが大きく異なるものと考えられる。

結果志向の目標は，ある特定の状態の実現やモノの獲得をめざすものであり，その実現や獲得という結果が目標となる。ここでは認知的動機が支配的となる。認知的動機は，実現・獲得される利得を

最大化しようとする功利的で利潤追求型の動機である。この認知的動機にもとづいて、そうした状態の達成やモノの獲得のために必要となる手段が活性化されていく。目標階層に示されるように、それらの手段は下位目標として位置づけられ、それらはさらなる下位目標を活性化することになり、階層的連鎖の認知構造を形成していく。たとえば、「豊かな暮らし」を実現するために、「ステータス・シンボル」となるモノの獲得をめざし、そのために「別荘」を買うという具合である。

一方のプロセス志向の目標とは、ある経験や体験というプロセスの消費を目標とするものである。「宝塚歌劇を鑑賞する」「夏の甲子園に熱狂する」「熱帯魚を観賞する」という特定の行動や状態を経験・体験するプロセス自体が目標となるものである。ここでは、感情的動機が支配的となる。感情的動機は、ある感情や雰囲気を満たす経験や体験によって、特定の感情的状態の実現をめざすものである（*Column* ⑯）。

プロセス志向の目標は、純粋に経験や体験というプロセスを目標とする場合と、結果志向の目標に付随して生じる場合がある。「気分をリフレッシュする」ために「スポーツをする」はずが、それ自体が楽しみとなり快感を得るものになるなどである。プロセス志向の目標でも目標階層は形成される。「宝塚歌劇を鑑賞する」には、何よりもまず「チケット」の獲得が必要であるし、「大劇場」にまで足を運ぶ手段が必要になるからである。

動機づけとして設定される目標が、認知を基盤にしたものなのか、感情を基盤にしたものなのかという点は、後述する動機づけられた状態である関与について、その状態を捉える際の1つの重要な視点としても考えられている。

Column ⑯　体験としての消費

　芸術作品や演劇・映画を鑑賞する，詩や小説などの文学作品を味わう，あるいは野球やサッカーなどのスポーツを観戦するといった，楽しさや感動を呼び起こすような製品を消費する目標とは何だろうか。こうしたタイプの製品においては，消費者がそこに巻き込まれていき，主観的に体験することそれ自体が目標になる。そうした意味で，「体験としての消費」という概念で捉えられている。

　体験としての消費においては，「第一に，製品の客観的属性では捉えられない『消費の快楽性・喜び・審美性』といった性質が重要だということであり，第二に，製品の価値を交換価値あるいは機能的使用価値や効用という視点ではなく，消費する人の主観的な意識のなかでしか捉えられないシンボリックな性質にあると考えられた。つまり消費は，『多様なシンボリックな意味や快楽的反応や審美的基準をもった主観的な意識の状態』と見なされる」（石井［1993］）のである。

　製品に求められる目標には，耐久財や包装財などのようにあらかじめ定まったものと，こうした主観的な消費を体験していくプロセスの中で生み出されていくものがある。前者のように，事前の明確な目標にもとづいて，先験的に予想可能な効用を割り出して最適な選択肢を選ぶという側面を消費者はもつ一方で，購買後の消費プロセスを楽しみながら，自己のあり方や自己と対象との関係を主観的に解釈していく側面もあわせもつ。こうした消費体験における価値の重要性が，今日のマーケティングではますます重要視されている。

3　動機づけられるメカニズム

手段—目標連鎖モデル　　消費者は問題を認識すると，理想とする目標に向かって動機づけられるようになる。

本節では,この動機づけられるメカニズムを説明していく。まず初めに,そのメカニズムについて,製品と消費者との関係を捉えた**概念モデル**である**手段—目標連鎖モデル**(means-end chain model)を取り上げて説明することにする。

手段—目標連鎖モデルとは,製品と消費者との関係を捉えるために考え出されたものである。このモデルでは,製品は消費者の価値となる目標を達成するための手段として捉えられ,その関係が1つの階層構造からなる連鎖的媒体として概念化される。このモデルは,消費者のもつ製品知識にもとづいており,その製品知識について,抽象化水準に関する連鎖の階層構造を捉えているのが特徴的である。すなわち,消費者は抽象化水準において異なる内容の製品知識を有すると想定して,その製品知識を階層構造から捉えるのである。その階層構造の基礎になるのは,製品から連想される認知要素と消費者のもつ「**自己概念**」(self-concept)との間のリンクであり,このリンクが強く直接的になるほど,製品の抽象化水準が高まり,動機づけられていくようになると考えるのである。ここでいう自己概念とは,消費者が自分自身とは何なのかと考える自己に関する知識構造,あるいは「自己スキーマ」(self-schema)とも考えられている (Peter and Olson [1987])。

| 価値・結果・属性 |

図7-2が示しているのは,車の購入を具体例とした手段—目標連鎖モデルであり,それぞれの抽象化水準における知識内容とその具体例を示している。手段—目標連鎖モデルでは,抽象化水準における知識の違いとそれらの間に存在するリンクによって,製品と消費者との関係を捉えようとする。それぞれの抽象化水準に存在する知識内容は,価値,結果,属性である。

(1) 価　　値

抽象化水準の最も高い知識には**価値**(value)が想定されている。

図 7-2 手段―目標連鎖モデル

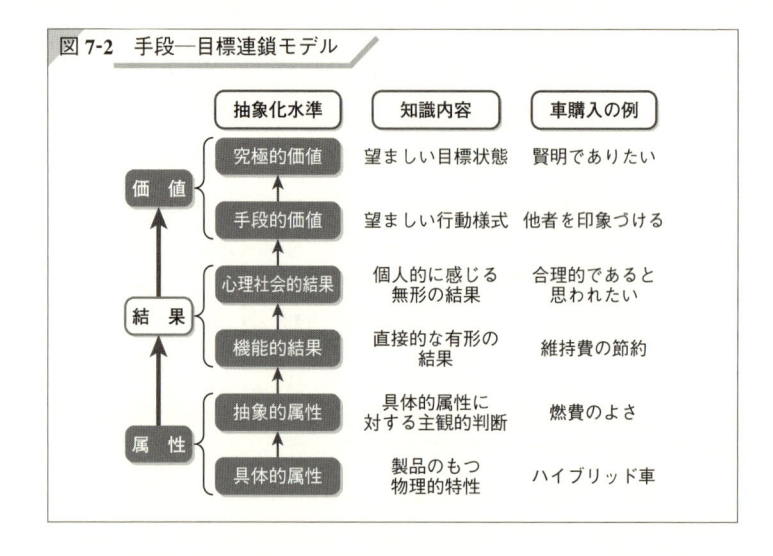

	抽象化水準	知識内容	車購入の例
価 値	究極的価値	望ましい目標状態	賢明でありたい
価 値	手段的価値	望ましい行動様式	他者を印象づける
結 果	心理社会的結果	個人的に感じる無形の結果	合理的であると思われたい
結 果	機能的結果	直接的な有形の結果	維持費の節約
属 性	抽象的属性	具体的属性に対する主観的判断	燃費のよさ
属 性	具体的属性	製品のもつ物理的特性	ハイブリッド車

　この水準では，製品を使用・消費することによって実現される価値から知識を捉える。ここでいう価値とは，消費者の最も基礎的なニーズと目標となる認知表象であり，また消費者がその人生において実現しようとする重要な最終的状態をメンタルに表したものである（Peter and Olson［1987］）。手段―目標連鎖モデルでは，抽象化水準における違いから，価値を「究極的価値」（terminal value）と「手段的価値」（instrumental value）に分けて捉えている。

　究極的価値とは，消費者の願う望ましい目標の状態である。これは，消費者の求める最終的な目標を，きわめて抽象的に表したものである。たとえば，「賢明でありたい」「社会的に認められたい」「快適な生活を送りたい」という目標により導かれる抽象的な望ましい状態である。一方の手段的価値とは，究極的価値を実現するためにとられる行動や行為についての望ましい様式である。この水準では，抽象的な究極的価値を実現するために，行動や行為という具体的な形を帯びる。たとえば，「他者を印象づける」「よい親でい

る」「喜びを得る」という具体的なアクションが含まれてくるのである。

(2) 結　果

抽象化水準において，価値の次に位置づけられているのは**結果**（consequence）である。結果の水準では，消費者は製品を使用・消費することから得られる「心理社会的結果」（psychosocial consequence）と「機能的結果」（functional consequence）という2つの異なる結果が想定される。心理社会的結果とは，その製品を使用・消費することから得られる個人の心理的な結果と，その使用・消費による他者の反応である社会的結果を合わせて，個人的な意識の中に反映されるものである。たとえば，「合理的であると思われたい」「子供を喜ばせたい」「美しく見られたい」といった個人的な心理状態を反映したものである。機能的結果とは，製品を使用することから得られる直接的な結果である。たとえば，「維持費が節約できる」「持ち運びやすい」「太らない」などであり，直接的で実際に目にすることのできるものである。

(3) 属　性

手段―目標連鎖モデルにおいて，最も低い抽象化水準に位置づけられているのは**属性**（attribute）である。この属性にも抽象化水準の違いが想定されており，「抽象的属性」（abstract attribute）と「具体的属性」（concrete attribute）に分けられる。抽象的属性とは，製品やブランドのもつ物理的な製品特性について，消費者が主観的に判断するものである。たとえば，「燃費の良さ」「軽さ」「甘さ」という主観的に判断された製品知識である。具体的属性とは，製品やブランドのもつ物理的特性を直接的に反映するものである。たとえば，「ハイブリッド車」「小型ペットボトル」「無糖」という具体的で物理的な製品特性に関する製品知識である。

知覚されるリンク　ここでは，それぞれの抽象化水準における知識の違いに存在するリンクとはいかなるものであるかを説明する。手段―目標連鎖モデルにおける重要な点は，消費者のもつ個人的な価値が動機づけの先導力になると仮定しているところにある。このことは，客観的な存在物としての製品を，消費者のもつ価値という主観的な側面から捉えていくことに示されている。消費者にとって製品属性それ自体はそれほど重要なものではなく，製品属性が結果を得るための手段として位置づけられる。そして消費者は，その属性が提供する結果が重要なものになると考えるのである。つまり，消費者が製品を使用・消費することによって得られる結果が，製品を評価するための基礎になると考えることなのである。

図7-2にある抽象化水準を連結している細線の矢印が示すように，それぞれの抽象化水準は，全体として手段―目標というリンクによって連鎖づけられているのである。この連鎖づけの土台には，太線の矢印が示すように，消費者のもつ「価値」と製品のもつ「属性」との間に知覚されるリンクが想定される。そして，そのリンクを製品評価のために価値付与される媒介リンクである「結果」として捉えるのである。

知覚されるリンクに反映される手段―目標の連鎖の長さは，製品カテゴリーや消費者によって異なる。いくつかの製品カテゴリーについて，その具体的属性から順に検討してみればわかるように，製品カテゴリーによっては機能的結果や心理社会的結果，あるいは手段的価値以上に進まなくなる。このことは，同じ製品カテゴリーについて他者と比較してみた場合にも，同じようなことになる。つまり，すべての製品カテゴリーが消費者の究極的価値と結びついているのではないということ，そして，どの消費者も同じように製品を価値づけているのではないということを示しているのである。

4 動機づけられた状態としての関与

関与概念

目的により動機づけられた消費者は、喚起あるいは覚醒された内部状態として**関与**（involvement）を感知すると考えられている。したがって、関与とは、動機づけられた結果として活性化される内的状態を示すものである。

消費者の関与を概念的に定義すると、「対象や状況（ないし課題）といった諸要因によって活性化された個人内の目的志向的な状態であり、個人の価値体系の支配を受け、当該対象や状況（ないし課題）に関わる情報処理や意思決定の水準およびその内容を規定する状態」（青木［1989］）として捉えることができる。

このようにして捉えられる関与概念に関する研究の源流を辿ると、そこには自我関与（ego-involvement）、媒体関与、そして購買の重要性として、それぞれに関与概念を捉えていた大きな3つの流れに辿り着く。

自我関与としての関与を捉えていたのは、社会心理学における社会的判断理論である。ここでは、広告などの説得的コミュニケーションのプロセスにおいて、その受け手の態度変容を引き起こす規定要因の1つとして自我関与が位置づけられていた。自我関与とは、態度対象と階層的価値体系としての自己体系との結びつきの強さの程度を表すもの、態度対象と個人の自我領域との関連性の程度、あるいは個人にとっての態度対象の重要性ないしは目標関連性（relevance）として捉えられている。ごく簡単にいえば、態度対象が自己にとってどの程度重要かということである。手段―目標連鎖モデルとの関係からみると、究極的価値との結びつきの強さをそ

の基盤にしていると考えられる。したがって、この自我関与の性質は、ある程度永続的で状況横断的なものであり、個人によって大きく異なるものであると理解できる。

媒体関与としての関与概念は、広告効果研究においてクラグマンが関与という用語を使用したことに端を発するものである。これは、テレビ広告がブランドの知名率を上げるのには効果があっても、ブランドへの態度を変化させることには効果がないという現象を説明するために用いられた「無関与学習」(learning without involvement) という概念の中に見いだされた。テレビ媒体を通じて提示された広告内容に対して、通常その受け手は、特別の注意を払っているわけではなく、無関与あるいは関与の低い状態で受容しているだけである。したがって、こうして受容された広告メッセージは、高関与状態で受容されたメッセージとは異なり、態度変容を引き起こす認知構造をわずかずつ変化させていくだけの効果しかもたないのである。

このような認識から、広告露出中の受け手の関与水準は使用される媒体によって規定され、その媒体の特徴やコミュニケーション状況の相違による受け手の情報処理のタイプや強度を反映する概念として関与が捉えられたのである。媒体関与としての関与概念は、状況特定的なものであり、個人によって異なるというよりも媒体間で大きな違いが出てくるものである。

購買の重要性としても関与概念は捉えられてきた。購買意思決定プロセスの包括的モデルであるハワード＝シェス・モデルでは、購買意思決定プロセスに影響を与える外生変数として購買の重要性が捉えられていた。ここでいう購買の重要性とは、消費者の活動を支配する動機の相対的強度であり、製品間の相対的な強度を規定するものであった。これと似たような考え方は購買の重要性以外にも、課題の重要性、結果の深刻さ、関与の程度といったさまざまなよび

図7-3 手段―目標連鎖と知識内容

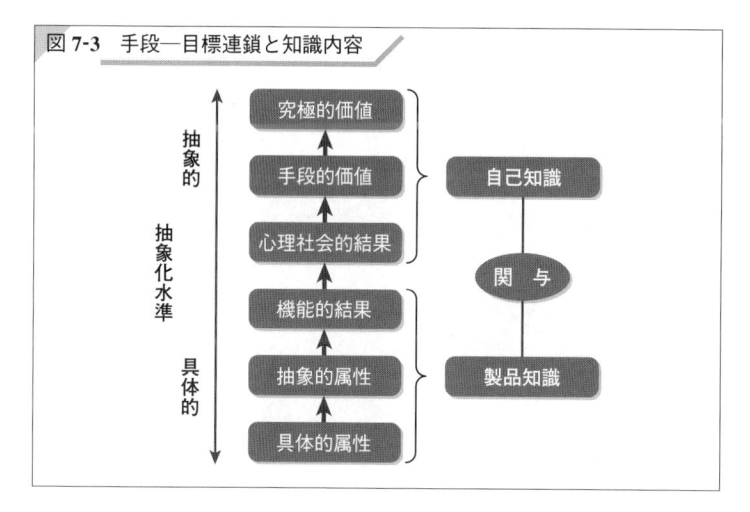

抽象的 ← 抽象化水準 → 具体的

- 究極的価値
- 手段的価値
- 心理社会的結果 ⎫ 自己知識
- 機能的結果
- 抽象的属性
- 具体的属性 ⎬ 製品知識

関与

方でなされてきた。購買の重要性は、具体的な購買状況や予想される使用状況との関連において知覚されるために、その性質は状況特定的で一時的なものである。また、ここで知覚される重要性の程度は、手段―目標連鎖モデルから見ると、より優れた購買意思決定を遂行するという課題の達成により実現される手段的価値を基盤としたものである。

手段―目標連鎖モデルと関与

図7-3が示しているのは、手段―目標連鎖モデルと関与を規定する知識内容との関係である。抽象化水準の最も低い具体的属性から機能的結果までを一括りにすると、製品と直接的に結びつけられる「製品知識」(product knowledge) として捉えることができる。一方で、心理社会的結果から抽象化水準の最も高い究極的価値までを括ると、消費者自身の個人的な価値を反映する「自己知識」(self-knowledge) としてみなすことができる。これらの関係から見ると、製品関与は、消費者のもつ望ましい価値や目標を反映する自己知識に、製品知識がどの程度関連づけられているかという視点か

図 7-4 関与水準の規定要因とその源泉

消費者特性
- 自己概念
- 個人特性
- 専門知識力

製品特性
- 象徴的意味
- 知覚リスク
- 時間コミットメント
- 価格

状況特性
- 購買状況
- 使用状況

消費者特性・製品特性 → 内因的自己関連性
製品特性・状況特性 → 状況的自己関連性
内因的自己関連性・状況的自己関連性 → 関与

(出所) Peter and Olson [1999] より一部修正して作成。

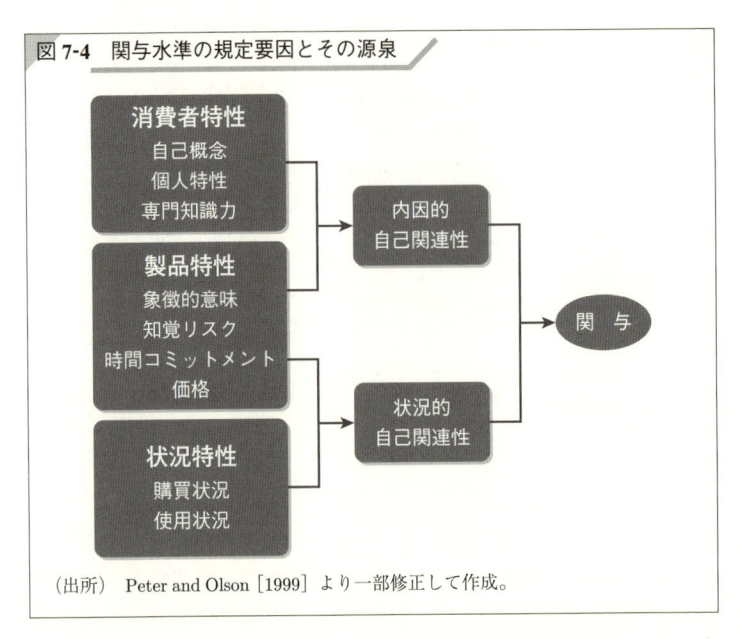

ら捉えることができる。製品知識が,より高い抽象化水準の自己知識に結びつけられていくほど,消費者はその製品に関与していくことになるのである (Peter and Olson [1987])。

手段―目標連鎖モデルは,製品と消費者との関係にある関与を理解することに役立つだけではなく,他の対象に対する消費者の関与を理解することにも十分に適用できる。

関与水準の規定要因とその源泉

図 7-4 が示しているのは,関与水準の規定要因とその源泉である。ここでは,「内因的自己関連性」(intrinsic self-relevance)と「状況的自己関連性」(situational self-relevance) という関与水準を規定する2つの重要な要因が示されている。内因的自己関連性とは,過去の経験によって獲得された記憶内にある手段―目標連鎖の知識にもとづいて,その製品が自己との関連性をもつ程度であ

る。内因的とは，記憶内に貯蔵された知識にもとづいているという意味である。これまでの使用・消費経験により蓄積された製品の属性やそこから得られる結果についての知識が引き金となり，製品と自己との関連性が感知されるのである。

一方の状況的自己関連性とは，重要な結果や価値を活性化させる直接的な物理的・社会的環境の側面にもとづいて，その製品が自己との関連性をもつ程度である。ここでは，消費者のもつ貯蔵された知識が引き金になるのではなく，消費者の置かれる状況が製品と自己との関連性を感知させるのである。したがって，状況的自己関連性では，一時的にある手段―目標連鎖を活性化させることになるが，状況要因により左右されるために，状況が変われば活性化されるその連鎖も変わってくる。

関与水準を規定している2つの自己関連性を，さらに規定する要因が考えられている。消費者特性，製品特性，状況特性である。図7-4に示されるように，内因的自己関連性を規定する要因としては消費者特性と製品特性，状況的自己関連性を規定する要因としては製品特性と状況特性である。

消費者特性として具体的に影響してくるのは，基本的な価値や目的・ニーズが反映される消費者自身のもつ自己概念，さまざまな個人特性，そして次の第8章で詳細に説明する処理能力に関わる専門知識力である。製品特性としては，その製品のもつ象徴的意味，その製品から物理的・機能的に知覚されるリスク，その購買において費やされる時間（時間コミットメント），価格などが影響してくる。状況特性として影響してくるのは，その製品が購買される購買状況とその製品が使用される使用状況である。購買状況には，時間的制約があるか否かという時間的圧力，友人などの他者を伴った購買であるかという社会的要因，購買施設の環境や天候といった物理的要因がある。使用状況には，その使用目的が他者のためのものである

かという社会的要因や使用される状況の物理的要因がある。

認識しておくべきは、全体としての関与水準は、内因的自己関連性と状況的自己関連性のバランスによって規定されるという点である。このことは、自己概念とそれほど関わりのない製品関与の低い製品でも、状況的に自己関連性が高まる可能性があることを示している。こうした場合には、購買意思決定のプロセスに対する関与が高まるのである。たとえば、洗濯機のような自己との関連性がそれほどない製品関与の低い場合でも、それが故障した場合には、状況的にその製品に対する購買関与が高まるのである。

関与の対象

関与の対象にはさまざまなものがある。一般的には、製品、ブランド、広告、媒体に対して使用されることが多いが、特定の行動に関わる反応に対しても関与概念が使われることがある。

製品関与とは、自動車、衣服、バッグといった特定の製品カテゴリーに対する関与である。ブランド関与とは、プリウス、ルイ・ヴィトン、プラダといったある特定のブランドに対する関与である。流通業者は、各ブランド群を品揃えとした独自の店舗ブランドを展開しているので、こうした場合には、店舗ブランドが関与の対象となる。近年では、ブランド関与とともに「ブランド・コミットメント」(brand commitment) という概念が議論されている。重要なのは、これらの製品やブランドを消費・使用・所有することが、消費者自身のもつ価値体系における中心的で重要な価値の実現と結びついていくということであり、そのために関与が感知されているということなのである。

広告関与とは、特定の広告に対する関与である。その広告が消費者にとって適切なものであると判断された場合には、広告メッセージへの関与が高まっていくと考えられている。媒体関与とは、広告が投入される媒体に対する関与である。広告効果研究で示されてき

たように，媒体間を比較すると一般的に電波媒体は低関与であり，印刷媒体は高関与となる。

また媒体内では，特定のテレビ番組やラジオ番組などへの関与や，特定の雑誌や新聞への関与なども生じてくる（Hoyer and MacInnis [1997]）。さらには，それらに登場する広告推奨者（タレントや著名人）に対して関与が高まることもある。

反応関与とは，消費者がある特定の行動や行為に対して関与をもつ場合である。購買（意思決定）関与は，購買意思決定のプロセスに関与が高くなるときに生じる。また，ショッピング行為という購買のプロセスに関与が高まると，実際の購買を伴わずに店舗内やウィンドウを「見ているだけ」というブラウジング（browsing）が発生することがある。また消費者は，絵画収集やガーデニングといった製品の所有・使用という行為に関与することもある。

関与の状態と情報処理 ここでは，関与という動機づけられた状態のあり方を理解するために，図 7-5 に示したように，関与について，その強度，特定性，持続性，動機的基盤という4つのポイントから，状態変数としての関与の特性を整理する。そして，この関与の状態がどのように消費者の情報処理に影響を与えるかを説明する。

(1) **関与の強度**

一般に関与は，高水準から低水準という表現で使用されることが多い。これは，消費者がある対象や状況において活性化されている状態を示すものであり，その強度という点から関与を理解することができる。すなわち，関与の水準が高ければ関与は強く喚起されており，逆に関与の水準が低ければ関与は弱く喚起されているということである。このような強度という状態から関与を捉えることにより，関与は高水準から低水準までの連続変数として取り扱うことが可能になる。

図 7-5　関与の状態

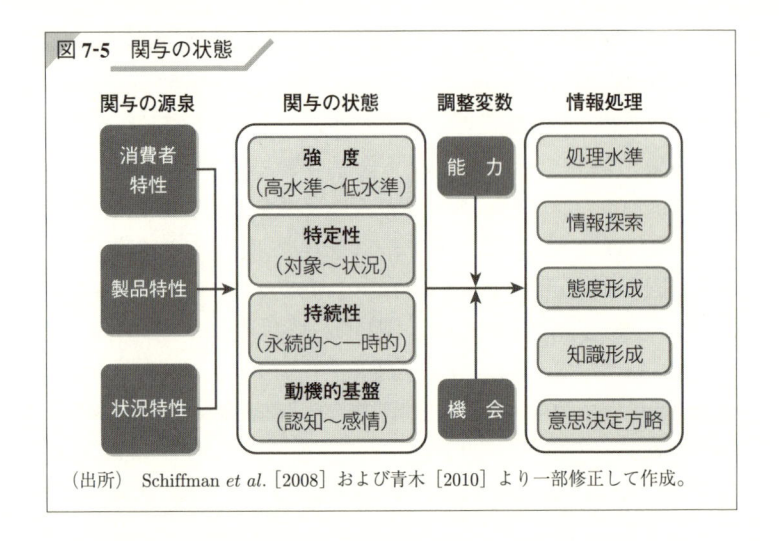

関与の源泉	関与の状態	調整変数	情報処理
消費者特性	**強　度**（高水準〜低水準）	能　力	処理水準
	特定性（対象〜状況）		情報探索
製品特性	**持続性**（永続的〜一時的）		態度形成
	動機的基盤（認知〜感情）	機　会	知識形成
状況特性			意思決定方略

（出所）　Schiffman *et al.* [2008] および青木 [2010] より一部修正して作成。

(2) 関与の特定性

　動機づけられた状態にある関与は，ある特定対象に向けられた対象特定的関与と，ある特定の状況を契機とした状況特定的関与の2つに分類される。対象特定的関与とは，製品関与などに代表されるように，ある特定対象に向けられる関与であり，個人の価値体系との関わりの程度にもとづく関与である。状況特定的関与とは，ある特定の状況における課題達成に向けて喚起されるタイプの関与である。たとえば，故障してしまった冷蔵庫の買い換えを急いでいるときに高まる冷蔵庫の購買への関与は，このタイプの状況特定的関与である。この場合には，新しい冷蔵庫の買い替えと同時に，関与は急速に低下する。これに対して対象特定的関与の場合，お気に入りの製品を購買した後でも，なお関与は高い水準にとどまっており，ときには，さらにエスカレートしていくこともある。これは，当該製品が個人の価値体系と深く関わっているからである。

(3) 関与の持続性

 関与の状態は，時間的要因としての持続性という観点からも捉えることができる。製品関与などのように，消費者個人のもつ中心的な価値や目的関連性と強く結びついている場合，対象特定的関与となり，それは永続的なものとなる。このような場合，個人の価値体系における当該対象の位置づけが変わらない限り，どのような状況でも関与の水準は変わらず，長期間持続していくのである。このような関与の状態的性質から「永続的関与」ともよばれている。一方，現前の課題達成や状況との関連で活性化された関与は，「状況的関与」あるいは「一時的関与」ともよばれている。

(4) 関与の動機的基盤

 関与の基盤をなす動機のタイプから関与の状態を捉えることもできる。「認知的関与」と「感情的関与」という識別である。認知的関与は，認知的動機をその基盤としており，実現・獲得される利得の最大化をめざして，功利的な結果との関連性が強まるものである。その目標に関連する情報について思考することや，認知的な処理をすることに関心をもつことであり，これによって関与対象についての学習が促進されていく。先述した結果志向の目標に動機づけられた関与ということができる。感情的関与とは，ある特定の感情的状態の実現をめざす感情的動機を基盤とするものであり，とくに使用・消費のプロセスとの関連性が強まるものである。プロセス志向の目標に動機づけられた関与でもあり，この関与が高まると，自己表現などの価値表現としての感情と関与対象が関係づけられていくのである。

(5) 情報処理への影響

 関与の状態は，さまざまな形で消費者の情報処理に影響を与える。ここでは関与の強度という観点から，高関与と低関与という状態における影響を，処理水準，情報探索，態度形成，知識形成，意

表7-1 関与の状態と情報処理

情報処理	高関与	低関与
処理水準	深層	表層
情報探索	量の増大 範囲の拡大	量の減少 範囲の縮小
態度形成	中心的情報	周辺的情報
知識形成	包括的知識	部分的知識
意思決定方略	情報処理型	簡略型

思決定方略という情報処理側面から説明する（表7-1参照）。

処理水準について，高関与な状態では，消費者は情報をより意識的かつ集中的に処理するという深い処理が行われる。この状態では，関与の対象やその状況の深層部に迫るよう，心的エネルギーである処理資源が投入される。一方の低関与な状態では，最小限の処理資源しか投入されず，きわめて表層的なレベルでの情報処理がなされる。

情報探索に関しては，高関与な状態では，対象や状況へのより積極的な関心から，探索量が増大し，探索範囲も拡大していく。低関与な状態では，対象や状況への関わりをできるだけ回避しようとするため，探索量は減少し，その範囲も縮小していく。

態度形成に関しては，高関与な状態では，処理水準の深さと，探索量の増大と探索範囲の拡大を受けて，対象や状況に関する中心的な情報により態度が形成される。低関与な状態では，処理水準が浅く，探索量の少なさと範囲の狭さのために，対象や状況に関する限

定された周辺的情報により態度が形成される。態度の頑健性という視点から見ると，低関与の状態で形成された態度は変容しやすいと考えられる。

知識形成については，高関与な状態では，深層レベルにまで処理がなされる可能性があり，探索量の多さと探索範囲の広さから，対象や状況に関する知識はかなり包括的なものとなる。低関与な状態では，表層的なレベルでの処理に留まるため，探索量も少なく，その範囲も限定されていることから，かなり部分的な知識にならざるをえなくなる。

意思決定方略については，高関与な状態では，対象や状況への関わりが強くなるため，慎重で繊細な情報処理型の方略がとられる。低関与な状態では，その関わり度合いが弱くなるために，かなり大胆なヒューリスティクスによる簡略型の方略が用いられるようになる。

Keywords

問題認識　目標階層　結果志向の目標　プロセス志向の目標　手段―目標連鎖モデル　価値　結果　属性　関与

演習問題

7-1　自身の身につけている製品について，手段―目標連鎖を書き出してみよう。また，同じ製品について書き出した手段―目標連鎖を友人のものと比較してみよう。

7-2　現在，動機づけられている状態にある関与対象について，なぜそのような状態にあるか考えてみよう。

7-3 関与の状態による情報処理への影響について，本章で示した強度以外の特定性，持続性，動機的基盤の違いによる影響を考えてみよう。

参考文献

青木幸弘［1989］「消費者関与の概念的整理――階層性と多様性の問題を中心として」『商学論究』第 37 巻 1・2・3・4 号合併号，119-138 頁。

青木幸弘［2010］『消費者行動の知識』日本経済新聞出版社。

石井淳蔵［1993］『マーケティングの神話』日本経済新聞社。

池田謙一・村田光二［1991］『こころと社会――認知社会心理学への招待』東京大学出版会。

杉本徹雄［1993］「消費者情報処理と動機づけ」『消費者行動研究』第 1 巻 1 号，19-28 頁。

田島義博・青木幸弘編著［1989］『店頭研究と消費者行動分析――店舗内購買行動分析とその周辺』誠文堂新光社。

Hoyer, W. D. and D. J. MacInnis [1997] *Consumer Behavior*, Houghton Mifflin.

Laaksonen, P. [1994] *Consumer Involvement*, Routledge.（池尾恭一・青木幸弘監訳［1998］『消費者関与――概念と調査』千倉書房。）

Peter, J. P. and J. C. Olson [1987] *Consumer Behavior and Marketing Strategy*, Irwin/McGraw-Hill.

Peter, J. P. and J. C. Olson [1999] *Consumer Behavior and Marketing Strategy*, 5th ed., Irwin/McGraw-Hill.

Rossiter, J. R. and L. Percy [1997] *Advertising Communications & Promotion Management*, 2nd ed., McGraw-Hill.（青木幸弘・岸志津江・亀井昭宏監訳［2000］『ブランド・コミュニケーションの理論と実際』東急エージェンシー出版部。）

Schiffman, L., D. Bednall, A. O'Cass, A. Paladino, S. Ward and L. Kanuk [2008] *Consumer Behavior*, 4th ed., Pearson Education Australia.

第8章 情報処理の能力

Introduction

情報処理の能力は、消費者のもつ知識により規定される。消費者の知識とは一体いかなるものであり、どのように発達して、情報処理とどう関係しているのであろうか。本章では、消費者の情報処理能力を理解するために、最初に知識を量的側面だけではなく、質的側面からも捉えておくことの必要性を説明する。次に、知識が記憶されている長期記憶の仕組みと認知構造の水準について解説する。最後に、情報処理能力を具体化した専門知識力の5つの次元について詳解する。消費者の情報処理能力は、購買や消費の課題に関する専門知識力の発達とともに向上するため、消費者の専門知識力が、マーケターの直面する戦略課題とどのように関わっているかを理解することが重要となる。

1 情報処理能力と知識

内部情報としての知識

消費者の情報処理能力と密接に関係するのは、消費者のもつ知識である。知識に関しては、その性質や構造、その起源などをテーマとする哲学分野、人間一般に関する知識を扱う心理学分野、言語を中心に捉える言語学分野、コンピュータによってその再現を試みる人工知能分野など、さまざまな分野で活発な議論がなされている。ここでは、さまざま

な学問分野で密接に関連し合いながら議論される知識について，消費者情報処理という枠組みのなかで検討していくことにする。

消費者の情報処理のあり方は，消費者の有する知識の質と量によって大きく異なる。とくに経験や学習という形で，過去に行われた情報処理の結果として獲得される内部情報は，一連の情報処理プロセスにおいてきわめて重要なはたらきをする。直接的な経験によらなくても，他者のとる行動からの「代理学習」(vicarious learning)という形で獲得されることもある。こうして獲得された内部情報こそが消費者の知識である。本章では消費者の知識を，「記憶内に貯蔵されている体制化された内部情報」として捉える。

消費者知識の捉え方

消費者情報処理研究では，当初は知識それ自体を解明するというよりも，むしろ知識を1つの説明変数として扱い，その情報処理への影響という点に焦点が当てられていた。そこでは，知識を量的概念として捉え，高知識群／低知識群に識別して，それぞれの影響度合いを考察するといった形が一般的にとられてきた。研究では，「先有知識」(prior knowledge) や「製品精通性」(product familiarity) という概念を用いて，製品の購買や使用の頻度により規定される経験や知識の量的側面を1次元的に扱うものであった。

ところが，同じだけの経験を重ねたとしても，ある消費者はビールの味にきわめてうるさくなるが，ある消費者はそうではない。なぜなのか。単に経験や知識を1次元の量的側面で捉えるだけでは，これらの違いを説明することはできない。このような認識から，知識を量的側面だけから捉えるのではなく，認知構造や認知プロセスのあり方といった知識の質的側面に焦点が向けられるようになってきた。そこで，経験による精通性の増大により獲得され，購買や消費に関連する個々の課題をうまく遂行する能力であると定義される**専門知識力** (expertise) のはたす役割が重要視されるようにな

ってきた。このような専門知識力を有する「熟達者」(expert) と、そうではない「初心者」(novice) との比較により見いだされる違いを理解することが重要となってきたのである。

2 長期記憶の仕組み

第6章で説明した消費者情報処理の分析モデルは、記憶の二重貯蔵モデルを基盤としている。ここには、短期的な情報処理作業を行う作業記憶と長期的な情報の貯蔵を行う長期記憶という2つの記憶メカニズムが組み込まれている。

第6章でも述べたように、伝統的な記憶研究では、「記銘・保持・想起」という3つの記憶に関わる認知的な機能を想定していた。要するに、頭の中に記憶として何かを記し（記銘）、それを経時的に保ち（保持）、必要に応じて思い出す（想起）という一般的な認知活動を、外部環境との対応の中で明確に識別していたのである。消費者情報処理研究では、これらの機能を**符号化**（encording）、**貯蔵**（storage）、**検索**（retrieval）という情報処理プロセスで捉える。したがって、消費者が知識を記憶する仕組みを理解するためには、これらの情報処理プロセスを詳細に把握することが必要になる。本章では、とくに情報の貯蔵と検索について取り上げ、符号化については、第10章で情報の探索と解釈との関係の中で説明する。

顕在記憶と潜在記憶　消費者の知識は、長期記憶に貯蔵されている。第6章でも説明したように、大きな記憶区分として顕在記憶と潜在記憶が一般的に知られている。**顕在記憶**（explicit memory）とは、自らの過去経験に関する想起意識のある記憶のことであり、エピソード記憶ともよばれている。「昨晩、寿司屋で飲んだエビスビール」や「春休みにディズニーランドで一

緒に遊んだミッキーマウス」など，ある出来事やイベントに関する思い出であり，時間的・空間的に定位された経験についての記憶である。**潜在記憶**（implicit memory）とは，自分の過去経験としての記憶はないが，一般的な知識を想起したり，ある認知や行動の際に機能する記憶のことである。「エビスビールはちょっと贅沢なビールである」や，「ミッキーマウスはネズミがモデルである」といった一般的な意味内容をもち，認知や行動を規定している。

複数記憶システム論　こうした記憶区分をさらに詳細に捉えるために，長期記憶は複数の記憶システムから構成されていると考える**複数記憶システム論**（multiple memory system theory）が提唱されている。

図8-1はその枠組みを示している。ここでは，記憶システムは5つの階層構造から構成されていると捉え，手続記憶，知覚表象システム，意味記憶，一次記憶，エピソード記憶という順に下から層化される（第6章では，一次記憶を除外した4つの記憶システムから長期記憶を説明したが，近年の研究では，作業記憶は長期記憶のある特定領域が部分的に活性化されている状態であるという認識にあり，二重貯蔵モデルでは，この活性化された作業領域を長期記憶から独立させて明記したものとして理解できる。本章では，作業記憶も一次記憶として機能する長期記憶の一部として捉えて説明する）。この層化順序は発達段階に対応したものであり，まず手続記憶というシステムが認知活動の初期段階で発達し，最後にエピソード記憶というシステムが発達していくという考え方である。

手続記憶というシステムは，「動作システム」として考えられており，そのシステム操作は「行動」として現れ，認知とは独立したものとして捉えられる。また，行動的スキルや認知的スキルの獲得の際にはたらく「手続き」としての役割を担う記憶でもある。繰り返し課題の遂行や，単純な刺激—反応間の条件づけなどは，手続記

図 8-1　長期記憶のシステム

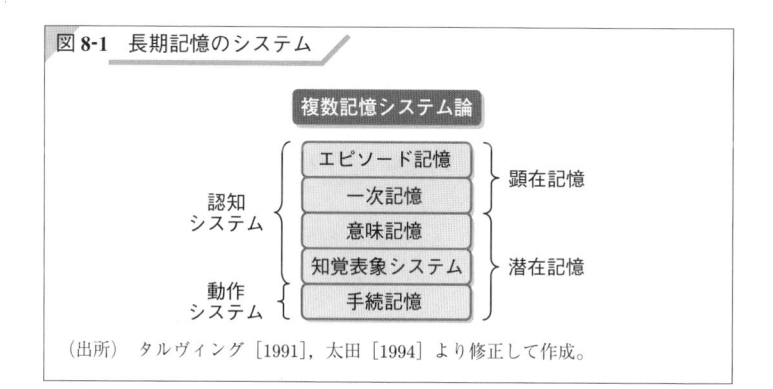

```
                複数記憶システム論
           ┌─ エピソード記憶 ─┐
    認知    │   一次記憶      │ 顕在記憶
    システム │   意味記憶      ┘
           └─ 知覚表象システム ┐
    動作                       │ 潜在記憶
    システム { 手続記憶        ┘
```

（出所）　タルヴィング［1991］，太田［1994］より修正して作成。

憶というシステムに依存しているのである。そして，言語には表現できにくい「暗黙知」としての記憶も，手続記憶の一部とも考えられる。

手続記憶以外の4つのシステムは，「認知システム」として考えられている。知覚表象システムは，知覚レベルで対象を同定する際にはたらく記憶システムである（同定とは，たとえばAとBを識別する以前に，「AがAであること」「BがBであること」を識別することである）。当該対象に対する意味処理が行われる前段階で機能する記憶である。「ヱビスビールはちょっと贅沢なビールである」という意味内容を伴う前に，「ヱビスビールがヱビスビールである」という対象の同定の際に，「ミッキーマウスはネズミである」という意味処理のなされる前段階で，「ミッキーマウスがミッキーマウスである」というそれ自体の同定の際にはたらく記憶である。知覚表象システムは，少なくとも2つのサブシステムから構成されていると考えられており，1つは視覚対象の形態的特性の同定に，もう1つは視覚対象の構造的特性の同定に関係するものである。

意味記憶というシステムは，「情報の獲得，保持，使用に関係するシステムである。その主な機能は，世界の認知的模倣にある」

(タルヴィング［1991］）と考えられているように，世の中に関する一般的知識としての記憶である。学校教育や生活の中で一般常識として学習した内容は，すべて意味記憶と考えられる。「1＋1＝2」「ビール」「ディズニーランド」など，いわゆる概念的な知識として獲得している記憶内容である。

一次記憶というシステムは，一般に短期記憶あるいは作業記憶と考えられているものであり，外部情報が符号化されて内部情報化される際に，集中された意識上に瞬時に保持される記憶である。「短期記憶における情報へのアクセスは，自動的であり，他の認知システムと異なり，特定の検索手がかりには依存していない」（タルヴィング［1991］）と考えられている。エピソード記憶は，上述したように個人的経験を伴った想起意識をもつ記憶であり，時間的・空間的に定位された情報の記憶である。

3 認知構造の水準

消費者の知識を「記憶内に貯蔵されている体制化された内部情報」として捉えたときに関心が寄せられるのは，市場環境にある対象や事象を表象する内部情報が記憶内においてどのように体制化されているかである。つまり，個々の認知要素（対象や事象の認知表象）間の結びつき方や，その関連性のあり方として捉えられる知識の構造的側面である認知構造への関心である。

認知心理学の分野では従来から，命題ネットワーク，連想ネットワーク，関連性ネットワークという名でよばれる知識のネットワーク構造が議論されてきた。これらは，個々の認知要素が何らかの理由で連合（association）し，その結果として，それらの間の関連性に関する命題という基本形式により互いに結びつけられ，全体とし

図 8-2　認知構造の分類

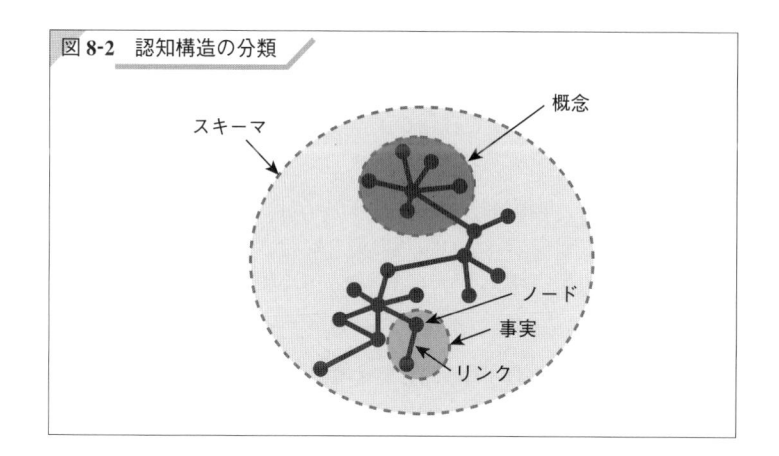

て大きなネットワーク構造を形成すると考えられるものである。ネットワーク構造においては，個々の認知要素がノード（node）とよばれる1つの結節点となり，それらの間を結ぶ連結リンクによってその構造が表現される。

　ハッチンソンとアルバは，こうした考え方と同様に認知要素の複合体として知識を捉え，その体制化の水準に従って，**事実**（fact），**概念**（concept），**スキーマ**（schema）という3つの類型化を行っている（Hutchison and Alba [1985]）。図8-2は，認知構造の分類である「事実・概念・スキーマ」の関係を示している。事実とは，最も単純な認知構造の形態である。事実は認知構造の基本単位となり，より大きな認知構造を形成するものとして位置づけられる。事実が意味しているのは1つの命題である。すなわち，「AはBなり」という命題形式で，消費者がそれは真実であると信じているものである。消費者の態度研究では，信念（belief）とよばれてきたものがこれに相当する。図に示されるように，認知構造としての1つの事実は，2つのノードと1つのリンクによって表現される。

　事実を基本単位としてさらに体制化された集合体が，概念および

スキーマである。概念は，ある特定の対象や事象，または抽象的な概念に関して消費者個人が知りうる事実の総体である。たとえば，「ビールとは何か」「保険とは何か」について知りうるすべての事実である。

スキーマとは，ある特定の目標の達成と関連して一括りに活性化される事実の集合であり，複数の概念を包含するものである。たとえば，外で食事をするという「外食スキーマ」を考えてみよう。「外食では手の込んだ料理が食べられる」や「外食にはお金がかかる」という事実が活性化され，その選択肢として「フレンチ・レストラン」や「中華料理店」などの概念が含まれてくる。このように，スキーマの中に個々の事実や概念が組み込まれてくるのである。ただし認識しておく必要があるのは，こうした事実や概念の組み込まれ方が必ずしも一定ではないという点である。つまり，変化しにくい固定化した事実や概念と連合している部分と，そうではない変化しやすい可変的な事実や概念の両者を，スキーマは持ち合わせているのである。

またとくに，時間という軸に沿って連合する一連の行動に関するスキーマは，スクリプト（script）とよばれる。たとえば，外食先におけるレストラン・スクリプトからは，「レストランに入り」「テーブルを探す」ことから始まり，「ウェイターに注文」して，「料理を食べる」という目的を達成し，「勘定を払い」「レストランを出る」という一連の行動系列が予想できる。これは1つのシナリオや台本のようなはたらきをする。

こうした認知構造の類型からは，経験や学習を通じて，事実から概念へ，さらにはスキーマへと体制化されていくプロセスが理解できる。また，それに応じた認知領域の広がりにより，情報処理能力が発達していく可能性を示唆している。このようにして認知要素が体制化されていきながら，処理能力が発達していくという側面をさ

らに詳細に捉えるには，消費者の専門知識力についての理解が必要となる。

4 専門知識力

本章の第1節でも述べたように，消費者の知識を量的側面だけではなく，質的側面からも理解していく必要がある。量的側面で捉えた場合の知識は，消費者が蓄積している購買や消費に関連する経験数である「精通性」という概念で捉えられてきた。これに対して，質的側面で捉えるときには，消費者が購買や消費に関連する個々の課題をうまく遂行する能力である「専門知識力」という概念が重要になってくる。両概念の関係は，精通性が増大するにつれて専門知識力が向上するというものである。

専門知識力の次元 アルバとハッチンソンは，専門知識力のもつ5つの次元を明らかにした（Alba and Hutchinson [1987]）。これらは，知識が質的に異なるという点を明確にしたものである。図8-3は，認知努力，認知構造，分析能力，精緻化能力，記憶能力という5つの次元を示している。これらの次元の具体的内容は，表8-1に記述される5つの基本命題に示される。認識しておくべきことは，消費者が経験を重ねて精通性を増大させるにつれて，認知努力を軽減させるために認知構造を発達させて，分析能力・精緻化能力・記憶能力を向上させるという点である。以下では，アルバとハッチンソンの包括的な研究にもとづいて，これらの次元について詳細に説明する。

認知努力 命題1に示されるように，課題の繰り返しや反復といった作業は，認知努力を軽減させ，課題の成果を向上させる。こうした「認知努力の軽減」に与え

図 8-3　精通性と専門知識力

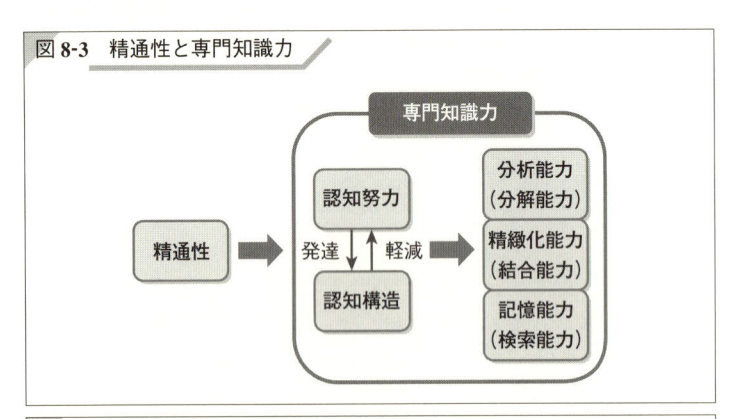

精通性 → [専門知識力: 認知努力 ⇄ 認知構造（発達／軽減）] → 分析能力（分解能力）／精緻化能力（結合能力）／記憶能力（検索能力）

表 8-1　専門知識力に関する基本命題

命題 1	単純な繰り返しは，課題の遂行に要求される「認知努力」を軽減することによって，課題の成果を向上させる。ある場合には，繰り返しによって自動的な成果が導かれる。
命題 2	精通性が増大するにつれ，製品を識別するために使われる「認知構造」は，より洗練され，より完璧となり，より実体と合致するようになる。
命題 3	精通性が増大するにつれ，最も重要で課題に適切な情報を分離する情報の「分析能力」は向上する。
命題 4	精通性が増大するにつれ，与えられた情報を超えた正確な知識を創造する情報の「精緻化能力」は向上する。
命題 5	精通性が増大するにつれ，製品情報の「記憶能力」は向上する。

(出所)　Alba and Hutchinson [1987].

る繰り返しや反復のもたらす影響には次の 2 点が考えられている。1 つは，反復の増大によって課題の成果における質を落とさずに，その遂行時間が減少するという点である。もう 1 つは，反復の増大によって消費者の限られた認知資源が節約され，その分同時に遂行される他の課題に認知資源をより有効に利用できるという点である。これらは，課題の遂行における効率的な時間・認知資源の配分

をもたらすことになる。

また，反復という経験を重ねることにより，同一課題に対して意識的な統制なしで，自動的にその課題が遂行される「自動化」(automaticity) という処理が行われるようになる。ここでは限られた認知資源がより節約されることになり，同時に行うべき他の課題に資源を振り向けることができるようになる。

こうした認知的努力の軽減や自動化は，パッケージの識別，情報の探索，評価ルール，使用方法に関わる情報処理と密接な関係がある。たとえば，パッケージやロゴマーク，あるいはブランド名の変更は，認知努力を再度増大させ，一度構築された自動化におけるインプットとアウトプットの関係を再度構築させることになる。したがって，こうした変更の際には，細心の注意を払わなくてはならない。

認知構造

前述したように認知構造は，事実・概念・スキーマという水準で体制化されていると説明したが，この説明は，それぞれの認知構造をいわばスナップショットとして記述しただけである。専門知識力との関連で重要となるのは，熟達化として現れる認知構造の発達側面である。ここで強調しておきたいのは，消費者の認知構造は，市場環境との相互作用による学習というプロセスによって，ダイナミックに発達していく性質をもつということである。ここでは，そのダイナミックな様相について説明する。

命題2に示されるように，精通性が増大するにつれ，製品を識別するために使われる「認知構造」は，より洗練され，より完璧となり，より実体と合致するようになる。ここでは，認知構造がどのように洗練されていくのかを，認知単位を個々の認知要素として捉えて説明する。

(1) **認知的学習のプロセス**

認知構造の3つの水準からは、消費者が個々の認知要素を関連づけて事実を構成し、その事実にまた他の認知要素を結びつけて概念を形成し、さらにスキーマへと知識を構造化させていくプロセスが理解できる。このような個々の認知要素にもとづいた認知構造の発達は、**認知的学習**（cognitive learning）のプロセスとして考えられている。このプロセスでは、累加（accretion）、同調（tuning）、再構造化（restructuring）という段階が仮定されている。

累加とは、知識獲得の最も普遍的な様式であり、既存の概念に新しい認知要素を結びつけることである。1つの事例として、グリコポッキーを考えてみよう。グリコポッキーという概念は、「グリコ」が提供している「チョコレート」でコーティングされた「棒状のスナック菓子」である。ここにブランドのバリエーションとして、「つぶつぶイチゴ」や「キャラメルみるく」という認知要素が累加される。

同調とは、累加した個々の認知要素をより効率的に解釈できるように、1つのまとまりとして調整することである。グリコポッキーであれば、スタンダードなポッキー（ポッキーチョコレート）、ミルキータイプのポッキー（ポッキーミルク）、極細タイプのポッキー（ポッキー極細）というように、ポッキーというブランドについて適切に理解できるようにチューニングする作業である。

再構造化とは、対象や概念について、より複雑な認識へと認知構造を変化させることである。グリコポッキーであれば、上記のようなタイプ別の認識をさらに変化させ、ポッキーショコラ（さらには、クリーミーとバニラ）、クラッシュポッキー（さらには、アーモンドとピーナッツ）などを認知構造に組み込み、より洗練化された構造を作り上げることである。一般に、再構造化は滅多に生じるものではないと考えられているが、ブランド間競争の激しい食品や飲料など

のカテゴリーでは，比較的多く起こっていると考えられる。

以上のように，個々の認知要素に焦点を当てると，消費者の認知構造はダイナミックに変化していくことが理解できる。認知的学習のプロセスによって，個々の認知要素が累加・同調・再構造化され，より洗練された認知構造となっていくのである（*Column* ⑰）。

Column ⑰ 「味の素クノール・カップスープ」の事例にみる消費者の認知構造

首都圏におけるインスタントスープに関する調査から，インスタントスープに対する認知構造は，主婦・OL・女子高生の間でそれぞれ異なるという結果が示された。女子高生は，単に「おいしそうなスープ」と「おいしそうでないスープ」という2つのカテゴリーを認識しているだけであったが，OLは4つのカテゴリー，主婦は7つのカテゴリーを認識していた。主婦の認知構造には，「甘いスープ」「栄養のあるスープ」「くせのあるスープ」「一般的なスープ」「あっさり味のスープ」「品質のよいスープ」「目新しいスープ」というさまざまなカ

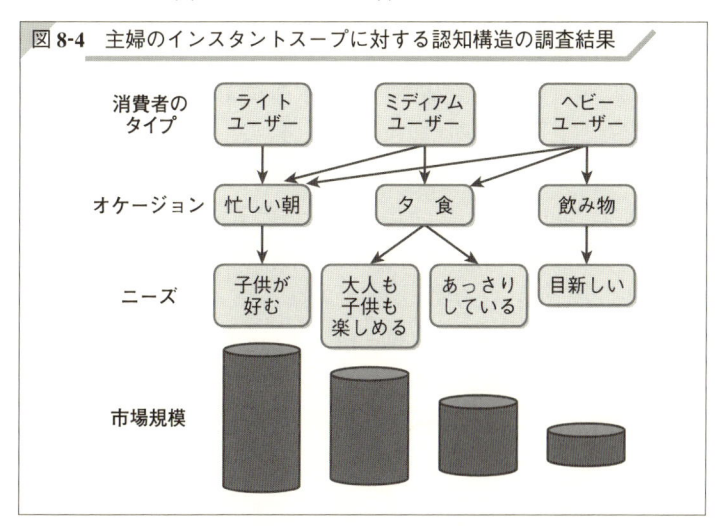

図8-4 主婦のインスタントスープに対する認知構造の調査結果

消費者のタイプ	ライトユーザー	ミディアムユーザー	ヘビーユーザー
オケージョン	忙しい朝	夕食	飲み物
ニーズ	子供が好む	大人も子供も楽しめる / あっさりしている	目新しい
市場規模	（大）	（中）	（小）

第8章 情報処理の能力

テゴリーが形成されていた。この認知構造を調べてみると，女子高生の認知構造を細分化したものが OL の認知構造に，さらにそれを細分化したものが主婦の認知構造となっていたのである。

また，主婦だけに限定した調査結果では，図に示されるように，ヘビーユーザーになるほどスープを飲むオケージョン（使用状況）が多様化していき，その多様化するオケージョンごとに求められるニーズに違いが現れることが示された。

(参考文献：慶應義塾大学ビジネス・スクール　ケース「味の素クノール・カップスープ」より)

(2) **カテゴリー構造**

次に理解しなければならないのは，具体的な認知対象が認知構造の中で，どのように捉えられているかという点である。ここでの認知単位は，個々の認知要素というよりも，個々の製品やブランドという市場での認知対象である。マーケターの視点から気になるのは，コモディティ化が進展する今日，消費者が認知構造を発達させることにより変化する製品間やブランド間の識別基準であろう。消費者の認知構造は，課題に応じて適切に製品やブランドを識別・同定できるように洗練されていくからである。以下では，この識別・同定という視点から，具体的な認知対象に関する認知構造を捉える**カテゴリー構造**（categorical structure）について説明する。このカテゴリー構造の捉え方には，分類学的なカテゴリー構造，典型性にもとづくカテゴリー構造，アドホック・カテゴリー構造という3つの考え方がある（新倉 [2010]）。

①**分類学的なカテゴリー構造**　図 8-5 は分類学的なカテゴリー構造を示している。分類学的なカテゴリー構造においては，対象がその構造に組み込まれる際に重要となる「定義的特性」（defining fea-

図 8-5　分類学的なカテゴリー構造

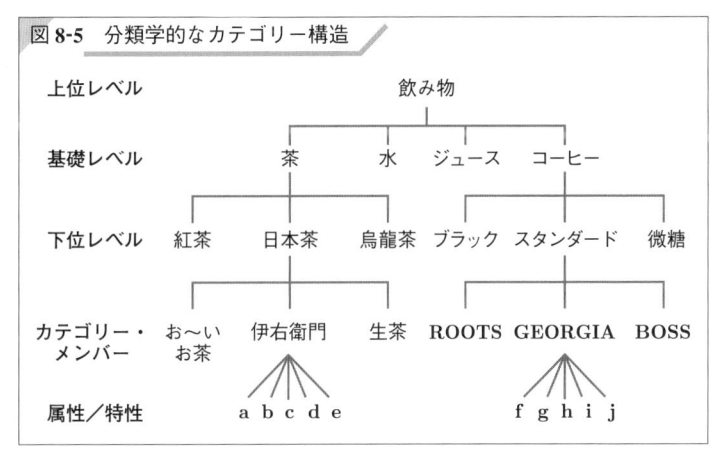

```
上位レベル              飲み物
                 ┌────┬────┬────┐
基礎レベル         茶    水  ジュース コーヒー
              ┌───┼───┐      ┌───┼───┐
下位レベル    紅茶 日本茶 烏龍茶  ブラック スタンダード 微糖
           ┌───┼───┐           ┌───┼───┐
カテゴリー・ お～い 伊右衛門 生茶  ROOTS GEORGIA BOSS
メンバー    お茶

属性／特性       a b c d e       f g h i j
```

ture) とよばれる，カテゴリー間の差異を明確化する特性を各対象は持ち合わせると仮定される。対象がどのカテゴリーに組み込まれるかは，この定義的特性によって規定される。したがって，定義的特性によってカテゴリー間に明確な境界線が引かれ，そのカテゴリー内のメンバーは等しくこれらの特性を有すると仮定される。

　分類学的なカテゴリー構造は大きく 3 つのレベルで階層化される。抽象化レベルの高い順から，上位レベル，基礎レベル，下位レベルである。この下位レベルのカテゴリー内に，それぞれの特性をもつカテゴリー・メンバーとなるブランドが組み込まれる。各ブランドは，属性や特性により構成されると考えられる。一般に，学習によって最初に獲得されるのは基礎レベルのカテゴリーである。基礎レベルのカテゴリーは，そのカテゴリー全体を反映した鮮明な心的イメージをもち，そのカテゴリーのメンバーをすばやく認識でき，最も一般的に使用される名称となりうるものである。基礎レベルはカテゴリー構造全体から見ると中間レベルに位置し，カテゴリー内の類似性が最大化され，カテゴリー間の類似性が最小化されるレベルであると考えられている。基礎レベルのカテゴリーを獲得

した後に，精通性の増大につれ，それぞれ上下の方向にカテゴリーが構造化されていく。上方には一般化・抽象化された上位レベルのカテゴリーが，下方には特殊化・具体化される下位レベルのカテゴリーがそれぞれ構造化されていく。

②典型性にもとづくカテゴリー構造　分類学的なカテゴリー構造では，定義的特性により，カテゴリー間に明確な境界線が引かれ，そのカテゴリー内のメンバーは等しくこれらの特性を有すると仮定される。しかしながら，消費者は必ずしもこのような定義的特性にもとづいて製品やブランドを認識しているのではない。多くの場合，あるカテゴリーにおいて，ごくわずかの代表的な製品やブランドを認識しているだけであり，その他はぼんやりと曖昧な状態で認識しているのである。つまり，カテゴリー間には明確な境界線があるわけではなく，そしてカテゴリー内のメンバーがどれも等しいのではなく，そのカテゴリーを代表する鮮明性の度合いによって構造化されていると考えたほうが自然なのではないか。こうした考え方は，典型性にもとづくカテゴリー構造とよばれている。

図8-6は，カテゴリーを代表する典型事例がその中心に位置づけられ，その他のメンバー（一般事例）は典型事例との類似性に応じて，そこから順に遠ざかって認識されているという典型性にもとづくカテゴリー構造を示している。この図はまた，X・Y・Zというそれぞれのカテゴリーが互いにいくぶん重なり合いながら，市場全体のカテゴリー構造を形成していることも示唆している。

それぞれのカテゴリーの中心に位置しているのは，そのカテゴリーを代表する典型事例となるプロトタイプ（prototype）やエグゼンプラー（exemplar）である。プロトタイプとはカテゴリーを抽象化する典型的なイメージ像であり，エグゼンプラーとはカテゴリーを具体化する典型的実像である。ビール・カテゴリーでいえば，「コク，ノドごし，鮮度のよさ」といった形容内容で現れるイ

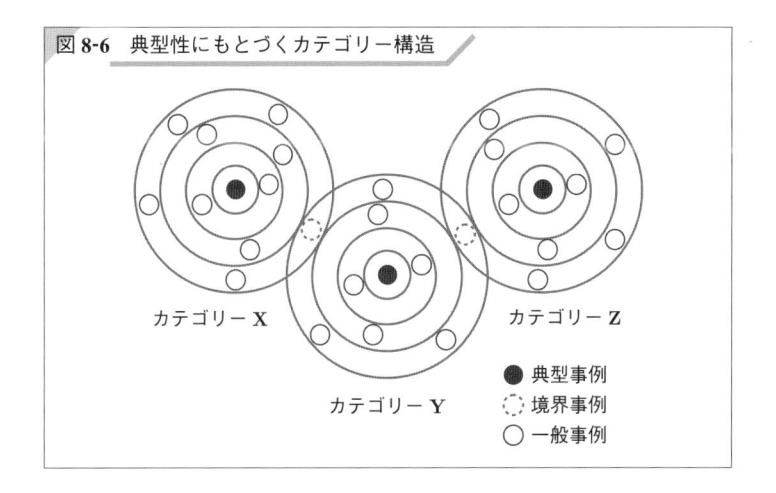

図 8-6　典型性にもとづくカテゴリー構造

カテゴリー X　　カテゴリー Y　　カテゴリー Z

● 典型事例
◌ 境界事例
○ 一般事例

メージ像がプロトタイプであり，そのカテゴリーの代表例として具現化される「スーパードライ」などがエグゼンプラーである。

　図中におけるXを清涼飲料カテゴリー，Yを低アルコール飲料カテゴリー，Zをビール・カテゴリーとしたとき，正確にはアルコールを含むか否かという定義的特性によって，清涼飲料と低アルコール飲料のカテゴリーは識別されるが，実際にはこれらのカテゴリーの特性をあわせもつ製品やブランドである境界事例が数多くあり，また純粋のビールではないが，ビールをベースにした低アルコール飲料などの境界事例も存在している。

　③**アドホック・カテゴリー構造**　　消費者のもつカテゴリー構造はあらかじめ記憶の中に形成されているものだけではない。消費者が購買や選択に直面したとき，あるいは課題や状況におかれて，はじめてカテゴリーが構造化される場合もある。こうした考え方は，アドホックに（その場で）カテゴリーが創造されるという認知構造のきわめてダイナミックな側面を表現している。たとえば，「彼女へのプレゼント」「あと 5kg の減量」というカテゴリーを考えてみよ

う。前者には「Tiffany のネックレス,東京ディズニーリゾート,COACH のバッグ」,後者には「KONAMI スポーツクラブ,明治プロテインダイエット,アブトロニック」などが含まれてくる。彼女の笑顔を思い浮かべながら思いつく製品やブランド,あと 5kg の努力を手伝う製品やサービスは,必ずしも物理的な特性やその類似性などで規定されるものではない。このカテゴリーを構造化するのは,彼女の笑顔を見たいという目的や,もう少し痩せたいという願望といった消費者の活動を規定する目的や意思である。したがって,これらのカテゴリーは目的に導かれるカテゴリーともよばれている。

認知単位を認知要素として理解される認知的学習のプロセスも,またそれを認知対象として理解されるカテゴリー構造も,消費者を理解する原点になると考えられる。現在の認知構造により投入される認知努力も異なり,これら 2 つの次元に応じて情報処理能力として機能する分析能力・精緻化能力・記憶能力は異なってくるからである。したがって,消費者のもつ認知構造を正確に把握することが,マーケティング戦略策定の大前提となるであろう。

分析能力

表 8-1 の命題 3 に示されるように,精通性が増大するにつれ,最も重要で課題に適切な情報を分離する情報の「分析能力」は向上する。情報の分析とは,消費者が処理対象をどのように分解していくかに関わるものである。具体的な情報処理としては,対象を要素に分解して捉える分析型処理と,対象を 1 つの全体として包括的に捉える非分析型処理が考えられている。分析型処理のほうが,非分析型処理よりも認知努力を必要とする。一般に,精通性が増大すると分析型処理が行われるようになるが,分析型処理を推進するには動機づけが必要となる。また,時間的圧力や課題の複雑さなどの多くの状況要因が,分析型処理を阻害して非分析型処理を促進させる。こうした処理の

違いは，外部情報が内部情報として取り込まれる際の符号化，対象の分類プロセス，推論プロセスにおいて強く現れる。

(1) 符号化における違い

外部情報を内部情報に符号化するときに，分析能力における違いが明らかになる。その違いは，情報探索と対象の分析水準に顕著に現れる。情報探索において，熟達者は発達した認知構造をもつことから，課題に対する認知努力を軽減でき，新たな情報や多くの詳細な情報が網羅的に探索可能になる。初心者は，認知構造が未熟なため，より多くの認知努力を注入しなければならず，限られた情報だけが選択的に探索されるに留まる。このように探索傾向の違いを反映した符号化がなされる。また分析水準については，分析能力の高い熟達者の分析水準はより深いものになる。熟達者は製品やブランドのもつ機能的側面や性能といった中心的な情報をより重視し，初心者は製品のパッケージやデザインなどの表面的な情報に左右されるとよく言われるのは，分析能力による対象の分析水準の違いを言い表しているのである。

(2) 分類プロセスにおける違い

分析能力の違いは分類プロセスにも現れる。分析型処理における分類基準には，分類学的なカテゴリー構造が想定され，これを規定する定義的特性に代表される特性や属性が使用される。これに対して非分析型処理では，分類枠として典型性にもとづくカテゴリーが想定され，カテゴリーの全体を表象するプロトタイプやエグゼンプラーが分類基準となり，これらに対する類似性などの心的距離にもとづいて分類が行われる。

(3) 推論プロセスにおける違い

個々の認知要素が因果的に，あるいは論理的に結びつけられる推論のプロセスにも分析能力の違いが現れる。非分析型処理には，ハロー効果のような評価にもとづく推論，「見ためが似ている」とい

う類似性にもとづく推論,「安かろう,悪かろう」などの相関ルールにもとづく推論などがある。分析型処理には,「SONYなら価格はこのくらい」といった欠落した情報を穴埋めする際にはたらくスキーマにもとづく推論などがある。ここでは,発達したスキーマが,分解的に欠落情報の穴埋め作業を行うのである。

精緻化能力

表8-1の命題4に示されるように,精通性が増大するにつれ,与えられた情報を超えた正確な知識を創造する情報の「精緻化能力」は向上する。精緻化 (elaboration) とは,推論のために認知要素間を結びつける媒介的な事実 (fact) となる連結リンクを創出する情報処理である。要するに,ある認知要素を他の認知要素と結びつける結合能力が精緻化能力なのである。具体的には,こうした連結リンクを創出できるか否か,そして創出できるならば,そのリンクの数が,精緻化能力の違いによって異なるのである。

たとえば,情報を解釈する際に行われる推論において精緻化能力があれば,「このサバは高級である」と「このサバは佐賀関で水揚げされた」という事実を結びつけることができる。これは解釈的な推論とよばれるものである。また,装飾的な推論を行うこともあり,この場合には解釈的推論よりも多くの精緻化を必要とする。精緻化能力の向上により,次第に事実を創出することができるようになるが,熟達者と初心者を比較すると,原因と結果を関係づける因果の推論に大きな違いが出てくる。この因果を関係づけるときに,装飾が行われるのである。たとえば,製品の機能的な便益を推論するために,熟達者は製品やブランドの物理的特性から便益を因果的に推論することができるが,初心者は物理的特性が一体何を意味し,どのような便益をもたらすかという因果的な推論を行うことは非常に困難となる。さらに,問題解決的な推論では,問題に対する解決策への経路を精緻化していくために,数多くの事実が創出され

る可能性がある。消費者のニーズを「問題」として，その充足手段を「解決策」としたときに，この「問題—解決策」の間に創出される事実が，精緻化能力により規定される。一般に，精緻化能力のある熟達者は，表面的な問題から本質的な問題の性質を分析的に診断し，よりよい解決策をすばやくみつけ出すことができる。一方，初心者はよりよい解決策をみつけ出すことができたとしても，それほど効率的にみつけ出すことができないようである。

認知要素間の結合能力となる精緻化能力によって，製品やブランドはさまざまな意味づけがなされる可能性がある。マーケターの理想的なブランド像であるブランド・アイデンティティは，消費者の精緻化能力のあり方により，多様なブランド・イメージに変換されてしまう可能性があることを理解しておく必要があるだろう。

記憶能力

表 8-1 の命題 5 に示されるように，精通性が増大するにつれて，製品情報の「記憶能力」は向上する。ここでいう記憶能力とは，内部情報を適切に導いてくる検索能力のことである。この検索の具体的なあり方は情報の探索，具体的には情報の内部探索に関わるので，第 10 章で詳細に説明することにする。したがって，本章では，検索との関係で重要となる再認（recognition）と再生（recall）の能力について説明する。

再認とは以前に学習したことのある対象を単に指摘することであり，再生とは以前に学習した対象を思い出して正確に再現することである。再生には，再現が必要になるので記憶におけるノードとリンクの拡散的な活性化を伴う。したがって，あるブランドの再生には，そのブランドのもつ属性やその評価的側面などの手がかりも含まれる。このような手がかりを伴う再生を手がかり再生（cued recall），手がかりを伴わずに自由に再生することを自由再生（free recall）あるいは非助成再生という。

マーケティングの文脈でとくに関心の高いブランド名の再認と再生について，ここでは説明する。ブランドの記憶能力としての再認能力を理解するためには3つのポイントがある。1つめは，永久的な記憶コードの獲得である。ブランド名の再認には，この記憶コードが獲得されていなくてはならない。この記憶コードが確立するには数回の露出が必要となり，これが確立されるようになると，ここにブランドに関する認知要素が連合されていく。2つめは，プライミング（priming）である。これは，先行刺激の受容が気づかぬうちに後続刺激の処理に促進効果を及ぼすものである。ある特定の単語が先行するプライム刺激となり，長期記憶内で意味的あるいはエピソード的に結びつくブランド名の再認を促進するというものである。3つめは，過去の露出のあり方である。ブランドの再認能力を高めるには，露出の頻度や時間，そのタイミングなどが影響を与える。

　ブランド名の再生能力は，ブランドのカテゴリー構造と密接に関係している。分類学的なカテゴリー構造に従うと，定義的特性にもとづくカテゴリー内のカテゴリー・メンバーとしてのブランドを再生する。また，典型性にもとづくカテゴリー構造が仮定されると，典型的ブランドとの相対的な関係の中でブランドが再生されることになる。さらに，アドホック・カテゴリー構造からは，状況にふさわしい適切なブランドが再生されることになるであろう。

　このように記憶能力も認知構造のあり方に大きく依存してくると考えられる。専門知識力の具体的な次元である分析能力・精緻化能力・記憶能力を正確に捉えるには，大前提として，ターゲットとする消費者の認知構造についての理解がまずは必要になるであろう。

> **Keywords**
>
> 専門知識力　符号化　貯蔵　検索　顕在記憶　潜在記憶　複数記憶システム論　事実　概念　スキーマ　認知的学習　カテゴリー構造

演習問題

8-1　ある上位カテゴリー（乗り物，家具，食品など）を特定化して，その分類学的なカテゴリー構造を書き出してみよう。それを友人の書き出したものと比較して，違いがあるかどうかを調べてみよう。

8-2　いくつかの製品カテゴリー（自動車，ビール，ジーンズなど）を列挙して，そのカテゴリーの典型と思われるブランドを順に書き出してみよう。また，なぜそのような順で再生されたかを考えてみよう。

8-3　熟達化する消費者に対して，マーケターはどのようなマーケティング対応が必要となるか，専門知識力の5つの次元にもとづいて考えてみよう。

参考文献

太田信夫［1994］「潜在記憶にみる意識」『科学』第64巻4号，248-254頁。

太田信夫［1995］「潜在記憶――意識下の情報処理」『認知科学』第2巻3号，1-11頁。

佐伯胖編［1982］『認知心理学講座3――推論と理解』東京大学出版会。

高野陽太郎編［1995］『認知心理学2――記憶』東京大学出版会。

タルヴィング，E.［1991］「人間の複数記憶システム」『科学』第61巻4号，263-270頁。

新倉貴士［2010］「市場，カテゴリー，ブランドのミッシングリンク――2つのブランド・マーケティングという視点」池尾恭一・青木幸弘編

『日本型マーケティングの新展開』有斐閣。

波多野誼余夫編 [1996]『認知心理学 5 ——学習と発達』東京大学出版会。

森敏昭・井上毅・松井孝雄 [1995]『グラフィック認知心理学』サイエンス社。

Alba, J. W. and J. W. Hutchinson [1987] "Dimensions of Consumer Expertise," *Journal of Consumer Research*, Vol. 13 (March), pp. 411-454.

Hutchinson, J. W. and J. W. Alba [1985] "Framework for Understanding Consumer Knowledge: I. Structural Aspects and Information Acquisition," Working paper, University of Florida.

Norman, D. A. [1982] *Learning and Memory*, W. H. Freeman.（富田達彦訳 [1984]『認知心理学入門——学習と記憶』誠信書房。）

第 IV 部

購買意思決定プロセスと情報処理

(時事通信社提供)

● シーズンごとにどんどん新しい商品が登場するファッション。購買行動をはじめるきっかけはいろいろなところに潜んでいる。私たちは，どのように選び，買い，それを評価するのだろうか。

第 9 章　購買意思決定の分析
第10章　購買前の情報処理
第11章　購買時の情報処理
第12章　購買後の情報処理

第9章 購買意思決定の分析

Introduction

消費者のさまざまな行動の背後には,意思決定とよばれる情報処理が存在している。意思決定という言葉には何やら堅苦しく取っつきにくいイメージがあるかもしれないが,言葉のイメージから想像するよりもはるかに広い範囲で意思決定は存在している。本章では,購買意思決定プロセスの全体像を俯瞰するところからスタートし,模範解答としての伝統的な意思決定理論と,必ずしもそのとおりとはならない消費者の現実の情報処理の多様性について明らかにしていく。

1 購買意思決定プロセス

購買行動と購買意思決定プロセス

製品やサービスの購買行動は,購買意思決定プロセスという枠組みで理解することができる。直面する問題にあわせて複数ある選択肢から1つ(あるいは複数)を選び出すことを**意思決定**(decision making)という。**購買意思決定プロセス**とは,製品カテゴリーの選択,購入する店舗の選択,購入するブランドの選択,支払方法の選択といった一連の意思決定の複合体であり,これらに加えて,購買行動のきっかけとなる問題認識,製品やサービスの使用(利用)後の再評価,その再評価にもとづく社会的相互作用といった要

素もまとめて，全体の流れを捉えようとするものである。

たとえばここに，最新型の携帯電話端末を購入しようとする1人の消費者がいたとしよう。この消費者は，新しく提供されることになった機能に関心をもち，その機能に対応する携帯電話が欲しいと考えるようになっていた。インターネットや友人との会話などから必要な情報を集めると，意を決して駅前にある家電量販店の店頭に出向き，気に入った機種を選んで，自分にあった料金プランで通信サービスの契約を行った。すぐに新機能の操作にも慣れ，他の友人に尋ねられたときには自分なりの使用感を話したりもしている。このような経過を辿っての購買行動は，製品・サービスの種類はともかくとして，誰しもが経験していることであろう。

消費者の購買行動というと，実際の行動・行為が最もよく目にとまり，同時に企業の収益にも密接に関連することから，ブランド選択の瞬間に多くの注目が集まりがちである。しかしそれだけでなく，購買前から購買後に至るまでの大きなプロセスとして理解することが重要である。

購買前，購買時，購買後の情報処理

購買意思決定プロセスは，①問題認識，②情報探索，③選択肢の評価，④選択・購買，⑤購買後の再評価という5つの段階から捉えることができる。また，実際の購買時点を基準点として，購買前，購買時，購買後と時系列に区切って理解することも可能である（図9-1参照）。流れを大まかに把握するため，5つの段階を簡単に見ておくことにしよう。

購買行動を始めるきっかけとなるのが問題認識である。生活の理想とする状態と現実の状態との間にギャップがあると，そのギャップが問題として認識されることになる。空腹は，最も身近に体験することのできる問題の1つである。あるいは，毎日のように使っていた電気製品が突然に壊れてしまうといった場面を想像しても

図 9-1 購買意思決定プロセス

問題認識 → 情報探索 → 選択肢の評価 → 選択・購買 → 購買後の再評価

購買前 / 購買時 / 購買後

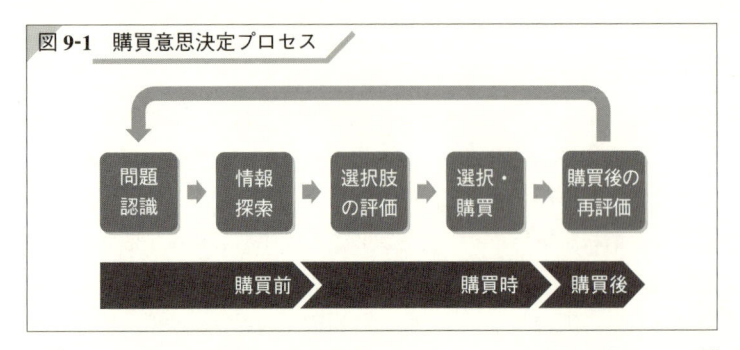

よい。これらは，現実の状態が低下したことで理想の状態との距離が広がり，認識されてくる問題である。一方で，現実の状態はまったく変化していなくても，理想の状態が上昇することで認識させられる問題もある。何らかの新機軸を盛り込んだ新製品が発売されれば，旧式になってしまった製品の保有者は，急に色あせてしまった自分の持ち物に対して物足りない思いを抱くようになるかもしれない。たとえば，ファッションにはシーズン制があり，パソコンやデジタル家電は世代交代が極端に速く，乗用車においては定期的なモデルチェンジが行われている。頻繁なモデルチェンジは，乗用車が広く普及し始めた 1920 年代に GM（ゼネラルモーターズ）社が始めた年次モデルチェンジ（計画的陳腐化ともよばれる）というアイデアに端を発している。これは，モデルチェンジしないことをコンセプトとしていたフォード社の T 型への対抗策であったが，消費者の問題認識の仕組みからいえば，いかに巧みな考え方だったかがよくわかる。

消費者は，問題を認識するとそれに対する解決策を探すことになる。使っていた製品が壊れて急いで買い換える必要があるというのであれば，すぐさま情報探索を始めるようになるだろう。あるいは，昼食に出かけるといった毎日のように接している問題であれば，すでに十分な情報が記憶の中に蓄積されており，そこからの情

報探索が主となってくる。

　問題の解決策の候補として，いくつかの選択肢（専門的には代替案とよぶこともある）がみつかったとしよう。それらの選択肢を評価し，最も有望なものを選び出すことが次に続く。狭い意味で意思決定といった場合，ここでの情報処理を指すことが多い。本章で取り上げるのも主にこの部分である。

　選択肢の評価が終わり，何を購入するかが決まれば，実際に製品やサービスを購入するという行動に移ることができる。しかし，ここで注意が必要である。事前の評価と実際の選択が必ずしも一致するわけではないのだ。欲しいと考えていた製品が品切れで入手できなかったり，店頭に出向いた際にさらに気に入った製品が目にとまるといった事態が起こってくる。これらは，事前に考えていた選択肢の集まり（考慮集合）と，最終的な選択・購買にあたっての考慮集合のずれから生まれてくる。このように購買意思決定プロセスの各段階は，順序どおりに整然と進んでいくというよりも，前後に行きつ戻りつするところがあることは気をつけておきたい。

　購買意思決定プロセスは，製品やサービスを購入した後の段階まで続いていく。一般に，購買後の再評価は消費の中で形成されていく。そこで満足したかどうかは，再購買の可能性を大きく左右するだけでなく，口頭やネットでの口コミといった社会的相互作用にもつながっていく。次回の購買行動や他者の購買行動のきっかけは，そういったところから生まれてくるのである。また，購買後の再評価や口コミは選択のための情報源としても非常に有用である。このように，購買意思決定プロセスは決して一度限りのものではなく，ぐるぐると循環するプロセスとして捉えることができる。

2 伝統的な意思決定理論

> 意思決定分析の
> ベンチマーク

この第Ⅳ部では購買意思決定プロセスの詳細を見ていくが，その準備として，人間の意思決定が伝統的な意思決定理論のもとでどのように理解されてきたのかを取り上げておきたい。

意思決定という言葉には，何かしら重大で難しい内容を伴うといった含みがある。政治，企業経営，投資などの分野で意思決定がなされれば，仮に失敗した場合，その代償は非常に大きくなってしまうことがある。個人レベルでの決定であっても，進学や就職などの進路選択，結婚，不動産購入といった重大な決定をさまざま経験することがある。そのため伝統的理論においては，よりよい意思決定をめざし，決定をどのように進めることが最善であるのか追求してきた経緯がある。よりよい決定としては，最高の結果を求めたり，失敗の危険がないことを求めるといった考え方がある。とはいえ，意思決定の結果には不確実性があり，結果のみで良し悪しを判断することも実際には無理が多い。むしろそうした状況下においては，正しいステップを踏んで決定することが1つのよりどころとなる。正しいステップがわかれば，そこに近づいていくために必要な助言や支援法もわかってくるからである。

こうした伝統的理論のもとでの枠組みを，消費者の情報処理を見ていく際のベンチマークとしておさえておく。それにより，実際の購買意思決定プロセスのユニークさが鮮明になるからである。

> 多属性意思決定問題

製品やサービスの選択は，それらがもつさまざまな属性に着目した意思決定である。属性とは，選択肢のもっている特徴や性質を表す言葉である。たと

えば，テレビの画面の大きさ，自動車の形状やサイズ，洋服の色やデザインなどのような選択肢を評価する際に気にかける点はすべて属性である。すなわち，選択肢とはいくつもの属性の集まりだということができる。複数の選択肢があるところから，多属性をもとにそれぞれの選択肢を評価し，1つを選び出す。消費者が日々行っている意思決定は，多属性意思決定問題という枠組みの中にある。

多属性意思決定問題の定式化

多属性意思決定問題においては，1つひとつの属性が選択肢を評価する鍵となる。しかし，すべての属性が同じように扱われるわけではない。たくさんの属性がある中で，評価のポイントとなる属性をリストアップし，それぞれの重要度を確かめていくのである。属性の重要度は，その属性から得られる効用の大きさを表したものとなる。たとえば，乗用車を選ぶとき，とりわけ燃費を気にする消費者がいたとしよう。燃費のよさは経済性につながるが，同時に環境負荷の低さにもつながるからである。となれば，燃費という属性には高い重要度を与えることになる。仮に5点満点で+5を与えたとしよう。その他の属性についても同じように重要度を評価し，安全性には+3，デザインには+1，走行性能には±0の重要度を与えたとする。ここで重要度が±0という属性が何を意味するかといえば，意思決定にあたってその属性は検討しないということである。選択肢のもつ属性は非常に多岐にわたるが，ここで検討対象となるのはその一部のみとなる。

次に，選択肢がそれぞれの属性をどのくらい持ち合わせているか確かめる。選択肢が属性を保有する度合いに点数をつけるのである。これを属性値とよぶ。ある乗用車は，燃費がとくに高い水準にあるので属性値を+5と評価し，安全性については+4，デザインは平凡に感じられたので+2といった具合に点数をつけていく。

このように，選択肢の評価にあたって気にかける属性に重要度を

表 9-1　多属性意思決定問題の定式化

属性	重要度	属性値	重要度 × 属性値	多属性効用 (総合評価)
燃費	+5	+5	25	
安全性	+3	+4	12	25 + 12 + 2 = 39
デザイン	+1	+2	2	
走行性能	±0	評価しない	評価しない	

付与し，それぞれの選択肢が実際にもっている属性値を点数化していくことによって，多属性意思決定問題は明確に定式化できることになる（表9-1参照）。

多属性効用理論　こうして多属性意思決定問題が定式化できれば，それぞれの選択肢を総合的に評価し，最も優れた選択肢を選び出すことができるようになる。その際の標準的なアプローチが**多属性効用理論**（multi-attribute utility theory）である。多属性効用理論は，選択肢の総合的な評価（多属性効用）が各属性の重要度と属性値から導出できると考えるもので，伝統的意思決定理論において1つの模範解答となるものである。

多属性効用は，検討対象となる属性の重要度と属性値を掛け合わせ，全部の属性について足し合わせる（総和をとる）ことにより算出される。先ほどの例でいえば，燃費について重要度が+5，属性値が+5なので掛け合わせると25となる。同様に安全性は12，デザインは2となり，これらの総和をとると39となる（表9-1参照）。これがこの乗用車の多属性効用すなわち総合評価である。候補としたすべての選択肢について多属性効用を求めれば，最も優れた選択肢がわかることになる。

多属性効用理論が優れているのは，候補となる選択肢がもっている属性に着目し，属性間のバランスを上手にとりながら決定を行うという点にある。たとえばデザインが少し気に入らないと思ったとしても，デザインの重要度がそれほど高くなく，他の重要な属性が非常に優れていたとすれば，デザインの野暮ったさについては目をつぶることができる。属性の重要度も属性値も主観的なものであるが，最後のとりまとめを客観的に行うことによって，全体として優れた選択肢を選び出すことができると考えるのである。

3　情報過負荷の影響

> 限定合理性

　前節で紹介した多属性効用理論には，それぞれの選択肢を冷静にバランスよく評価して態度形成を行うという特徴がある。そのため，最善の結果を導く可能性が高まり，しかも失敗の危険性を小さくおさえることができる。きわめて合理的な方法であり，意思決定の手順としては理想的だといえるものである。

　さてここで，消費者が行う購買意思決定とはどのようなものか，改めて考えてみることにしよう。ときに消費者は，乗用車や不動産といった高額の商品を購入することがある。重大な決定となるため，できるだけ慎重に決定することが求められてくる。そうした場合，多属性効用理論はよりよい決定を実現するための有益な道具となるに違いない。

　けれども，消費者は重大な決定ばかり行っているわけではない。毎日の生活の中で，消費者が行う決定は膨大な数にのぼる。そしてその中には，慎重な決定を必要としないものも多く含まれているのではないか。そのすべてに多属性効用理論をあてはめていたらど

うなるだろう。途方もない量の情報を処理することになり、間違いなく時間がいくらあっても足りなくなってしまう。精神的にも耐えられないほどの負担がかかってくる。人間は、あらゆる情報に瞬時に目を配り、それらをすべて総合的に検討して判断を下せるような（経済学的な意味で）合理的な存在ではない。50年以上も前、サイモンはそれまでの経済人モデルを批判し、人間の合理性に強い制限がかかることを指摘した。これを**限定合理性**（bounded rationality）という。人間の脳が情報を処理していくとき、処理できる情報の量や、処理のスピードには制約があることが知られている。そのため、多属性効用理論が合理的な方法であるとわかっていても、実際にそれを実行することは難しい。

多属性効用理論のもう1つの特徴は、必要となる資源が大きいことである。すなわち、時間や考える労力が多く必要とされる。もちろん、いくつかの重要な決定に対してこの方法を用いるのは望ましいことであり、決定のよりよい方向を示す道標となるはずである。ただし、人間は限定合理性にしばられており、あまり重要でない決定にまで理想を追求するようなことはしていない。実際の購買意思決定においては、これとは異なったタイプの方法が多く使われているのである。

情報過負荷

直感的に考えると、選択の際の選択肢は、多ければ多いほどよいように感じられる。選択肢が多ければ、それだけ自分にあったものをみつけられる可能性が高まると感じられるからだ。しかし、必ずしもすべての場合にそれがあてはまるわけではない。むしろ、選択肢の数が少ないほうが顧客の満足が高まり、店舗の売上も高まるという興味深い実験結果がある（Iyengar [2010]）。ここから、限定合理性のもとでの意思決定と情報量との関係について考えてみよう。

アイエンガーらは、アメリカのある高級スーパーマーケットの店

頭で次のような実験を実施した。まず，ジャムの試食コーナーを買い物客の目につきやすい場所に設置し，特定メーカーのジャム24種類を並べておく（ジャムは28種類あったが，一般的な4種類は除かれた）。立ち寄った買い物客は，平均して2種類のジャムを試食した。試食をすると，そのメーカーのジャムの割引クーポンが渡される。こうしてジャムに関心をもった客は，試食コーナーから離れたところにある本来のジャム売り場へと足を運ぶことになる。来店客の60%が試食コーナーに立ち寄り，そのうちの3%が実際にジャムを買っていったという。これと比較するため，試食コーナーにジャムを6種類のみ並べる設定でも実験が行われた（こちらも一般的な4種類は除いてある）。6種類のみの場合，試食コーナーに立ち寄ったのは来店客の40%にとどまったが，同じように2種類程度のジャムを試食し，そのうちの30%がジャムを買っていった。

試食コーナーに並べられたジャムが24種類と6種類という設定の差で，ジャムの購買行動は非常に大きく違っていた。その理由は，ジャム売り場での観察結果から推察することができる。試食コーナーで24種類のジャムに接した客は，売り場に来てからもジャムをあれこれ手にとって選ぶのに時間がかかり，どれを買うか決められずにあきらめて去っていった客もいたという。一方で，6種類のジャムに接した客は，売り場に来るとすぐに目当てのジャムを手に取り，買い物かごに入れると次の買い物へ移っていった。たくさんの選択肢が消費者に迷いを生じさせ，ジャムの選択という決定でさえ困難なものにしてしまったのである。

第6章でも触れたとおり，人間が一度に処理できる情報の量はたかだか7 ± 2個である。それを超えてしまうと，情報処理に多くの負担がかかるようになる。これを**情報過負荷**（information overload）とよんでいる。情報過負荷に陥るかどうかは，情報環境との接し方によって変わってくる。将棋の名手のように多くの経験を

重ねて熟達した人間は，情報を上手に構造化することで処理の負担を減らしており，そうでない一般人であっても，情報提示の方法を工夫してもらうことで同じような効果を得ることができる（*Column* ⑱参照）。とはいっても，その人間の限界がなくなるわけではない。限定合理性のもとで，多属性効用理論が要求する膨大な情報量は，情報過負荷を引き起こす危険を大いにはらんでいるのである。

Column ⑱ 情報環境の違いが情報処理にもたらす影響

情報環境との接し方による負荷の違いについても，アイエンガーが興味深い実験結果を報告している（Iyenger [2010]）。あるメーカーが，自社の乗用車をカスタマイズできるようにし，消費者に好みの車を選んでもらおうと考えたという。カスタマイズできる項目はさまざまあるが，それらをどのような順番で選んでもらえばよいのか，実験で確かめてみたのである。

カスタマイズできる項目には，車体色のように膨大なバリエーションがあるものもあれば，変速レバーのように少ないオプションに限定されるものもある。選ぶことができたのは8つの項目で，あわせて144種類の選択肢が提示された。実験の参加者は2つのグループに分けられ，一方は選択肢の多い項目から少ない項目へ順に選んでいき，もう一方は選択肢の少ない項目から順に選んでいくことになった。最終的に接する項目と選択肢の数は同じであり，違うのは選んでいく順番だけである。

選択肢の多い項目からスタートしたグループでは，すぐに疲れが出てしまったようであり，途中で作業に支障が出るようになってしまったという。情報過負荷の影響である。一方で，選択肢の少ない項目から作業を始めたグループは，最後まで順調に作業を続けることができ，カスタマイズの結果への満足度も高かった。こちらのグループでは，徐々に情報環境に慣れていくことにより，情報過負荷の影響を受けにくかったということになる。

加えて指摘しておかなくてならないのは，後者のグループの参加者に対して，徐々に制約がかかっていったという点である。カスタマイズの作業が進むにつれて，その車の性格がはっきりしてくる。スポーティな車ができてきたならば，それにあった選択肢が優先され，そうでない選択肢は検討する必要を感じなくなってくる。最後に膨大な数の選択肢を示されたとしても，情報を上手に整理することができるようになっていたのである。こうなると，「決める」というよりも，最後には「決まる」といったほうが語感としてあっているのかもしれない。

　このように情報環境をいかに構築していくかによって，消費者の情報処理にも少なからぬ影響が及んでくる。近年，インターネット通販を中心にして，情報提示の方法がいろいろと工夫されるようになってきた。アマゾンのおすすめ（レコメンデーション）機能は，その筆頭であろう。これからスマートフォンやタブレット端末が普及していくことで，そうした消費者を取り巻く情報環境はますます変化していくことが予想される。

情報処理の簡略化

　消費者の購買意思決定の現実の姿は，多属性効用理論よりもはるかに簡略化されたものであることが多い。これまでのさまざまな経験をもとに独自の決めごとをつくっていくのもその1つである。前回買ったものと同じものを買う，母親がいつも使っていたものと同じブランドのものを選ぶ，最も安価なものを選ぶ，信頼する人物が推奨するものをそのまま買ってしまう。このような，経験則をもとに情報処理を簡略化してしまうやり方を**ヒューリスティクス**（heuristics）という。ヒューリスティクスは，必ずしも最善の結果を約束するものではないが，十分満足できる結果を短い時間で手軽に導くものとしてよく利用されている。

　ヒューリスティクスは便利であり，おおむね具合のよい結果をも

たらしてくれるため，意思決定の全体にわたって幅広く使われている。けれども，ときに思ってもみない間違いを引き起こすこともある。トヴェルスキーとカーネマンは，ヒューリスティクスを用いたがために誤り（バイアス）が生じてしまう心理的傾向について一連の研究を行っている。その1つが想起しやすさ（availability）に伴うバイアスである。たとえば，友人に手助けをしてもらったので，お礼に夕食をごちそうしたいと考えたとしよう。その友人の大好物は何だったかと頭に思い浮かべ，連れていくレストランを決めたとする。しかしそれは，たまたま印象が強く想起しやすかっただけのもので，実は好物でも何でもなかったということが起こりうる。人間は，ついつい思い出しやすいものを重要視してしまうのである。

先に述べたとおり，人間の合理性は限定的である。ヒューリスティクスの利用もそのためであるし，そしてそれに伴いバイアスが生じがちとなるのもまた限定合理性にもとづく人間の思考の特徴なのである。

4 情報処理の多様性

多様な意思決定ルール　　消費者が直面する意思決定問題は多様である。そしてそのほとんどは，伝統的な意思決定理論が想定する意思決定問題と比較して，きわめてカジュアルである。消費者はすべての決定に多属性効用理論をあてはめているのではなく，多くの場合，それよりも簡単で効率のよい方法を使い分けている。前節で取り上げたヒューリスティクスは，その一部ということになる。

限定合理性のもとで，どれだけの量の情報を処理できるかは，意思決定にかかる時間から見ていくことができる。駅の売店でキャン

ディを買うときには非常に短い時間で、休日の繁華街へショッピングに出掛けたときには相当に長い時間をかけて決定が行われる。短時間での決定においては、一部の情報のみに着目して処理がなされるだろう。一方、長い時間をかけることができれば、多くの情報に目を配っていくことができる。これらを多属性意思決定問題の観点から整理すると（*Column* ⑲参照）、現実の意思決定のあり様をいくつかのパターンに類型化することができる。属性とその重要度、それぞれの選択肢の属性値といった情報の集まりを相手にして、消費者はどのような手順により意思決定を行っているのか。こうした決定の手順を意思決定ルールとよぶことにしよう。消費者は、それらの意思決定ルールを自己のレパートリーとしてもち、意思決定問題にあわせて使い分けているのである。

Column ⑲　多属性意思決定問題と企業のマーケティング行動 ●●●

消費者の意思決定を多属性意思決定問題という観点で捉えた場合、問題を構成する3つの要素から、情報および選択肢の提供者としての企業のマーケティング行動がとりうる方向性について考えてみることができる（Wilkie [1990]）。

①**属性値**　消費者が重視する属性において、その属性値を改善することは、消費者に対するアプローチとして直球勝負といえるようなものである。競争相手よりも優れたものを準備し、それをアピールしていくということになる。

②**属性の重要度**　しかし、消費者がどの属性を重視するかということは、決して所与ではない。乗用車にとって燃費は基本的な属性であるはずだが、消費者が常にそれを重視していたかといえば、1990年代のRVブームに顕著に見られるように、どうやら違うようである。しかし、エネルギー価格が上昇し、環境問題も注目されるようになってくると、そのことが企業にとって新しい訴求点を形成するようになってくる。ハイブリッド方式の実用化に先駆けたトヨタ自動車は、比

較的早い時期から「エコ」を強調した広告キャンペーンを開始している。

③属性の数　まったく新しい属性を追加し、その属性を決定の鍵とさせていくようなアプローチもある。もともとは通話機能しかもたなかった携帯電話端末に、メール、カメラ、インターネット接続、少額決済などの機能が追加され、それらの新しい機能が選択のポイントとなっていったのは好例であろう。

意思決定ルールの類型化

意思決定ルールは、何らかの属性で劣っている選択肢をどのように取り扱うかという視点から大きく分類することができる。多属性効用理論がそうであったように、何か1つの属性で劣っていても他の優れた属性で埋め合わせる（補償する）ことができるとする考え方がある。一方で、何か重要な属性で劣っていることを理由としてその選択肢を頭から拒否するというやり方もある。前者は**補償型意思決定ルール**（compensatory decision rule）、後者は**非補償型意思決定ルール**（noncompensatory decision rule）とよばれている。代表的なものを紹介しておこう。

(1) **非補償型意思決定ルール**

鍵となるような属性で劣っている選択肢は、いくら他の属性が優れていたとしてもカバーできないと考えるルールである。

①連結型（conjunctive rule）　検討する属性の各々に最低限これだけあれば満足できるという要求水準を設け、選択肢を順番に評価していく。設定した要求水準をすべて満足した選択肢が現れれば、その選択肢を採用する。

②分離型（disjunctive rule）　検討する属性に対して厳しめの要

求水準を設定し，選択肢を順番に評価していく。設定した要求水準を1つでもクリアした選択肢が現れれば，その選択肢を採用する。なお連結型と分離型では，要求水準を最初に満足したものを採用するため，選択肢を評価する際の順番のはたす役割が必然的に大きくなる。

③**辞書編纂型**（lexicographic rule）　対象となるすべての選択肢を重要度の高い属性から順番に評価し，その属性の属性値が最も高い選択肢を採用する。最初の属性で同点となった場合は，次に重要な属性の値で比較がなされる。最も安価なものを選ぶという方法は，辞書編纂型の一例である。

④**逐次消去型**（sequential elimination rule）　対象となるすべての選択肢を重要度の高い属性から順番に評価し，それぞれの属性に設定した要求水準を満たさないものをふるい落としていく。ふるい落としを繰り返していくことにより，最後まで残った選択肢を採用する。

(2) **補償型意思決定ルール**

何か1つの属性で劣っていても，他の属性が優れていればそれらを相殺し，全体としての評価で判断を下すという考え方である。

⑤**加算型**（additive rule）　多属性効用理論は，こうした類型化では加算型とよばれることになる。それぞれの属性に重要度の重みづけを行い，各属性の重要度と属性値を掛け合わせたものの総和を選択肢の総合評価とする。総合評価が最も高い選択肢を採用する。

⑥**加算差型**（additive difference rule）　トーナメント方式で勝ち残った選択肢を採用する。対戦する2つの選択肢はそれぞれの属性で比較し，属性値の差と重要度を掛け合わせ，その総和を選択肢間の相対的評価として勝敗を判定する。また，検討する属性の重要度をすべて同じにしてしまえば，選択肢の比較で，優れている属性の数が多いほうを選ぶというルールに簡略化することもできる。

(3) その他のルール

非補償型・補償型という大分類に収まらない意思決定ルールである。

⑦感情参照型（affect referral rule）　過去の購買や使用経験などをもとに，最も好意的な評価・態度を形成している選択肢を選択する。選択肢を新たに評価するのではなく，記憶の中にある評価をそのまま利用する。前回と同じものを選んだり，他者の選択を模倣するといったものも，ここに含めて考えることができる。

⑧段階型（phased rule）　意思決定ルールは，その1つだけを適用するのではなく，選択の段階に応じて細かく使い分けていくこともできる。たとえば，多数ある選択肢を逐次消去型で一気に減らしてしまい，残された少数の選択肢に対して加算差型でじっくり比較検討していくといったやり方は実際に多く見られるパターンだろう。

> ルールが変われば結果も変わる

消費者は多様な意思決定ルールを使い分けている。連結型でざっくりと製品を選ぶこともあれば，加算差型を用いて慎重に選択肢の比較を行うこともある。異なった意思決定ルールを用いれば，自ずと選択結果にも違いが生じてくる。それぞれの意思決定ルールで，取り上げる選択肢の数も変化すれば，検討する属性の数も変化してくるからである。すなわち，処理される情報の量がまったく変わってしまうのである。

ここで簡単な数値例を用いて，意思決定ルールの違いがもたらす選択結果の違いを確認しておきたい。表9-2は，仮想的な製品について，主要な属性と重要度，選択肢A〜Cがもつそれぞれの属性値についてまとめたものである。また，いくつかの意思決定ルールで設定する要求水準は，連結型と逐次消去型については5点以上，分離型については8点以上としておく。

表9-2 意思決定ルールによる選択結果の違い

属性	重要度	選択肢A	選択肢B	選択肢C
価格（経済性）	+3	+7	+3	+8
デザイン	+2	+5	+9	+4
性能	+1	+5	+4	+9

(注) 1) 各属性の要求水準は，連結型と逐次消去型では5点以上，分離型では8点以上とする。
2) この数値例では，連結型・逐次消去型を適用すると選択肢Aが，分離型を適用すると選択肢Bが，辞書編纂型・加算型・加算差型を適用すると選択肢Cが選ばれる。

　まず，非補償型意思決定ルールをあてはめてみることにしよう。①連結型の場合，選択肢をAから順番に見ていく。すると，最初のAですべての属性の要求水準が満たされ，Aが選択される。②分離型の場合，同じように選択肢を順番に見ていく。最初のAはすべての要求水準を満たさないが，次のBでデザインが要求水準を満足し，Bが選択される。③辞書編纂型の場合，評価の方向が変わり重要度の高い属性から順に見ていく。最初にある価格で属性値が最も高いのはCであるから，Cが選択される。④逐次消去型の場合，同じように属性を順番に見ていく。価格についてはAとCが要求水準を満足し，そうでないBがふるい落とされる。次のデザインではCがふるい落とされ，最後に残ったAが選択される。

　次に補償型意思決定ルールをあてはめてみる。⑤加算型の場合，選択肢の総合評価は属性の重要度と属性値から導出される。Aの総合評価は $3 \times 7 + 2 \times 5 + 1 \times 5 = 36$ である。同様にしてBの評価は31，Cの評価は41となり，最も評価の高いCが選択される。

⑥加算差型の場合，属性値の差と重要度をもとに選択肢を2つずつ比較していく。最初にAとBの比較をすると，価格についてAとBの差を重要度と掛け合わせて $(7-3) \times 3 = 12$。残りの属性についても同様に掛け合わせ，それらの総和から相対的評価を導くと $12 + (-8) + 1 = 5$ となる。ここでの基本はAとBの引き算であるので，相対的評価が正ということはAのほうが優れているという意味である。同様にしてAとCを比較すると，相対的評価が -5 となり，最終的にCが選択される。

　もちろん，この数値例は人為的につくられたものである。また現実の選択場面では数値を取り扱うというよりも直感的な比較考量がなされてくるわけだが，適用される意思決定ルールによって，着目される選択肢と属性が見事にばらばらであることがわかるだろう。

ルールを決めるためのルール

消費者が行う意思決定は，多種多様であり，一見するとてんでんばらばらであるかのように見える。選択結果だけを見ても，人や時間や場所が変われば，すぐさま違いが生じてくる。その背後にある意思決定ルールも，実際に決定版といえるようなものはなく，さまざまな方法が使い分けられている。

　ここで求められてくるのが，直面する意思決定問題に対してどの意思決定ルールを適用するかという，いわばルールを決めるためのルールである（メタルールとよばれる）。すばやい決定が求められる場面もあれば，時間をかけた決定が許される場面もある。慎重な決定が望ましい場面もあれば，多少の失敗は別にかまわないという場面もある。消費者のその製品分野における熟達度の違いもあるだろう。これらの要因が組み合わされることによって，用いられるルールが違ってくるのである。この問題については，第11章で改めて取り上げることとしたい。

　ところで，この章の冒頭でも触れたとおり，購買意思決定プロセ

スはブランド選択の瞬間のみを取り扱うものではない。またこれまでは，消費者が置かれている情報環境を所与のものとして話を進めてきた。しかし現実に，どのような情報源を用いて，どのような質と量の情報を集めていくのかという問題は，それほど単純ではない。また，自分もしくは他者の選択結果が，社会的にさまざまな反響を及ぼしてくることもある。これらの点についても，次章以降で詳しく検討していくことにしよう。

Keywords

意思決定　購買意思決定プロセス　多属性効用理論　限定合理性　情報過負荷　ヒューリスティクス　補償型意思決定ルール　非補償型意思決定ルール

演習問題

9-1　最近経験した意思決定を1つ取り上げ，そのきっかけとなった問題認識がどのようになされていったのか記述してみよう。

9-2　よく知っている製品分野を1つ取り上げ，いくつかのブランドを選択肢として，あなたが重視する属性とその重要度から多属性意思決定問題を定式化してみよう。

9-3　自分自身が経験した選択をいくつか振り返ってみて，そこではどのような意思決定ルールが使われていたか分析してみよう。

参考文献

印南一路［1997］『すぐれた意思決定——判断と選択の心理学』中央公論

社。

カーネマン, ダニエル（友野典男監訳, 山内あゆ子訳）[2011]『ダニエル・カーネマン 心理と経済を語る』楽工社。

小橋康章 [1988]『決定を支援する』東京大学出版会。

Iyengar, S. [2010] *The Art of Choosing,* Twelve. (櫻井祐子訳 [2010]『選択の科学——コロンビア大学ビジネススクール特別講義』文藝春秋。)

Payne, J. W., J. R. Bettman and E. J. Johnson [1993] *The Adaptive Decision Maker,* Cambridge University Press.

Peter, J. P. and J. C. Olson [1987] *Consumer Behavior: Marketing Strategy Perspectives,* Irwin.

Simon, H. A. [1976] *Administrative Behavior: A Study of Decision-Making Processes in Administrative Organization,* 3rd ed., Free Press. (松田武彦・高柳曉・二村敏子訳 [1989]『経営行動——経営組織における意思決定プロセスの研究』ダイヤモンド社。)

Wilkie, W. L. [1990] *Consumer Behavior,* 2nd ed., John Wiley & Sons.

Wright, P. [1975] "Consumer Choice Strategies: Simplifying Vs. Optimizing," *Journal of Marketing Research,* Vol. 12 (February), pp. 60-67.

第10章　購買前の情報処理

Introduction

本章では，購買前の情報処理である情報の探索と解釈について説明する。まず情報探索を内部探索と外部探索に大別したうえで，両者が相互依存的な関係にあり，さまざまな要因により規定されながら適切な問題解決策を見いだしていくことを理解する。

次に，情報の解釈を情報の意味づけとして捉えたうえで，消費者が情報となる製品やブランド，あるいはそれらの属性や特性に対して，いかなる意味づけを行うかについて説明する。そして，解釈における情報の流れを把握し，解釈が行われる知覚符号化のプロセスを理解したうえで，属性と状況にもとづく解釈について取り上げ，最後に解釈の多様性を規定する要因を明らかにする。

1　情報の内部探索

2つの情報探索　　購買前の情報処理には，大別して情報の探索と解釈がある。しかしながら，実際の購買プロセスでは，探索しながら解釈し，また解釈しながら探索するといったように，両者は相互に密接な依存的関係をもつことを理解しておかなければならない。また，購買前に限らず，購買時点や購買後でも探索と解釈の循環は継続している可能性がある。本章では，とくに購買前を想定した探索と解釈について説明する。

情報の探索には，購買を意識した購買前の積極的かつ能動的な情報の探索と，購買を意識しない継続的な購買環境に関する受動的な情報の取得もある。後者の場合，当面の購買とは無関係に，たまたま関心のある話題について入ってくる情報や，まったく関心のないテレビCMによる低関与学習などがこれに相当する。本章では，購買を意識した購買前の積極的かつ能動的な情報の取得という意味での情報探索を取り上げる。

　購買を意識した積極的かつ能動的な情報探索は，消費者が自らの経験や受動的な学習により形成される記憶の中から関連情報を再生する**内部探索**（internal search）から始まる。しかしながら，ここでの情報が十分でないときや欠如している場合，情報が錯綜し相矛盾するものであるときには，その内部探索を中断する。こうした事態が生じたときに消費者は，自分以外のさまざまな情報源から情報を探索する**外部探索**（external search）に移行する。ただし両者は，それぞれが独立して存在するのではなく，外部探索における情報の接触により即座に内部探索に移行し，またその追加的な内部探索により，さらなる外部探索が生じるという相互循環的なプロセスとして認識しておく必要がある。

| 内部探索の対象と影響要因 |

　購買を意識した消費者は，自らの記憶からどのような情報を探索するのであろうか。内部探索を通じて再生される情報にはさまざまなものがある。図10-1が示しているのは，ホイヤーとマッキニスが分類した内部探索により再生される情報とその影響要因である（Hoyer and MacInnis [1997]）。消費者は内部探索において，主に「ブランド・属性・評価・経験」という4つの情報を再生している。

(1) **ブランドの再生**

　内部探索により再生される第1の情報はブランドである。消費

> 図 10-1　再生される情報と影響要因
>
> **1. ブランドの再生**
>
> 【影響要因】
> ①ブランドの典型性
> ②ブランドの知名度
> ③目的と使用状況
> ④ブランドへの好み
> ⑤検索手がかり
>
> **2. 属性の再生**
>
> 【影響要因】
> ①属性のアクセスしやすさ
> ②属性の診断性
> ③属性の顕著性
> ④属性の鮮明性
> ⑤目的
>
> **3. 評価の再生**
>
> **4. 経験の再生**

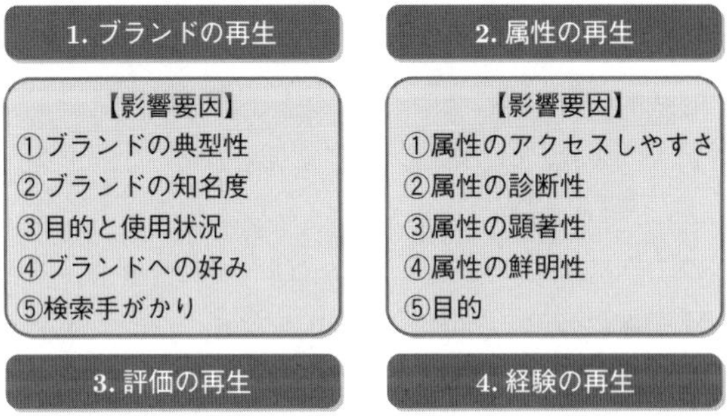

者は直面する購買意思決定において，一体どのようなブランドが最も適切かを内部探索する。内部探索により再生されるブランド群は，必ずしも記憶内のすべてのブランドではなく，そのごく一部分にすぎないことが多い。なぜこのようなことが生じるのだろうか。ここにはさまざまな要因が，ブランドの再生に影響を与えているからである。

第1の要因は，ブランドの典型性である。たとえば，「炭酸飲料といえばコカ・コーラ」というように，その製品カテゴリーを代表するブランド名が再生される。ここでは，「炭酸飲料カテゴリー」における「コカ・コーラ」というブランドのもつ典型性の高さがブランドの再生に強く影響を与えるのである。第2の要因は，ブランドの知名度である。知名度の高さはそのまま再生率の高さにつながる。テレビCMに多い連呼広告は，知名度の向上と同時に，再生率の向上をもねらっている。第3の要因は，目的と使用状況である。「ボーナスを有効に使う」という目的や「休日」という使用状況も，ブランドの再生に影響を与える。こうした目的や使用状況にふさわしいブランド群が再生される。「ボーナスを有効に使う」

ためには「HIS（海外旅行），BMW（自動車），SMBC（銀行）」というように，製品カテゴリーの異なるさまざまなブランドが選択肢として再生される可能性がある。第4の要因は，ブランドへの好みである。好意的ではないブランドよりも，好意的なブランドのほうが再生されやすい傾向にある。第5の要因は，検索手がかりである。たとえば，「赤いきつねとマルちゃん」や「タケヤみそと森光子」などのように，ブランドと強く結びついたロゴマークやタレントが，内部探索における検索手がかりとなり，ブランドの再生を促進する。

(2) 属性の再生

内部探索により再生される第2の情報は属性である。消費者の情報処理能力がきわめて限定的であるのと，記憶からの忘却や検索の不完全さにより，内部探索で再生される情報は，ブランドの断片的な属性になることが多い。ただ，断片的にでも再生される属性情報は，購買において重要な役割をもたらす。なぜならば，消費者は購買における不安から，わずかでも頼りになる「頼みの綱」を必要とするためである。属性情報の再生に影響を与えるいくつかの要因が考えられている。

第1の要因は，属性の「アクセスしやすさ」（accessibility）である。直面する購買課題に対して記憶からのアクセスが容易な，つまり思いつきやすい属性は内部探索において再生されやすくなる。「疲れない」（ボールペン），「飲みやすい」（風邪薬）といった属性が一貫して強調されると，記憶へのアクセスがしやすくなるのである。

第2の要因は，属性の「診断性」（diagnosticity）である。診断性とは，選択肢間を識別するために利用される属性のもつ性質である。たとえば，洗濯用洗剤市場において液体という属性がブランドを識別する有効な手段であったとする。ところが，どのブランドも一様に液体という属性を備えるようになると，この属性の診断性は

消滅してしまう。診断性は，属性の再生に重要な影響を与える要因ではあるが，市場との相対的な関係により規定される。

第3の要因は，属性の「顕著性」(saliency)である。ここでいう顕著性とは，購買課題に直面したときに，どのような消費者も一般的に考慮する傾向にあるということを意味する。顕著となる属性は再生されやすくなる。「信頼性・迅速な対応力・保険料」という属性は，自動車保険の加入時には顕著となるであろう。

第4の要因は，属性の「鮮明性」(vividness)である。鮮明性とは，イメージ化を助けるためやコミュニケーションの円滑化のために用いられる，絵柄や言葉として具体化されるものである。「パスポートサイズ」「スプーン一杯」という形で鮮明に具体化される属性は，再生されやすくなる。第5の要因は，目的である。目的の違いにより再生される属性は異なる。たとえば，ノート型パソコンの購買における目的が，「持ち運びやすさ」なのか「長時間駆動」なのかによって再生される属性は異なってくる。

(3) 評価の再生

内部探索により再生される第3の情報は評価である。ブランドや属性が再生されるのと同時に，それらに付随する「好き―嫌い」や「良い―悪い」といった言葉で表現される好ましさや態度という評価も再生されるのである。

(4) 経験の再生

内部探索により再生される第4の情報は経験である。消費者は，自らのさまざまな経験により形成される「自伝的な記憶」(autobiographical memory)をもち，この中から処理対象に関連する特定のイメージや感情という形で経験を再生する。また，頻繁に繰り返された経験や鮮明に記憶されている経験は，きわめて再生されやすくなる。

消費者は以上4つのタイプの情報を内部探索するが，記憶におけるそれらの情報の不完全さや欠如，再生の失敗や再生された情報間の矛盾を感じると，その内部探索を中止して外部探索に移行する。

2　情報の外部探索

外部探索のタイプ　　情報の外部探索は，大きく2つのタイプに分類できる。表10-1は，ブロックらによる外部探索の類型を示している (Bloch *et al.* [1986])。ここでは，問題解決を前提にした**購買前探索** (prepurchase search) と，情報探索による知識獲得に満足を見いだし，情報探索そのものを楽しみとする**継続的探索** (ongoing search) に分類されている。興味深いのは，購買前探索の規定要因の1つが購買関与であり，継続的探索の規定要因の1つが製品関与であるという点である。問題解決を前提とした情報探索では，より優れた購買意思決定という目的のために購買関与が高まり，その問題を解消しうるさまざまな解決方法や手段としての情報が広範に探索される。一方，購買を前提にしない情報探索では，ある特定の製品にこだわる製品関与が高くなり，その製品に関してのみ深い情報探索が行われる。消費者の関心がどこにあるかにより，探索される情報の範囲や水準が異なってくるのである。

問題認識と探索方略　　認識される問題のあり方により，外部情報の探索パターンは異なる。情報探索を，問題に対する解決方法や手段の探索として捉えると，解決すべき問題の難易度により，探索される情報の範囲が異なってくることが理解できる。一般に，**探索方略** (search strategy) とよばれるものは，消

表 10-1 外部探索の類型

	購買前探索	継続的探索
規定要因	・購買関与 ・市場環境 ・状況要因	・製品関与 ・市場環境 ・状況要因
目的	・より優れた購買意思決定	・将来の使用に備えた情報貯蔵庫の構築 ・喜びや快感の経験
結果	・製品と市場に関する知識の増大 ・より優れた購買意思決定 ・購買結果への満足の増大	・将来の購買効率性と人的影響を導く製品と市場に関する知識の増大 ・衝動買いの増大 ・探索や他の結果からの満足の増大

(出所) Bloch et al. [1986] より引用。

費者が問題解決に向けて行う情報探索パターンのことである。拡張的問題解決，限定的問題解決，定型的問題解決とよばれる探索方略が知られている。

例として，認識される問題が市場の発展に対応した場合の探索方略を考えてみよう。きわめて斬新な製品が投入されたとき，消費者はその製品に関する属性や用途といったものを知らない。このようなとき消費者が用いる探索方略は，拡張的問題解決とよばれるものである。この方略では，問題解決に向けてさまざまな情報が拡張的に探索される。新製品に直面したときや購買経験がないときに，この方略が使用される。

斬新な製品が市場導入された後に必ず登場する多数の模倣製品により，1つの製品カテゴリーが市場として消費者に認識されるようになる。そのようなときによく用いられる限定的問題解決は，その

製品カテゴリー内のバリエーションとなる各ブランドを限定的に探索するものである。この方略では、探索に要する時間と労力が限定的に使われる。現在使用しているブランドに飽きたときや、そのブランドが品切れであるときなどによく用いられる。

斬新なパイオニア製品に対抗すべく模倣製品や競合製品が次々に投入され、市場として一定の棲み分けができあがる成熟期には、消費者は定型的問題解決を使用する。この段階での消費者は、過去の購買経験を反映して形成される適切な製品像あるいは製品概念といったものを抱いており、これらに依存する選択基準により情報探索を行う。この段階では、新たな情報の探索はほとんどされず、以前購入したブランドが反復的に探索されるだけである。

外部探索の対象

外部探索では、購買対象となる選択肢そのものを探索する場合と、その選択肢に関連するさまざまな情報を探索する場合がある。前者では製品カテゴリーやブランド、後者ではそれらのもつ属性や特性をめぐって外部探索が行われる。

製品カテゴリーのレベルで探索が行われるのは、認識される問題に対して、再生される解決手段や方法である選択肢がいまだ漠然としたものである場合や、より満足のいく購買をめざしてよりよい選択肢を根底から考え直すときである。「ちょっとした空腹を満たす」には、ポテトチップスでもカップラーメンでもたこ焼きでもかまわないわけである。ブランドのレベルでの探索がよく行われるのは、ブランドがさまざまな属性や特性をもち、それらを統合した1つの全体的なイメージを形成しているためである。ここではブランドが、属性や特性を反映したイメージを束ねる情報のチャンクを形成し、探索を簡略化する1つの結節点として利用できるからである。

より具体的に探索されるのは、属性や特性のレベルである。対象となるのは、属性とそれらのもつ値である。「甘さ控えめ」という

いくぶん抽象的な属性の探索は、さらに「砂糖」という具体的な特性が入っているのか、入っていれば「何グラム」なのかといった実際の特性値の探索へと進む。

また、外部情報を探索する際には、購買対象となる製品やブランドを基軸に行われるパターンと、属性や特性を基軸に行われるパターンがある。不動産物件や店頭の陳列における探索を想定するとよく理解できよう。これらのうち、どちらかのパターンを一貫して取り続ける場合もあるが、両者を混合して用いるケースが多いようである。こうした外部情報の取得パターンは、消費者により、また同じ消費者でも状況により異なることを認識する必要がある。

外部情報の源泉

消費者が探索する外部情報の源泉はいかなるところにあるのだろうか。表10-2は外部情報の源泉を示している。第5章3節の最後（134頁）でも述べたように、情報の源泉を捉えるときに重要となるのは、消費者が求める情報における信憑性やリスクと、対応する源泉の柔軟性や即時性である。表では、一方にマーケターがコントロール可能であるか否かによる軸を設定している。これは、企業サイドのマーケターによる情報は、消費者から見れば、企業に都合のよい情報であるという判断がなされる信憑性やリスクに対応するものである。コントロール可能である源泉は、信憑性が低く、リスクが高いと判断される可能性がある。

もう一方には、源泉がもつインタラクティブな関係とその空間的特性を識別の基準として設定している。ここには、消費者が求める情報の柔軟性や求められる即時性への対応が含まれている。インタラクティブな関係があれば、要求するニーズに応じた詳細な情報の提供が可能になる。また実際のリアル空間では、直接的な実物や販売員との接触により、自らの経験にもとづく限定的だが確信性の高い情報が収集される。バーチャル空間では、より広範囲かつより個

表10-2 外部情報の源泉

	インタラクティブな関係なし	インタラクティブな関係あり	
	リアル空間		バーチャル空間
	源泉①	源泉②	源泉③
コントロール可能	・広告 ・展示中の製品やブランド ・販促印刷物	・訪問販売員 ・店頭販売員 ・展示説明員	・企業のウェブページ ・ネット店舗 ・企業のメール相談窓口 ・ネットエージェント ・インフォメディアリー
コントロール不可能	・公共機関の報告書や刊行物 ・マスコミの記事 ・使用中の製品やブランド	・製品やブランドに関する専門家 ・コミュニティメンバー ・家族や友人	・ニュースサイトの記事 ・データベース ・ネットコミュニティ ・SNS ・個人ブログ

(出所) 森田 [2010] より修正して引用。

別的なさまざまな情報の探索が可能になる。

このように多様な外部情報の源泉が存在するが，購買意思決定プロセスとはどのような関係があるだろうか。一般的な傾向としては，問題が認識され，購買に関する意識が高まり始めたときにはマス媒体からの情報をよく探索し，プロセスの後半にかけて，選択肢の評価や実際の購買においては身近な家族や友人による直接的な口コミをとおして情報を集めることが多いようである。

ただ，近年のようにインタラクティブな関係の進展したインターネット環境のもとでは，購買意思決定プロセスの早い段階で，製品やブランド間の相対的比較が容易な「価格.com」などのインフォメディアリーを通じて，また特定の製品やブランドに限定したネットコミュニティや個人ブログなどにアクセスして，従来マス媒体が提供していた製品やブランドに関する相対的情報と特定的情報を，積極的に探索する消費者の姿が常態化しつつある。

外部探索の規定要因と情報探索の結果

外部探索を規定するさまざまな要因が明らかにされている。ここではホイヤーとマッキニスにもとづき，第6章（153頁）でも説明したMAOの枠組みにしたがって動機づけ要因，能力要因，そして処理機会要因という3つの側面から説明する（Hoyer and MacInnis［1997］）。

(1) **動機づけ要因**

購買に対する動機づけの大きさは，外部探索に大きな影響を与える。動機づけが高まるにつれ，探索される情報量も多くなる。これまでに明らかにされてきた外部探索への動機づけ要因には以下のものがある。

「購買への関与」は，外部探索にきわめて大きな影響を与える。先述したように，購買を前提とする購買関与は購買前探索を促進させ，特定の製品に向けられる製品関与は，継続的な外部探索を助

長する。また購買における「知覚リスク」(perceived risk) が大きくなるほど,外部探索は積極的に行われる。消費者は,知覚されるリスク軽減のために外部探索を行うからである。さらに,「知覚される費用と便益」の相対的な関係によっても,外部探索は規定される。すなわち,探索にかかる費用と探索から得られる便益との関係を考慮して,費用が便益を上回るようになると探索を中止するようになる。そして,情報探索が好きな消費者とそうではない消費者がいる。このような個人差特性としても考えられる「探索への態度」も外部探索を規定する重要な要因となる。

(2) 能力要因

内部探索により再生されるブランドが,購買に対してすでに充実したのものであれば,外部探索の必要性は軽減する。記憶から再生されるブランド群は**想起集合** (evoked set) とよばれ,購買や消費の経験から構築される製品カテゴリーに関する知識と密接な関係をもつ。

このような製品カテゴリーや製品に関する知識により外部探索は大きく異なる。これまでの研究は,製品に関する知識量と外部探索との関係に着目してきた。製品の知識量を高・中・低の水準とした場合,中程度の知識をもつ消費者が最も情報探索を行うということが明らかにされてきた。この関係は,製品知識量を横軸に,情報探索量を縦軸にとったときの関係を示す逆 U 字の形状から,逆 U 字仮説とよばれている。

製品知識量の乏しい消費者は探索により入手する情報の処理に戸惑うため,また製品知識量の豊富な消費者は製品に関する情報を選択的に探索するため,探索される情報量は少なくなる。しかしながら,ここからは製品知識量と探索される情報量との関係は理解できるが,探索される情報の質との関係は理解できない。製品知識量の乏しい消費者と豊富な消費者とでは,構築されている認知構造に違

いがあるために，探索される外部情報の質に大きな違いが現れてくる。

消費者のもつ知識と購買課題との間にある「情報の適合度」も外部探索を規定する要因と考えられている。消費者は知識の中に，**概念**となる「パソコン」や「ビール」という既存のカテゴリー知識を所有している。この既存のカテゴリー知識と，直面する購買対象（たとえば，新製品）との間に生じる「一致／不一致」という適合度が情報探索を規定しているのである。既存のカテゴリー知識とかけ離れた場合，このギャップを解消するために情報探索がなされる。とくにその適合度が，極端に不一致なときや正確に一致する場合よりも，適度に不一致なときに積極的な探索が行われるようである。

(3) **処理機会要因**

処理機会によっても，外部探索は異なる。第1に，処理機会において入手可能な情報量に制限があるのか否かによっても，外部探索は異なってくる。入手可能な情報量の増大に伴い，外部探索は増大する。ただし，情報処理能力の限界から，消費者は情報過負荷（information overload）の状態に陥ると，外部探索を中断してしまう。第2に，外部探索は，情報の提示されるフォーマットによっても影響を受ける。とくにインターネットなどでは，ディスプレイ上に表示される情報の提示形式が外部探索を容易にするものであるかどうかが大きな決め手となり，購買を大きく左右する可能性がある。第3に，時間的圧力も外部探索に影響を与える。外部探索に費やす時間に余裕のあるときには十分な情報探索が行われるが，時間のないときにはきわめて限定的な簡略的探索しか行われなくなる。

(4) **情報探索の結果**

十分な情報探索を行った後に，消費者はその購買にふさわしい選択肢から構成される**考慮集合**（consideration set）を形成する。すで

に述べてきたように，内部探索を通じて再生される解決手段やその方法としての選択肢群（想起集合）と，内部探索の不完全さを補う形で行われる外部探索により収集される選択肢群（対面集合）が，結果として，その購買において考慮に値する選択肢群となる考慮集合を形成するのである。

3 情報の解釈メカニズム

データ駆動型処理　　第6章（143頁）で示したアルファベットの文字綴りを思い出してみよう。そこでは，情報処理能力の限界を克服するメカニズムの1つとしてチャンキングについて説明した。文字1つをチャンクとして処理するよりも，企業名や市場という意味のある情報の固まりとして，対象の解釈を行うことができるのである。こうした解釈メカニズムを理解するには，情報処理の起点となる情報の流れについて考える必要がある。図10-2は，情報の解釈における2つの情報の流れを示している。

　情報の解釈が行われるときには，このような2つの流れが考えられている。1つは，実際に存在する客観的な外部データを起点とするもので，その外部データの入力により解釈が始まる流れである。ここでの解釈は，外部から感覚受容器を経て作業記憶に入力される個々の外部データを組み合わせて行われる。外部データにもとづくために**データ駆動型処理**（data driven processing）とよばれる。アルファベットの文字綴りで，1文字ずつ処理していくタイプである。

　入力された外部データは，作業記憶において処理される。作業記憶では，取り込まれた外部データだけではなく，処理対象に対応す

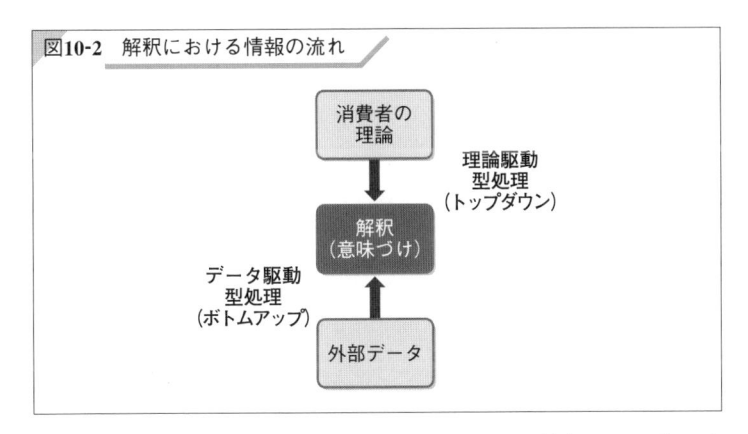

図10-2　解釈における情報の流れ

```
        ┌──────────┐
        │  消費者の │
        │   理論   │
        └──────────┘
              │           理論駆動
              │            型処理
              ▼          （トップダウン）
        ┌──────────┐
        │   解釈   │
        │（意味づけ）│
        └──────────┘
              ▲
 データ駆動    │
  型処理      │
（ボトムアップ）│
        ┌──────────┐
        │ 外部データ │
        └──────────┘
```

る概念や知識が、長期記憶に貯蔵されている内部情報として取り出されてくる。このように外部データが入力されると、これをもとにして貯蔵された知識との対応によって解釈が作り上げられていく。入力された外部データは、直接対応する個々の知識を活性化し、さらに活性化の拡散を通じて個々の知識を下位部分とするより上位の知識が順次活性化されていく。このようなデータ駆動型処理は、外部データから始まり、下から上へより上位の知識を順次活性化させるという意味でボトムアップ型処理ともよばれる。

ところがデータ駆動型処理は、アルファベットの文字綴りが示すように、解釈のために個々の膨大な量の外部データを処理する必要がある。これには処理の負荷がかかりすぎるために、この負荷を軽減する機能が必要となる。また外部データの中には、曖昧なものや信頼性に欠けるものも数多くあるので、これらの選別を効率的に行う機能が必要になる。さらに、データ駆動型処理だけではどうにもならない重要な問題が存在する。その問題とは、解釈に要求される「解釈されるべき対象」についての知識である。この知識がデータ駆動型処理を補完するために必要となるのである。

理論駆動型処理　なぜあのようなアルファベットの文字綴りを，企業名や市場として解釈できるのだろうか。それは，すでにわれわれが企業名や市場といった概念や知識をもっているからである。そして，これらを駆使して積極的に何か意味を見いだそうと解釈をはかりながら情報を処理しているからなのである。

われわれは自動車という乗り物を知っている。現在のような自動車が出現する以前の時代に，現在のような自動車を説明することはきわめて困難であっただろう。当時の馬車を何度取り上げても，自動車をうまく説明することはできなかったはずである。

解釈という情報処理には，消費者があらかじめもつ知識が少なからず必要になる。「そこに何を見ればよいかを知っていると，それは容易に見える」(Lindsay and Norman [1977]) のである。この貯蔵された知識がはたらき，莫大な量の外部データを効率よく，さらにそのデータのもつ曖昧さや不適切さへの解釈を助けて，適切な解釈へと導いていくのである。

貯蔵された知識が先導して，データ駆動型処理の限界を克服するもう1つの情報の流れは，対象についての概念や認知構造がその解釈を手助けするときに起こる。この流れは，こうした概念や認知構造により期待されるものから始まる。すなわち，実際に存在する外部データではなく，「解釈されるべき対象」についての知識にもとづいて処理が方向づけられるのである。たとえば，現在の自動車であれば，「燃費効率のよさ」「安全性」「快適な空間」などが期待されるはずである。

対象についての知識として考えられる概念や認知構造と，そこから生み出されるこのような期待は，対象の性質に関する簡潔な仮説や理論とも考えられることから，これをもとにした処理は**理論駆動型処理**（theory driven processing）とよばれる。理論駆動型処理は，

消費者のもつ理論がその推進力となり，上位の知識から下位の知識を順次活性化させるためトップダウン型処理ともよばれる。ここでは，理論により活性化された知識が探索の焦点を方向づけ，その解釈に一致するように実際の外部データが抽出されていく。ここで能動的な外部探索が行われると，この活性化された知識にもとづいて，具体的で適切な外部データが取得される。

4 解釈の多様性

　情報の解釈の中でも，マーケターにとっての最大の関心は，おそらく自社の製品やブランドに対する解釈であろう。製品やブランドへの解釈である「意味づけ」を規定する重要な要因の1つは，製品やブランドのもつ属性である。消費者情報処理研究では，属性との関係から製品やブランドを意味づける情報処理として，**知覚符号化**（perceptual encoding）というプロセスがこれまでに考えられてきた。ここでは知覚符号化のプロセスに焦点を当てながら，属性と状況にもとづく解釈のあり方について説明する。

属性の類型

　属性という概念は，これまでにさまざまな使われ方がなされてきた。これまでの研究や文献を整理すると，特性的属性，便益的属性，シンボリック属性という3つのタイプに分類することができる。

(1) 特性的属性

　第1のタイプは，客観的で物理的に製品やブランドがもつ「特性」（characteristic）として属性を捉えたものである。たとえば，健康ドリンクに含まれる「タウリン 1000 mg」，コーヒー飲料に含まれる「カフェイン」などが特性である。物理的（physical），明示的（denotative），実体的（tangible），客観的（objective），定義的

(defining)，工学的 (engineering) というさまざまな形容表現が用いられており，製品やブランドのもつ特性としての性質から，ここでは特性的属性とよぶことにする。

(2) 便益的属性

属性という言葉を使用するときは，いくぶん抽象的で主観的な意味を含むことが多い。「性質や特性がどちらかといえば物理的・客観的な性質や特性を意味するのに対し，属性は消費者（個人）がもつ複数のニーズ（必要）や欲求を，その商品／サービスによって充足できるかどうかに関する主観的判断を表している」（中西 [1984]）。たとえば，液晶ディスプレイの「27 インチ」という特性が，作業効率のアップという欲求の充足に関する「効率性」という属性として，主観的に判断されるのである。古くはハーレイの「ベネフィット・セグメンテーション」や，数多くのマーケティングのテキストで繰り返し使用される「製品はベネフィットの固まり」と表現される，消費者にとってのベネフィット（便益），これが一般的な属性に該当するものである。

属性はあくまでも主観的なものであり，客観的で物理的な特性とは明確に異なる。こうした属性には，暗示的 (connotative)，道具的 (instrumental)，効用的 (utilitarian)，機能的 (functional)，便益的 (beneficial) という形容表現が使用されることが多いため，ここでは便益的属性とよぶことにする。

(3) シンボリック属性

製品やブランドに対する消費者のニーズや欲求の充足に関わる主観的判断である属性については，さらにもう 1 つの側面が見いだされる。ハーシュマンは，「実体のある属性」(tangible attributes) と「実体のない属性」(intangible attributes) という 2 つの属性を分類している (Hirschman [1980])。実体のある属性とは，感覚をとおしてアクセスできる客観的な製品やブランドの特性であり，マイ

ンドとは独立して存在し，感覚的に知覚されるものであり，どの消費者にとっても違いがないものである。これは客観的で物理的な特性である特性的属性に対応する。一方の実体のない属性とは，個人のマインドの中にのみ存在し，物理的ではなく精神的に製品やブランドと結びつくものであり，消費者によって異なる可能性があるものである。この違いが解釈の多様性を生み出すことになる。

　ここで認識しておくべきは，後者の実体のない属性が精神的にどのように製品やブランドと結びついているか，さらに消費者の間でどの程度の結びつきの違いがあるかという点である。一般的な意味での属性は，特性的属性を媒介として便益あるいは機能的に製品やブランドと結びついているために，消費者間での違いはそれほどなく，解釈の多様性は小さい。

　しかしながら，実体のない属性が，製品やブランドとどのように結びついているかを理解するには，単に便益や機能を反映したものだけではなく，個人的な経験を反映した個人的要因や，下位文化や文化での共有認識となる社会的要因を含んだシンボリックな側面も考慮に入れる必要がある。たとえば，個人的な経験にある「カップヌードルと下宿」，下位文化の共有認識として「BMWと六本木」，文化的な共有認識にある「みそ汁とおふくろ」というように，製品やブランドには，何かその意味を表象するシンボリックな側面があるはずである。ここでは，その側面を考慮して「シンボリック属性」とよぶことにする。

　当然のことながら，シンボリックな結びつきにおける消費者間での違いは，便益や特性での結びつきよりも大きくなり，解釈の多様性はその分大きくなる。図10-3は，3つの属性のタイプと消費者間での解釈の多様性を示したものである。さらに，シンボリックな結びつきにおける解釈の多様性を考えると，個人的な経験やその社会化プロセスを経て形成される個人的なシンボリック属性，下位文

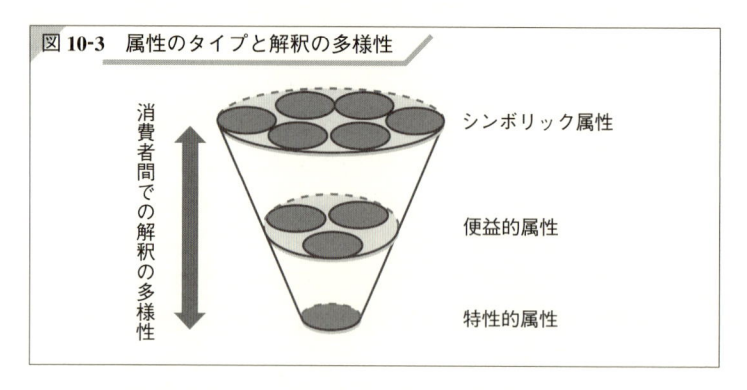

図 10-3　属性のタイプと解釈の多様性

消費者間での解釈の多様性

シンボリック属性

便益的属性

特性的属性

化で共有認識されるシンボリック属性，文化的に認識されるシンボリック属性という順でその多様性は小さくなる。

> 知覚符号化

属性を通じた「意味づけ」においては，消費者が自らのマインドの中で，その製品やブランドに関連して一体何を結びつけていくかが重要となる。したがって，この結びつけの行われるプロセスを理解していく必要がある。消費者情報処理研究では，「知覚符号化」とよばれてきたものがこれに該当する。この概念の具体的内容は，「客観的特性の『かたまり（=bundle）』である商品が1つの目的の達成に寄与するかどうか（つまり1つの属性をもつかどうか）を消費者が判断するプロセス」（中西 [1984]）であると考えられてきた。

属性を具体から抽象の水準で捉えると，具体的水準には客観的・物理的な特性的属性があり，抽象的水準には主観的な実体のないシンボリック属性があり，その中間的な位置に便益的属性が考えられる。これらの点と消費者間での多様性を考えると，解釈が行われる知覚符号化のプロセスには2つの側面があることがわかる。

> 属性にもとづく解釈

1つは，具体的な特性である特性的属性を媒介として，便益的属性と製品やブランドを関係づけるプロセスとしての知覚符号化である。厳密に言えば，

便益としての機能的な目的達成のために，具体的で客観的な特性的属性が，主観的な便益の属性にどう変換されるかという側面である。たとえば，滋養強壮という目的のために購買される健康ドリンクの場合，「タウリン 1000 mg」という客観的な特性的属性が，「体力の回復」という主観的な便益的属性に変換されるプロセスである。ここでは，便益的で機能的な意味で解釈がなされる。

もう1つは，より個人的に，あるいは下位文化や文化で間主観的に認識されるシンボリックな目的達成のために判断される側面である。消費者が製品やブランドに期待するのは，客観的な特性的属性が便益的で機能的な目的の達成に寄与するという側面だけではない。客観的な特性的属性とは関係なく，主観的で精神的な実体のないシンボリック属性を消費者は製品やブランドに期待する。ここでは，シンボリックな表象的意味が解釈される。

特性的属性を起点とした場合，ボトムアップ的なデータ駆動型処理のプロセスに対応する。ここでは特性的属性が客観的な外部データとなり，これらにもとづいて便益的で機能的な解釈として意味づけが行われる。一方のシンボリック属性を起点とした場合には，製品やブランドに期待する主観的で実体のないシンボリック属性が，意味づけに大きな影響を与える。そこでは，製品やブランドに対して消費者の内部でシンボリックに期待される何かが，トップダウン的な理論駆動型処理によって導かれるのである。

状況にもとづく解釈

「パソコンは人を殴る道具」（石井［1992］）である。これは，マーケターが意図したとおりに製品やブランドは使用されない可能性があることを極端に言い表したものである。シンボリック属性が，トップダウン的に製品やブランドに期待されるように，使用状況や使用目的である用途が解釈を導く側面を理解する必要がある。

この点をもう少しよく考えてみると，「ジャージは，スポーツウ

ェアなのかファッション衣料なのか」「ヘルシア緑茶は,お茶なのか薬なのか」という製品やブランドが使用される状況や用途において,消費者がどう判断するかという製品やブランドの定義,さらにはカテゴリーや市場の定義に関わる重要な問題がここには含まれているのである。どのように消費者に定義されるかにより,競合製品や競合ブランドが大きく異なってくる。

消費者は,認識された問題に対する解決策を探索する中で,自らの置かれる状況にもとづいて製品やブランドを意味づける。このような状況にもとづいて製品やブランドを意味づける情報処理は,**カテゴリー化**(categorization)とよばれる。第8章の認知構造のダイナミックな性質で説明したカテゴリー構造(198頁)のあり方と密接に関係して,カテゴリー化という情報処理により解釈が行われるのである。

一般にカテゴリー化とは,分類や識別に関する情報処理という限られた見方にとどまっているが,製品やブランドを同定し,さらに意味を見いだす情報処理でもある。「わかる」の語源は「分ける」にあると言われるように,分類や識別をもとにして,存在や意味を理解するという高度な認知的情報処理なのである。消費者は,状況にもとづいて自由なカテゴリーを創造して,製品やブランドへの意味づけを行っているのである。

第8章で述べたように,カテゴリー構造には,分類学的なカテゴリー構造,典型性にもとづくカテゴリー構造,アドホック・カテゴリー構造という3つのタイプが考えられている。これらの認知構造にもとづいて解釈が行われる可能性がある。

分類学的なカテゴリー構造にもとづくとき,カテゴリーとそのカテゴリー内のメンバーとの帰属関係が重要になる。この帰属関係を規定するのは,定義的属性とよばれるカテゴリーのもつ特性的属性である。これにもとづいて,そのメンバーのカテゴリーが規定され

る。製品やブランド間の識別や類似性といった解釈は，通常このカテゴリーを想定して行われる分類作業である。

典型性にもとづくカテゴリー構造により解釈がなされるときには，その状況に最もふさわしいプロトタイプやエグゼンプラーが，認知上で典型的な製品やブランドとして表象される。これらを準拠基準として，その状況で入手可能な解決策となる製品やブランド群との適合性をはかりながら解釈が行われる。

状況にもとづく意味づけは，アドホック・カテゴリー構造を前提にして行われることが多い。ここでは，客観的な特性的属性ではなく，消費者の置かれる状況やその状況における目的に応じてカテゴリーが形成されるからである。人を殴る道具のカテゴリーには，「グローブ，おたま，……，パソコン」などが含まれ，このアドホックなカテゴリー化によって，製品やブランドには次々と新たな意味が見いだされる。「パソコンは人を殴る道具」の1つになるというのは，まさにこのことなのである。

シンボリック属性にもとづく解釈と状況にもとづく解釈には密接な関係がある。先の例で言えば，個人的な経験を反映した「下宿」という状況におけるシンボリックな「カップヌードル」，あるいは下位文化を形成すべく「六本木」に集う若者たちの間で間主観的に共有されるシンボリックな「BMW」は，このような状況にもとづくアドホック・カテゴリーによって導かれるからである。アドホックな状況やその状況における目的に適合するよう，個人的なマインドの中に，あるいは下位文化や文化で共有される間主観的なマインドの中に，実体のないアドホックなカテゴリーが形成され，そのカテゴリーの中に適切な製品やブランドが意味づけられていくのである。

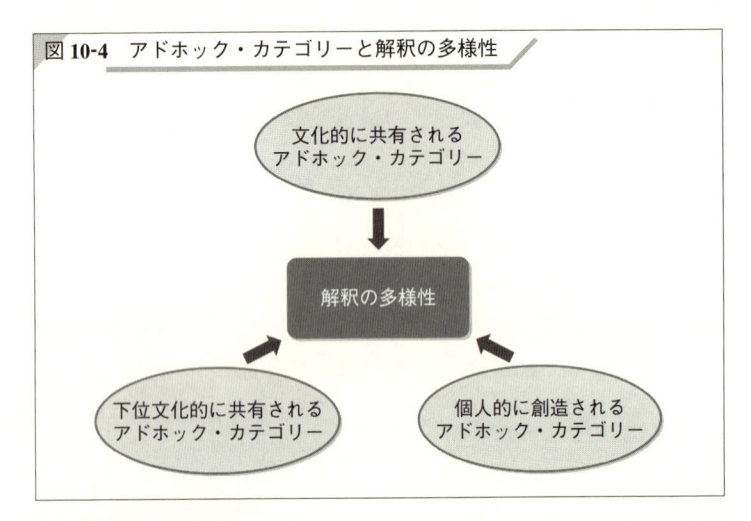

図10-4 アドホック・カテゴリーと解釈の多様性

- 文化的に共有されるアドホック・カテゴリー
- 下位文化的に共有されるアドホック・カテゴリー
- 個人的に創造されるアドホック・カテゴリー
- → 解釈の多様性

解釈の多様性を規定する要因

図10-4は，アドホック・カテゴリーと解釈の多様性との関係を示している。消費者が自由に創造するアドホック・カテゴリーは，解釈を多様化する重要な要因の1つである。ここでは，なぜ多様な解釈が生まれるのかに焦点を当て，解釈を多様化する要因を明らかにする。

第1には，文化的要因である。あるシンボリック属性を共有認識とする文化が，解釈の多様化を生む1つの要因と考えられる。文化が異なれば解釈も異なる。初めてみそ汁を飲む外国人が「みそ汁はおふくろの味」とは解釈しないであろう。第2の要因は，下位文化である。同一の文化圏内でも，製品やブランドに期待されるシンボリック属性は異なることがある。あるシンボリック属性を共有する下位文化が，解釈を多様化する可能性がある。「無印良品」について，洗練された賢い消費者が選ぶ西友のプライベート・ブランドと意味づける主婦もいれば，ハイステータスなブランドとして解釈する女子高生もいる。第3の要因は，個人的な要因である。

とりわけ解釈は、消費者のもつ既存の知識に依存した処理能力に大きく影響を受ける。第8章でも述べたように、認知要素の結びつきで構築された認知構造や、認知要素を結合させる精緻化能力などにより、解釈は多様化されるのである。

Column ⑳ プロトコル・データにみる探索中の準拠基準

実際の購買時や広告などの情報に接している間に、考えていることや感じることをそのまま言葉にしてもらう「プロトコル・データ」(protocol data) から、情報の探索と解釈との興味深い関係が示唆された。

ディスカウント店にて3000円の予算で運動靴の買い物をしてもらい、その買い物中のプロトコル・データを入手し、その間における消費者の情報処理の内容が考察された。消費者Aは、買い物開始後4分ほどで最終選択肢を有力候補として記憶に留め、残りの20分ほどをこの最終選択肢の再確認のために、「他にもっとよいものはないか」という具合に他の選択肢との比較検討に費やした。消費者Bは、「前にもっていた靴」を意識して、わずか3分ほどで最終選択肢に遭遇し、消費者Aと同様に残りの時間をこの選択肢の確認作業に当てていた。

ここには、消費者が探索プロセスにおいて、店頭にある無数の選択肢や自らの記憶の中から、解釈の準拠基準となる選択肢を一時的にすばやく設定し、他の入手可能な選択肢との比較検討による解釈をはかりながら、購買していくという姿が示されている。

表 10-3 最終選択肢の早期確定

	合計探索時間	最終選択肢の確定
消費者 A	24分30秒	4分
消費者 B	22分23秒	3分

(出所) 阿部 [1981] より抜粋。

Keywords

内部探索　外部探索　事前購買探索　継続的探索　探索方略　想起集合　考慮集合　データ駆動型処理　理論駆動型処理　知覚符号化　カテゴリー化

演習問題

10-1　これから購買する予定の製品を列挙し，それぞれについて，どのような情報が内部探索により再生されるかを記録してみよう。また，再生された情報を分類し，なぜ再生されたのかを考えてみよう。

10-2　いくつかの製品を取り上げ，そのシンボリック属性を記録してみよう。また，なぜそれがシンボリック属性として考えられたのかを考えてみよう。

10-3　いくつかの状況を設定して，それぞれの状況にもとづくアドホック・カテゴリーに，どのような製品が含まれる可能性があるかを考えてみよう。

参考文献

阿部周造［1981］「消費者情報処理の経験的研究」『マーケティングジャーナル』第3号，12-22頁。

石井淳蔵［1992］「マーケティングの神話」『神戸大学経営学部研究年報』第38号，45-79頁。

石井淳蔵［1993］『マーケティングの神話』日本経済新聞社。

中西正雄編著［1984］『消費者行動分析のニュー・フロンティア――多属性分析を中心に』誠文堂新光社。

森田正隆［2010］「SNSを活用したマーケティング・コミュニケーション――資生堂アクアレーベル」池尾恭一・青木幸弘編『日本型マーケテ

ィングの新展開』有斐閣。

Bloch, P. H., D. L. Sherrell and N. M. Ridgway [1986] "Consumer Search: An Extended Framework," *Journal of Consumer Research*, Vol. 13 (June), pp. 119-126.

Hirschman, E. C. [1980] "Attributes of Attributes and Layers of Meaning," *Advances in Consumer Research*, Vol. 7, pp. 7-12.

Hoyer, W. D. and D. J. MacInnis [1997] *Consumer Behavior*, Houghton Mifflin.

Lindsay, P. H. and Norman, D. A. [1997] *Human Information Processing: An Introduction to Psychology*, 2nd ed., Academic Press. (中溝幸夫・箱田祐司・近藤倫明訳 [1983, 1984]『情報処理心理学入門 (Ⅰ：感覚と知覚, Ⅱ：注意と記憶)』サイエンス社。)

第11章 購買時の情報処理

Introduction
この章では消費者の購買時の情報処理を取り上げる。ここでのポイントは製品やサービスの最終的な選択であるが、その際の情報処理のあり様は、処理される情報の質と量においてさまざまな姿を見せることになる。たった1つの情報でパッと決めてしまうこともあれば、多くの情報に向きあってじっくりと製品を選ぶこともある。こうした情報処理の多様性は、消費者がそのときどきの状況に応じて情報処理のモードを変化させることに由来している。消費者の個人差要因と情報処理環境との交互作用によって情報処理のモードが決まっていくメカニズムを、コンティンジェンシー・モデルをもとに理解していく。

1 低関与情報処理

処理される情報の質と量

購買意思決定プロセスにおいて、製品やサービスを選択し、実際に購入するという段階は、とりわけ注目の集まる部分である。消費者は、探索と解釈によって獲得したさまざまな情報を組み合わせ、最終的な選択へと結びつけていく。そのあり様は処理される情報の質と量から整理できる。

第9章でも見たとおり、消費者が行う意思決定の多くは、模範

解答どおりの理想的な手順に沿って進められるわけではない。むしろ，多様な意思決定ルールを使い分け，そのときどきの情報処理を変化させているところに特徴がある。このとき消費者が用いる意思決定ルールによって，処理される情報の量は大きく違ってくる。たった1つの属性，たった1つの選択肢を見ただけで選択を終える場合がある。それとは逆に，たくさんの情報を集めて念入りに処理を進めていくこともある。意思決定ルールの使い分けは，どれだけの量の情報を処理するのか，あるいは処理したいと思うのかという問題でもある。

処理される情報には質的な相違もある。ここで処理されるのは，技術や性能などの製品そのものについての情報だけだとは限らない。低関与で視聴されることが多いテレビ広告では，繰り返し接触することで好意的な感情をもつようになるという単純接触効果（mere exposure effect）が重要となることがある。製品の詳細について知識がさほど増えなかったとしても，親近感が増すことによって，選択につながりやすくなるのである。あるいは，広告に登場している有名スポーツ選手や芸能人が好きだという理由で製品が購入される場合もある。

音楽の好悪による影響　ここで広告における音楽の影響を扱った実験を紹介しておこう（Gorn［1982］）。ゴーンは，ライトブルーとベージュの2種類のペンの広告を用意して実験を行った。これらのペンの色は，中立的な反応が得られることを事前に確認して選ばれたものである。実験の参加者はそのうち1つの広告を見るのだが，同時に広告のBGMとして，好きな音楽か嫌いな音楽のいずれかを聴くことになっていた。音楽についても，あらかじめ好悪の傾向を確認したものを用いている。まとめると，①好きな音楽を聴きながらライトブルーのペンの広告を見る，②好きな音楽を聴きながらベージュのペンの広告を見る，③嫌いな

表 11-1　音楽が選択に及ぼす影響

広告の BGM	選択結果	
	広告対象のペン	広告対象でないペン
好きな音楽	79%	21%
嫌いな音楽	30%	70%

(出所)　Gorn [1982] より作成。

音楽を聴きながらライトブルーのペンの広告を見る，④嫌いな音楽を聴きながらベージュのペンの広告を見る，という 4 つのグループに参加者を分けたことになる。参加者はいくつかの作業を行った後，会場の出口で調査の謝礼としてペンを受け取った。広告の対象となったペンであるが，ここではライトブルーとベージュの両方が用意されており，好きなほうを選ぶことができた。

この実験で明らかにしようとしたのは，好きな音楽を聴きながら広告を見れば，広告されていた製品が好きになり，嫌いな音楽を聴きながら広告を見れば，広告されていた製品が嫌いになるという仮説である。はたして結果は想定されたとおりとなった（表 11-1 参照）。好きな音楽を聴きながら広告を見たグループでは，79% が広告されていたペンを選び，残り 21% が違う色のペンを選んだ。一方で嫌いな音楽を聴いたグループでは，30% が広告されていたペンを選び，70% が違うほうを選んでいた。つまり，広告の BGM が好きか嫌いかによって選択結果が左右されたのである。

周辺的情報の影響　消費者が処理する情報の中には，先ほど取り上げた音楽のように，もともと製品とは無関係だったはずのものも多く含まれている。ここでは製品そのも

のについての情報を**中心的情報**，製品そのものとは直接関係のない情報を**周辺的情報**とよんでおくことにしよう。

周辺的情報の代表的なものは製品の推奨者である。有名人（アニメーション等のキャラクターを含む）が広告に登場してくるのは日常的な光景である。権威ある（と思われる）第三者機関や雑誌等で高い評価を得ることもあるだろう。スポーツイベント・音楽イベントへの協賛や，有名百貨店での取り扱いが一種の御墨つきとして作用することもある。あるいは原産国や原産地の名前が，本場であるとか，高品質であるといった特定のイメージに結びつくこともある。これらは，製品の周辺にあるものへの評価が製品と結びつくことによって，影響力を示してくるのである。

古典的条件づけ

周辺的情報の影響力はどのようにして生まれてくるのか。ゴーンの実験で検証されたのは**古典的条件づけ**（classical conditioning）という学習のメカニズムである。パブロフの犬の条件反射と言えばピンとくる人も多いだろう。犬にメトロノームの音を聞かせた後で餌を与えるという操作を繰り返すことによって，その音を聞くだけで唾液が分泌されるようになるという実験である。餌（無条件刺激）によって唾液分泌（無条件反応）が生じるという関係は，この犬にとって実験の前から存在している。そこにもともと無関係のメトロノームの音（条件刺激）が持ち込まれることで，やがて音が鳴るだけで唾液分泌（条件反応）が生じるようになった。条件刺激と条件反応の関係が学習されたのである。

広告のBGMとペンの選択の関係も同様である。ある音楽についての好悪は，無条件刺激と無条件反応の関係である。広告では，条件刺激としてペンを持ち込むことによって，条件反応としての好き嫌いの感情と広告対象のペンを結びつけているのである。

表 11-2 動機づけによる選択への影響

選択への意識づけ	広告の何に影響されたか	
	メッセージ	音楽
あり	71%	29%
なし	37%	63%

(出所) Gorn [1982] より作成。

周辺的情報か,中心的情報か

　先ほど紹介したゴーンの実験には,実は続きがある。音楽を聴きながらペンの広告を見るという基本の部分は同じであるが,その後の選択を意識するか否かを実験的に操作することで,その違いを明らかにしようとしたのである。

　こちらの実験の参加者は,ライトブルーとベージュのペンの広告を両方とも見ることになった。ただし,広告の訴求内容が変えられており,一方の広告は好ましい音楽(周辺的情報)を訴求点として,もう一方の広告はペンの書き心地や性能のよさを伝えるメッセージ(中心情報)を訴求点として提示された。実験の結果は,選択への意識づけの操作を受けたグループでは中心的情報からの影響を受けており(71%対29%),そうした操作がなかったグループでは周辺的情報の影響を受けている(63%対37%)というものであった(表11-2参照)。

　これらの実験からわかるのは,低関与の状態にある消費者が周辺的情報によって強い影響を受けていること。そして逆に,選択への意識づけを操作された高関与の状態,すなわち動機づけが高められた状態では,むしろ中心的情報が処理されているということであ

る。このように消費者は、処理する情報の質と量の両面において、状況にあわせた変化をさせているのである。

2 情報処理のモード

精度と負荷のトレードオフ

消費者は、さまざまな**情報処理のモード**を使い分けている。どのような意思決定ルールを用いて、どれだけの量の情報を処理するのか、どのような質の情報を処理していくのかを直面する問題にあわせて変化させているのだ。ちょうどそれは、服の着こなしを変えるのと似ている。フォーマルな席ではそれにふさわしい服装を着用し、毎日の生活では仕事着や普段着があり、リラックスするときには部屋着やパジャマを身に着ける。なぜそれらを変えるかといえば、それぞれに一長一短があるからである。きちんとして見えることと、窮屈でなくくつろげることの間には、同時にはなかなか両立できないトレードオフの関係がある。

同じように、消費者の情報処理のモードにもトレードオフ関係を見ることができる。選択にあたって期待できる**精度**（accuracy）と、それを実現するためにかかる**負荷**（load）のトレードオフである。ここで精度とは、模範解答としての多属性効用理論と比較しての正確さである。多属性効用理論を用いれば、高いレベルで安定した選択結果が得られるはずである。一方で、当たり外れの激しい方法を用いれば、選択結果から得られる価値の平均はずいぶんと下がってしまうだろう。また、処理にかかる負荷の高低によって、そこで必要となる時間と労力の高低が決まってくる。

製品の品質に直結するような情報を数多く集めて、慎重にバランスをとりながら処理を進めれば、精度の高い選択をすることができ

るだろう。ただし，その実現のためには高い負荷がかかってくる。つまり，たくさんの時間と労力を必要とするのであり，もし仮に与えられた時間が短かったとすれば，限度を超えた認知的労力が要求されてしまい，選択そのものが実行不可能となることもある。情報過負荷の状態である。

　一方で，限られた一部の情報だけを処理するのであれば，負荷は相対的に低くなる。わずかな労力で選択することができるし，短時間でのすばやい選択も可能となる。しかし裏を返せば，少ない情報のみに頼ることになるため，情報の見落としによって失敗する危険性の高まることは否定できない。期待できる精度が落ちてしまうのである。「安物買いの銭失い」ということわざがあるが，単に安いからといって品質の悪いものを買ってしまうことを戒めるものである。これは辞書編纂型ルールの適用例であるが，最も重要とされた価格以外の属性を処理しないことが根本にある。同じように，たとえもし広告に登場する有名人が好きだったとしても，広告された製品が自分の要求にあっているかどうかを，そこから直接知ることはできない。こうして処理する情報を絞ってしまうことで，本来ならチェックしておくべき情報を無視した決定が起こりがちとなるのである。

最適化，満足化，単純化

　精度を高めることを優先させるか，負荷を低くおさえることを優先させるかによって，情報処理のモードは違ってくる（表11-3参照）。

　高い負荷がかかるのを覚悟したうえで，情報処理の精度を高め，とにかくベストを追求するような姿勢を**最適化**（optimizing）という。最適化をめざした高負荷の情報処理においては，補償型意思決定ルールが有効である。加算型ルールや加算差型ルールを用いて，重要度の高い属性を重視しつつも，多くの選択肢の中から丁寧に

表 11-3 情報処理のモード

情報処理のモード	高負荷の情報処理	中負荷の情報処理	低負荷の情報処理
処理の目標	最適化	満足化	単純化
求められる精度	ベスト	満足可能	満足可能
主として用いられる意思決定ルール	補償型意思決定ルール	非補償型意思決定ルール,段階型ルール	感情参照型ルール

選択を進めていく。これらのルールの根底にあるのは、選択肢が何かある属性で劣っていたとしても、他の優れた属性によってカバー（補償）できるという発想である。1つのことに目を奪われてしまうのではなく、全体を見て総合的な判断を下していこうとするのである。

次に、ある一定の精度が確保されればよしとして、その分の負荷を減らすように考えるモードがある。必ずしもベストは追求しないという姿勢であり、満足できる結果であればそれで十分とするところから**満足化**（satisficing）とよばれている。この場合の負荷のレベルは中程度であり、非補償型意思決定ルールのあてはまりがよい。ただし、どのくらいの精度を求めるかによって、実際にはかなりの幅が出てくる。たとえば連結型ルールでは、検討する各属性に対してすべての要求水準を満たす選択肢がみつかれば、もうそれで満足だと考えて選択を終えてしまう。そこではポイントを絞った情報処理がなされており、すべての選択肢を検討してからとか、総合評価の最も高いものを選ぼうといった発想は捨て去られている。そうすることで時間も労力も節約できるからである。

もう少し精度を高めようとするならば、非補償型意思決定ルールと補償型意思決定ルールを組み合わせた段階型ルールが現実的にな

る。初期の段階で逐次消去型ルールなどを用いて大胆に選択肢の数を減らしてしまい,残された少数の選択肢に対して加算差型ルールなどをあてはめていくのである。たとえば,一定水準の価格の範囲で選択肢を絞ってしまったり,2つか3つのよく知っているブランドの製品に候補を絞り込んでしまったりすることがある。そのうえで補償型の比較検討を行っていけば,負荷を大きくしすぎることなくバランスのとれた選択ができるだろう。とはいえ,最初に排除してしまった選択肢の中に,実際には最も優れた製品が入っていたということも起こりうる。その意味で,やはり精度が犠牲になっている部分がある。また,最初の絞り込みを緩く行ってしまえば,精度は高まるかもしれないが,かかってくる負荷の面で最適化をめざすのとあまり違いがなくなってしまう。ここからもわかるとおり,最適化と満足化には明確な境界があるというよりも,むしろ相対的なものである。

負荷を減らすことを優先して,選択を極度に**単純化**(simplifying)することもある。フレデリックによれば,こうした低負荷の情報処理は,好きだから選択する(choosing by liking)とか,それが標準だから選択する(choosing by default)といったヒューリスティクスが基本になっており,直感に依拠したものであることが多い(Frederick [2002], *Column* ㉑も参照のこと)。ここではこれらをまとめて感情参照型ルールに分類しておこう。たとえば居酒屋で,ほとんどオートマチックに「とりあえずビール」と注文することがある。こうした習慣的な反復購買は現状維持(status quo)というヒューリスティクスにもとづいており,いつもと同じものを選んでおけば間違いないだろうという単純化の経験則である。あるいは特別に気に入った色だとか,信頼する専門家がそれを推奨していたからといった理由で選択するのも単純化である。低負荷の情報処理において満足可能な精度が得られることは暗黙の前提となっているが,

それが必ずしも実現されるわけでないことは注意が必要であろう。

Column ㉑ 二重過程モデル

近年，人間の情報処理の研究で注目を集めるのが，人間の思考を2つの異質な認知過程に分けて捉えようとする二重過程モデル（dual-process model）である。直感的で自動的に作用するシステム1は，認知的な負荷が少なく，すばやく判断できることを特徴とする。生存に利する仕組みとして進化の中で獲得されてきたものであり，これに加えて，自転車や自動車の運転のように訓練によって自律性を得たもの，何度も繰り返し経験することで選択が単純化されることなどが含まれる。一方のシステム2は，理性によって論理的な判断を導く。分析的で時間のかかる思考であるため，どうしても負荷が大きくなる傾向がある。本章で説明した情報処理のモードに対応させてみれば，低負荷の情報処理がシステム1に，高負荷および中負荷の情報処理がシステム2に相当する。

時として，システム1とシステム2はまるで違う判断を下すことがある。直感を優先させるほうがよいことも多いのだが，長期的な視野で理性的に考えれば，別のものを選択するのがよいという場面も少なくない。たとえば，目の前に甘いお菓子があれば，それを食べたいと思う。これは人間の進化において甘味を求めることが適応的だったためである。しかし現代社会において，糖分はいつでも豊富に手に入るものとなり，健康上の理由などからカロリー制限をしたほうがよいと考えることも増えてきている。ここに葛藤が生じるのである。システム1の判断をシステム2の判断で上書きできるかどうかもまた動機づけと能力に依存している。

情報処理環境の影響　さまざまある情報処理のモードを，消費者はどのように使い分けているのか。選択に

伴う精度と負荷の水準をどのように選んでいるのか。ここで鍵を握るのが，消費者の個人差要因および情報処理環境である。すなわち，内的および外的な状況に依存して決定の方法を決めているという**コンティンジェンシー・モデル**（contingency model）で捉えることができるのである（*Column* ㉒を参照）。個人差要因としての動機づけと能力の説明については第Ⅲ部を参照してほしい。ここでは，ビーチとミッチェルの分類に従って，情報処理環境を構成する要素を整理しておこう（Beach and Mitchell ［1978］）。

　これまでに類似した環境を経験したことがあるかどうかによって，消費者にかかる負荷は変わってくる。初めて訪れる店で買い物をするときのように不慣れ（unfamiliarity）な環境であれば，自然と負荷は高まってしまう。処理すべき情報の配置がわからなかったり，不必要な情報にもいちいち目が留まったりするためである。似たような環境を何度も繰り返し経験することによって，検討すべき属性や無視してもかまわない情報が知識として蓄積される。かける負荷を低減させていったとしても，一定の精度を確保した選択ができるようになってくるだろう。

　環境の中に曖昧性（ambiguity）があると，必要な精度を確保するために要求される負荷が高まることになる。情報が一部欠落していたり，情報の信頼性に疑問があるような場合である。またここには，解決すべき問題の曖昧さなども含まれてくる。

　環境の複雑性（complexity）の高低は，かかってくる負荷の高低と密接に関連してくる。仮に最適化をめざしていたとしても，目の前にある選択肢や，検討すべき属性の数があまりにも多いような場合，最適化をあきらめるように方針を切り替えるかもしれない。

　市場への新製品の投入によって，それまで注目されなかったような属性が突然に選択のポイントとなることがある。あるいは昨今のエコロジー関連製品のように，購入のコストを左右するはずの補

助金や税金の制度がしばしば（ときとして唐突に）変更されたりもする。このように環境が不安定性（instability）を抱えていたりすると，精度と負荷の関係にも影響が及んでくる。

選択の結果が取り返しがつかないことを不可逆性（irreversibility）とよぶ。頻繁に購入するような製品であれば，仮に失敗したとしてもそのときに多少の不便を感じるだけで，すぐ次の機会がやってくる。あるいは，交換や返品などの方法で選択を修正することができることも多い。しかし，そうした修正がまったく不可能だったり，非常に困難な場合がある。そうすれば，失敗の危険を少なくしたいと考え，求める精度の水準も上がってくることになるだろう。

選択の重大性（significance）とは，そこにかかっているものの大きさを言う。乗用車や不動産のような金銭的負担の大きな製品であれば，精度を高めようとする意識は高まってくる。

選択は個人的になされるものばかりではない。社会的になされる選択においては説明義務（accountability）が生じてくる。身にまとうファッションは言うまでもなく，持ち歩く道具などにおいても，他人の目を気にするようなことは多い。あるいは誰かへプレゼントするとなれば，選んだものを相手がどう評価するかが気がかりとなってくる。これもまた精度を求める方向へ進ませる要素である。

最後に挙げておきたいのは，時間や金銭の制約（time and/or money constraints）である。駅の売店で短い待ち時間に買い物をすることがある。そこで精度を求めた決定をしようとしても困難であろう。また，実際の製品に触れたいと思っても，遠方にあるショールームに足を運ぶことができず，一部の情報だけで選択せざるをえないこともある。このように，用いることのできる情報が時間的あるいは金銭的に制約されてしまうことがある。

Column ㉒　さまざまなコンティンジェンシー・モデル

　人間の決定や行動が一様ではなく，さまざまなパターンに分類できることがある。また，その中のどれが適切であるかが，状況に応じて変化してくることがある。こうした状況依存性にもとづく理論の枠組みをコンティンジェンシー・モデルという。消費者の購買行動に関係するものをいくつか紹介してみよう。

　最寄品，買回品，専門品という古典的な製品分類はよく知られている。この分類の基礎にあるのは，製品の購買に求められる負荷である。つまりこれは，情報処理の観点で言えば，どれだけの時間と労力をかけて製品を購買しようとするのかという分類にほかならない。

　ハワードは，消費者が事前にもっている知識量にもとづいた分類を示している。まったくのゼロから情報を集めていくような状態（包括的問題解決），何を基準に製品を選べばよいか知っているが，個々の製品についての情報が不足している状態（限定的問題解決），必要な情報をほとんどすべて記憶の中に持ち合わせている状態（常軌的反応行動）である。この3つの状態は，経験を重ねて知識量が増えるのにあわせて変わっていくとされている（Howard [1977]）。

　動機づけと能力によって処理される情報の質が変化すると考えたのは，説得研究においてペティとカシオポが提唱した精緻化見込みモデル（elaboration likelihood model）である。説得的なメッセージを理解するための動機づけと能力が揃えば，メッセージそのものが重視され，そのメッセージに納得したときに態度変容が生じる。しかし，そのいずれかが欠けた場合，メッセージを伝える人物が誰かというような周辺的手がかり（peripheral cue）がもととなり態度変容が引き起こされる。一見すると同じように説得された状態であっても，その内実はかなり異なった様相を示すことになる。

　探索される情報の内容に着目した池尾モデルは，動機づけとしての購買関与と，能力としての製品判断力をもとにしている（池尾 [1999]）。購買行為の重要性を強く感じている消費者は，失敗を嫌って多くの情報に接しようとする。そうでない消費者は，製品間の差はとくにないと考えてあまり多くの情報を必要としない。また，製品判断力の高い消費者は，専門的な情報に接したとしてもそれを上手に消

化することができる。逆に能力の低い消費者は、そうした生の情報を消化することができず、誰かがそれを噛み砕いた解釈済みの情報でないと処理することができない。ここから、どのような質と量の情報を探索しようとするのか、どういった経路から情報を入手しようとするのかが決まってくるとしたのである。

動機づけと能力の作用

これらの情報処理環境の要素が組み合わさることによって、情報処理に向かう動機づけと能力が形成される。高負荷の情報処理によって精度を高めていくためには、それをしたいと思う高い動機づけが必要となる。逆にそうではなく、動機づけが低い状態であれば、それなりの精度で十分と考える満足化や単純化へと進んでいくことになるだろう。動機づけの高さに加えて、高い負荷の情報処理をこなすだけの能力をもつことも必要である。能力が不足すれば、情報過負荷に陥ってしまい、選択そのものが困難になってしまう。この場合も、最適化よりもむしろ満足化が志向されることになる。

動機づけの基礎をなすのは関与である。そこに情報処理環境からの影響が加わることによって、情報処理に向かう動機づけが形づくられる。もともとは関心の低い製品分野であったとしても、たとえばギフト購買のように説明責任が加わったり、乗用車を買うような重大性の高まる環境に置かれたりすれば、動機づけは高まってくる。一方で安価な製品や、繰り返し購入するような製品、他人の目を気にする必要がないような製品であれば、動機づけは総じて低くなるだろう。

情報処理能力の基礎は知識にある。こちらも同じように情報処理環境からの影響を交えて構成されてくる。最初は不慣れな環境で

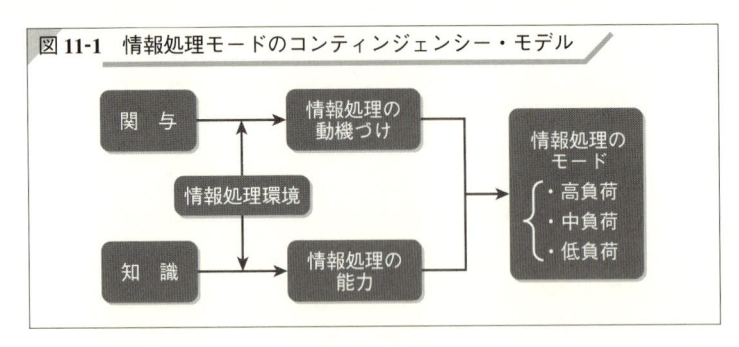

図 11-1　情報処理モードのコンティンジェンシー・モデル

```
関　与  ──→  情報処理の       ┐
   ↕         動機づけ         │   情報処理の
      情報処理環境           ──→   モード
   ↕                           │   ・高負荷
知　識  ──→  情報処理の       │   ・中負荷
             能力              ┘   ・低負荷
```

も，経験を重ねることによってよく知った環境となり，そこでの処理能力は高まってくる。逆に曖昧性があったり，複雑性や不安定性があったりするような環境では，相対的に発揮できる能力は低くなってしまう。時間や金銭の制約による影響も大きい。いくら豊富な製品知識があったとしても，ごく短時間での選択となれば，発揮できる能力はわずかに留まってしまう。それとは逆に，たっぷり時間をかけて選択に臨むことができれば，もともとの知識量が仮に少なかったとしても，多くのことを学びながら能力を高めていき，複雑で負荷の高い決定をこなしていくこともできるようになる。

　このようにして，消費者が情報処理を進めていくモードの違いは，消費者の個人差による要因と情報処理環境との交互作用の中で図式化することができる（図11-1参照）。もともとある消費者の関与と知識は，情報処理環境のさまざまな要素を媒介としながら，情報処理に向かう動機づけと能力を形成する。それらが高ければ高い負荷の情報処理で最適化をめざし，そうでなければ自らの動機づけと能力に見合ったレベルの負荷の情報処理により満足化をめざすようになる。また，処理そのものを進めようとする動機づけがなかったり，与えられた時間が短いなどの理由から能力に強い制約がかかったりする場合には，単純化による低い負荷の情報処理が選ばれることになる。

3 相互適応的な情報処理

市場の制約と企業のマーケティング行動

消費者を取り巻く情報処理環境において，企業のマーケティング行動がはたす役割は大きい。とりわけ製品やサービスを購入する場合，製品という形で選択肢を提供するのは企業である。意思決定における選択肢の集まりは**考慮集合**（consideration set）とよばれている。消費者の考慮集合は市場にある製品群を母体とするため，企業のマーケティング行動が考慮集合の形成に強い制約を加えてしまうのである。

たとえば，ある製品が気に入って，いつもそれを買っている消費者がいたとしよう。だがしかし，現代の市場において製品の終売（販売終了）やモデルチェンジは頻繁に起こりうる事態である。また，店頭の効率化を推し進める流通企業の行動によって，そもそも製品が棚に並ばないとか，並ばなくなったということも決してめずらしくはない。こうして考慮集合の幅は市場によって狭められてしまう。一方で，新しい製品も絶え間なく市場に投入されている。消費者がそれを選択肢として認識したならば，考慮集合の幅は逆に広げられてくる。このような作用を経て，消費者の考慮集合は市場に制約されることになる。

もちろん，企業の側も市場による制約を受けている。自分たちの送り出した製品の売上が市場での成果として戻ってくるからである。そこには，消費者の購買行動が色濃く反映されている。それらを判断材料として，企業は自身のマーケティング行動の修正を求められるのである。

こうして消費者と企業は，相手側の行動を集計した結果である市

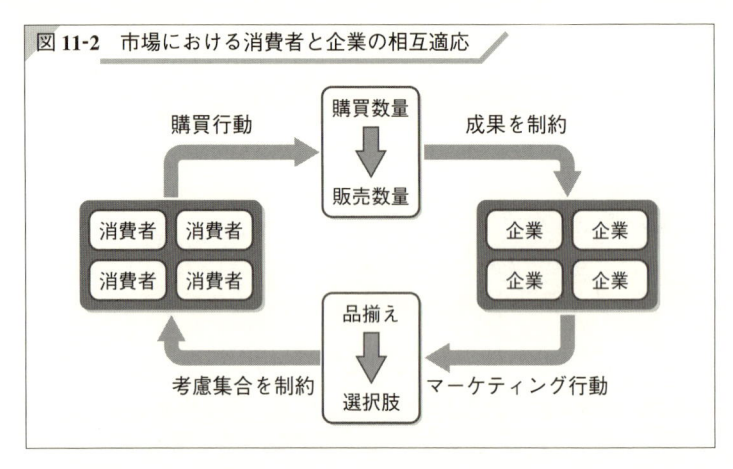

図 11-2 市場における消費者と企業の相互適応

場の制約を受けて行動している。それは相互適応のプロセスだと言うことができる（図11-2参照）。ただし適応といっても，相手側に受動的にあわせるのではない。相手側の次の行動を予測しながら，一手先を打つような形での行動である。企業による新製品の投入はまさにそれだろうし，消費者の側においても，製品やブランドを育てるという意識で未成熟の製品を購入するような場合もある。また，不買という行動で，企業に対しその行動の変更を求めるようなこともあるだろう。

考慮集合の形成

市場からの制約は，情報処理のモードに密接に関連している。最適化をめざすのであれば，考慮集合はできるだけ大きなほうがよい。明らかに劣っているという選択肢以外は，どれが最善の選択肢なのかわからないからである。一方で満足化で十分なのであれば，考慮集合のサイズを小さくすることで，負荷を減らすことができる。単純化においては，そもそも考慮集合のサイズが1ということも多い。いつも同じものを選んでいるような場合である。ここに市場の制約が加わるとどうなるだろうか。事前にあれを買おうと考えていたものが，入手で

図 11-3　考慮集合の形成過程

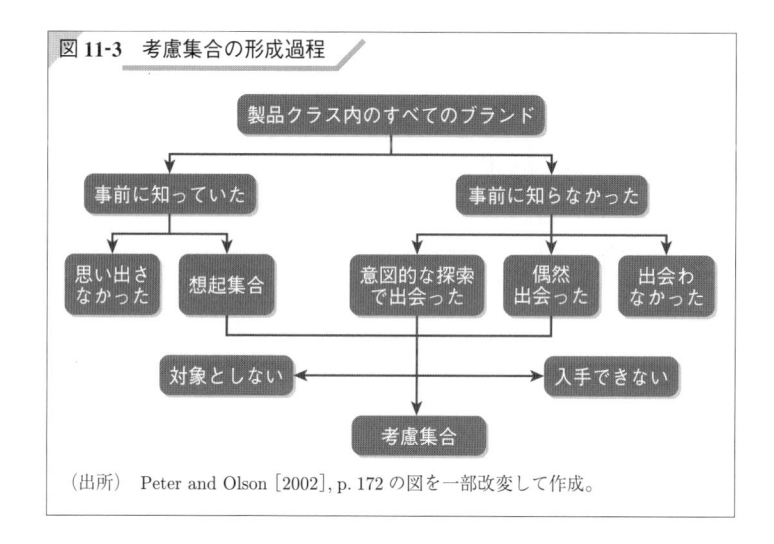

```
              製品クラス内のすべてのブランド
               ↓                    ↓
         事前に知っていた        事前に知らなかった
          ↓        ↓         ↓         ↓         ↓
       思い出さ   想起集合   意図的な探索  偶然     出会わ
       なかった           で出会った   出会った   なかった

         対象としない  ←――――→  入手できない
                    ↓
                 考慮集合
```

（出所）　Peter and Olson [2002], p. 172 の図を一部改変して作成。

きなくなっていたりする。目を引くような新製品が出現していたということだってあるだろう。どの選択肢を考慮集合に含めるかということが揺らいでしまえば，情報処理のモードにも修正が加えられることがある。

　考慮集合の形成過程は，図 11-3 のように表現できる。製品クラス内にあるすべての製品の中で，事前に存在を知っていた製品とそうでない製品がある。事前に知っていた製品は，選択にあたって思い出した製品（想起集合とよばれる）とそうでないままの製品に分けられる。事前に知らなかった製品についても，知らないままで終わる製品もあれば，意図的な情報探索や偶然によって出会う製品がある。こうして想起集合と新たに出会った製品が考慮集合の候補となるのだが，その中でも目的にかなわないといって除かれる製品や入手不可能であきらめる製品がある。最終的な考慮集合はこのようにして構築されていく。繰り返しになるが，考慮集合の形成と，情報処理のモードや用いられる意思決定ルールは表裏不可分の関係にあ

る。

　これまで見てきたとおり，購買時の情報処理は，関与と知識と環境との関係によって動機づけと能力が定まり，それによって決まってくる情報処理のモードにあわせて，その姿を多様に変化させる。また，現実には市場からの制約を強く受けており，それは情報処理の進行とあわせて形成される考慮集合に反映されてくる。何も考えていないかのように同じものをいつも選んでしまったり，悩みに悩んだ末にようやく購入するものを決めていったり，新製品に目が留まってついそれを買ってしまったりするのも，こうした枠組みで理解していくことができる。

Keywords
中心的情報　周辺的情報　古典的条件づけ　情報処理のモード　精度　負荷　最適化　満足化　単純化　コンティンジェンシー・モデル　考慮集合

演習問題

11-1　最近見た広告の中でとくに印象に残っているもの（あるいは影響を受けたもの）を取り上げ，その広告に含まれる要素を中心的情報と周辺的情報に分類してみよう。

11-2　この1週間以内（もっと短い期間でもよい）に経験した選択をすべて振り返り，選択の際の意識として最適化，満足化，単純化のどれが多かったか比較してみよう。

11-3　よく知っている製品分野を取り上げ，そこで何かを購入することを考えてみよう。その際，考慮集合にどのような製品が含まれてくるか，また，考慮集合がどの程度のサイズになるか検討してみよう。

参考文献

池尾恭一 [1999]『日本型マーケティングの革新』有斐閣。

カーネマン,ダニエル(友野典男監訳,山内あゆ子訳)[2011]『ダニエル・カーネマン 心理と経済を語る』楽工社。

鹿取廣人・杉本敏夫・鳥居修晃編 [2008]『心理学(第3版)』東京大学出版会。

無藤隆・森敏昭・遠藤由美・玉瀬耕治 [2004]『心理学』有斐閣。

Beach, L. R. and T. R. Mitchell [1978] "A Contingency Model for the Selection of Decision Strategies," *Academy of Management Review*, Vol. 3 (3), pp. 439-449.

Frederick, S. [2002] "Automated Choice Heuristics," in T. Gilovich, D. Griffin, D. Kahneman eds., *Heuristics and Biases: The Psychology of Intuitive Judgment*, Cambridge University Press, pp. 548-558.

Gorn, G. J. [1982] "The Effects of Music in Advertising on Choice Behavior: A Classical Conditioning Approach," *Journal of Marketing*, Vol. 46 (Winter), pp. 94-101.

Howard, J. A. [1977] *Consumer Behavior: Application of Theory*, McGraw-Hill.

Hoyer, W. D. and D. J. MacInnis [2010] *Consumer Behavior*, 5th ed., South-Western.

Iyengar, S [2010] *The Art of Choosing*, Twelve.(櫻井祐子訳 [2010]『選択の科学——コロンビア大学ビジネススクール特別講義』文藝春秋。)

Keller, K. L. [2008] *Strategic Brand Management: Building, Measuring and Managing Brand Equity*, 3rd ed., Prentice-Hall.(恩藏直人監訳 [2010]『戦略的ブランド・マネジメント(第3版)』東急エージェンシー。)

Payne, J. W., J. R. Bettman and E. J. Johnson [1993] *The Adaptive Decision Maker*, Cambridge University Press.

Peter, J. P. and J. C. Olson [2002] *Consumer Behavior and Marketing Strategy*, 6th ed., Irwin.

Stanovich, K. E. [2004] *The Robot's Rebellion: Finding Meaning in the Age of Darwin*, University of Chicago Press.（椋田直子訳 [2008]『心は遺伝子の論理で決まるのか――二重過程モデルでみるヒトの合理性』みすず書房。）

第12章 購買後の情報処理

Introduction

購買意思決定プロセスは，製品やサービスを入手した時点で終了するわけではない。使用や消費をとおして製品の再評価が行われ，知識を更新することによって，次の購買意思決定へとつながっていく。また，再評価によって製品に対する満足や不満足が形成され，それらは口コミを介して友人知人へと伝えられる。製品の使用は他者とのコミュニケーションのきっかけとなり，そのような社会的相互作用のなかで，消費者は情報を取得し知識を更新していく。購買意思決定プロセスは，消費者個人のなかで循環するプロセスであると同時に，消費者相互の情報のやりとりという横方向の広がりをもったプロセスとして理解することができる。

1 購買後の再評価

使用による製品の再評価

消費者が製品やサービスを購入するのは，決して一度限りの出来事ではない。購買意思決定は，さまざまな製品分野にまたがりながら，日々の生活の中で何度も何度も繰り返し行われている。購入された製品は使用され消費されていく。この実際の使用や消費をとおして，製品は**再評価**される。再評価によって消費者の知識は更新され，次回の購買意思決定へと引き継がれるのである。

各々の製品は，購買に先だって一通り評価をされたはずである。実際に使用してみた結果，事前の評価どおりであると確認できれば申し分ない。「やはり素晴らしい製品だ」「選択に間違いはなかった」といった感想が得られるだろう。しかしときには，事前の評価と使用後の再評価がずれてくる場合がある。「思っていたのと少し違う」「もしかして失敗したかも」という具合にである。

　ここでの再評価は，購入した製品を自分で実際に使用することで行われる。しかし，購買者と使用者が違うこともある。その場合，使用者の意見や感想が購買者へ伝えられることになる。母親が子供におやつを買い与えるようなとき，子供が示す好き嫌いの表現は，母親の知識の中に蓄積されていく。友人にプレゼントをしたようなときには，相手の様子をうかがうことによって再評価がなされていく。製品についての更新された知識は，次に必要となった際に内部探索によって取り出される。その製品を選択肢として想起することもあれば，次回もまた同じものを購入するという選択の単純化に結びつくこともある。また，このような事後の再評価による知識の更新は，購入した店舗や支払方法などについても同様に行われていく。

属性の重要度の更新

　使用による再評価は，製品そのものについてなされるだけでなく，選択の際に重視する属性についても行われる。属性の重要度が更新されるのである。たとえば，豊富な機能があることを理由に製品を選択した消費者がいたとしよう。いろいろなシーンに対応できるといった事前のイメージをもって製品を購入したのである。けれども，実際に使ってみると操作が複雑に感じられ，どうにも使いこなせない。むしろ多機能であることが無駄であるように感じられるようになってくる。つまり，購入前は多機能であることを属性として重視していたが，使用後の再評価によってその属性の重要度が低くなったのである。

ここで更新された知識は,類似した製品分野に応用して利用されることもあるだろう。

購買時には意識していなかった属性が,製品の使用によって高い重要度をもっていると気づくこともある。これもまた,自分自身で気がつくこともあれば,他者からの指摘によって気づかされることもある。自分ではデザインが気に入って選んだつもりだった乗用車を,家族は室内の使い勝手のよさで高く評価していたりする。何年か後にその車を買い換えることになれば,外観だけでなく室内空間も気にかけて選ぶようになるかもしれない。あるいは,友人が最新型の低燃費車を購入し,何気ない会話の中で燃費の話題が出てきたとする。それまで大きな違いはない,気にする必要はないだろうと思い込んでいたものが,実際の経験談を聞いたことで,自分の車の燃費の悪さが急に気になりはじめたりする。

ところで,ここで属性とは,第7章で説明した手段-目標連鎖の結果や価値を含めた広い観点で捉えている。製品の使用後に現れるのは,その製品を用いてどんな結果が得られたか,どのような価値が満たされたかであるからである。家族や友人が評価してくれるというのは心理社会的結果であり,その上位の価値ともつながっているが,こうした結果や価値に結びつく属性に対して,改めて高い重要度が割り当てられるのである(*Column* ㉓を参照)。

Column ㉓ ライフスタイルの選択

ドゥニ・ディドロは『百科全書』の編纂によって知られるフランスの思想家・小説家である。彼の書いた「古いドレッシングガウンと別れた後悔」という短いエッセイは,現代の消費研究者がディドロ効果と呼ぶ現象を端的に表すものとして知られている(McCracken [1988])。このエッセイでは,友人からドレッシングガウンをプレゼン

トされたことをきっかけに、身の回りにある家具や調度品が、新しいガウンとの調和を求めて交換されていく様子が描かれている。ディドロは、新しいガウンがそのエレガントなスタイルを周囲に強制していったことを嘆き、かつての雑然とした部屋を懐かしむのである。

さてここで問題は、スタイルの統一が強制されるという部分である。プレゼントされた新しいガウンを気に入ったことが契機となり、そのガウンがもつスタイルを受容する。そしてその受容したスタイルを他の品々へと拡張し、やがてそのスタイルで統一された部屋を手にしたのである。

ディドロ効果は、ライフスタイルの選択として理解することができる。ライフスタイルとは生活を司る価値観であるから、その価値観への適合度が、製品を評価するにあたっての非常に高い重要度をもつ属性として扱われることになる。ここで鍵となるのは、どうやってそのライフスタイルを選択したのかということであろう。ディドロの場合、それはガウンをプレゼントされたことであった。このように何気ない製品の選択が、その製品の使用をとおして属性の重要度を大きく変えてしまうことがある。このことを石井は「消費者の命がけの跳躍」と呼んでいる（石井 [1999]）。

購買後の後悔

使用後の再評価が事前の評価よりも明らかに悪かった場合、その購買は失敗だったと判断されるだろう。しかし、そこまで失敗が明確でなかったとしても、不安感に襲われたり、なぜそれを買ってしまったのだろうと後悔するようなことがある。購買後の不安や後悔は、間違った選択をしたのではないかという気持ちの表れである。人間は、自分自身が矛盾のない存在でありたいとする傾向をもっており、心の中に矛盾を抱えた状態に陥ったならば、どうにかしてその矛盾という不快感を解消しようとする。こうした矛盾のある状態は**認知的不協和**

(cognitive dissonance)とよばれている。選択を間違えたかもしれないと考えることは，認知的不協和を抱えた状態なのである。

認知的不協和はどのようにして生じてくるのか。最もありそうなシナリオは，悩んだ末の選択で不協和が生じやすいということである。選択の最終的な候補（考慮集合）は，一般に数がかなり絞られてくる。考慮集合に含まれる選択肢が一長一短で，なかなか決めきれないことも多い。たとえば，乗用車を選ぶにあたって2つの選択肢を比較検討したとする。一方は，座席周りや荷室の使い勝手のよさに特徴がありデザインも気に入っているが，どちらかといえば旧式で燃費も悪い。もう一方は，最新型であり燃費をはじめとして経済性に優れているが，室内空間が少し窮屈でデザインも平凡に感じられる。それぞれの優れている属性と劣っている属性のバランスを気にしながら，加算型の意思決定ルールで選択肢の総合評価を求めていったとしても，おそらくは僅差での判断になってくる。

もちろん，総合評価の内容を頭で納得することはできる。ただし事後の再評価となれば，迷いが生じてくることは否めない。選ばなかった製品の優れている属性や，選んだ製品の劣っている属性を意識してしまうことで，選ばなかった製品を魅力的に感じてしまうのである。選択にあたってどの属性を重視するかは，基本的に主観による判断である。重要度の配分を変えてしまえば，選択肢の評価は大きく違ってきてしまう。違うほうを選んでおけばよかったと考えるような状況が容易に起こりうるのである。

認知的不協和の解消　認知的不協和の程度に影響する要因を，いくつか挙げることができる（Festinger [1957]）。まず，選択が重要であればあるほど不協和は大きくなる。製品関与が高かったり，製品が高価であったり，社会的な説明義務があって人の目を気にするというような情報処理の動機づけが高い状況である。次に，選んだ選択肢と選ばなかった選択肢の間の差が

小さければ，やはり不協和は大きくなる。同じ程度に魅力的なものの中から1つを選ぶという局面である。とはいえ，それらの選択肢がまったく同じ次元の上で一列に並んでいるならば，いくら僅差で並んでいたとしても，最も優れたものを選ぶことに迷いは生じない。そうではなく，各々の選択肢がそれぞれ違った側面で魅力をもつからこそ不協和が起こるのである。つまり，検討する属性が多岐にわたっており，選択肢がそれぞれ別の属性で優位にあるような場合に不協和は大きくなる。

それでは，認知的不協和はどのように解消されてくるのか。1つは，選択を取り消してしまうことである。購入したものが失敗だったと感じれば，交換したり返品したりする。たとえば通信販売を利用するようなとき，製品を実際に手に取って確認できないことが多いため不協和が生じやすくなる。ここでもし交換や返品が認められていれば，たとえ不協和が生じたとしても，それを解消することが容易になる。現実に，一部の企業は無条件の返品に応じることを大きくうたっている（ちなみに訪問販売等であればクーリングオフの制度があるが，通信販売には適用されない）。こうした取り組みは，不協和の解消という観点から見ても有益であるだろう。

返品のように選択そのものをなかったことにするだけではない。消費者は，それとは異なる方法を用いて認知的不協和の解消を図ることがある。選んだものに間違いがないことを改めて確認し，自分の選択を正当化しようとするのである。つまり，選択の内容を肯定的に後押しするような情報に意識的に接することを求め，選択を否定するような情報を回避しようとするのである。製品を購入した直後にもかかわらず，その製品の広告や好意的に書かれた記事などを熱心に見るということがある。新規に情報を集めているのではない。不協和を解消するために，自らの知識や信念を補強しようとしているのである。

2 再評価と満足

> 顧客満足

使用による製品の再評価は**顧客満足**(customer satisfaction)と直結している。購入した製品に満足した消費者は，その製品を再購買する意向が高まるとされている。その顕著な例が，同じものを買い続けるという選択の単純化である。第11章で見たとおり，選択の単純化はその製品が十分に満足可能であるという判断を前提としている。一定の精度を確保したうえで，情報処理にかかる負荷を大幅に低減できることから，情報処理の動機づけが高くない状態にある消費者にとってメリットの大きなやり方である。

よく言われるように，品質の高さと満足の度合いが一致するわけではない。非常に高い品質だと感じられても，支払った価格も非常に高いのであれば，それは当然のことだと思われてしまう。場合によっては，価格の違いと比較して，品質の違いがそれほど明確には感じられないこともある。これは認知的不協和につながりかねない事態である。このようなとき，消費者は不協和の回避のため，高い価格を支払ったのだからきっと高い品質なのだろうと自分を納得させてしまうことがある。ある一定の範囲に収まっていれば，それで所定の水準にあるとみなす同化の作用が働くのである。しかし同化できる範囲を超えてしまうときには，逆の対比の作用によって，その差異が余計に大きく感じられるようになる。期待外れだと判断され，不協和ひいては不満足につながっていく。

> 期待―不一致モデル

消費者が満足したかどうかという問題に対して，バリュー（価値）という言葉が用いられる場合がある。いわゆるコスト・パフォーマンスのことであ

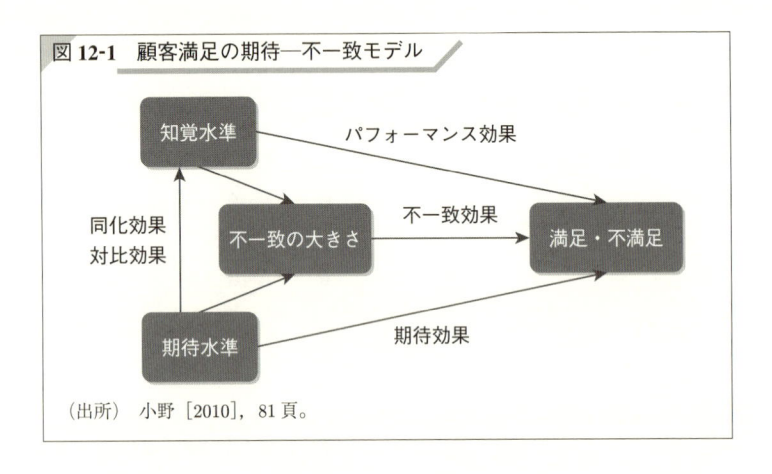

図 12-1 顧客満足の期待—不一致モデル

```
                     パフォーマンス効果
          知覚水準 ──────────────────┐
            ↑  ↘                    ↓
  同化効果      不一致の大きさ ──→ 満足・不満足
  対比効果    ↗      不一致効果       ↑
          期待水準 ──────────────────┘
                      期待効果
```

(出所) 小野［2010］，81頁。

り，価格と比較して品質が高いかどうかを表すものである。価格の高さは，品質に対する期待の高さとも連動してくる。高い金額を支払うのであれば，それに見合うだけの品質の高さが期待され，逆に安価で提供されているものであれば，そこそこの品質なのだろうと期待も下げられることになる。こうした期待との関係によって，バリューの高低が論じられるわけである。

顧客満足の理論では，**期待—不一致モデル**（expectancy disconfirmation model）という考え方がよく用いられている（図 12-1）。これはその製品に対して期待される品質の水準（期待水準）があり，実際の使用経験によって知覚された品質の水準（知覚水準）と比較して，どのくらいそれらが一致しているか，あるいは不一致であるかというところから，満足の度合いが決まるというものである。経験された品質が期待と一致しているかもしくは上回っていれば満足したとなるだろうし，期待を下回ってしまえば期待外れということになり不満足になる。事前に高い期待がかけられているものに対しては，よほど高い品質でないと，期待水準以上の知覚水準を得ることは難しいだろう。一方で事前の期待が低かったために，中程度の

品質でも高いバリューを感じ，案外よかったなと満足するようなこともある。

顧客満足と口コミ

顧客満足が重要だと言われるのは，**口コミ**（word-of-mouth communication）との強い結びつきが知られているからである。すなわち，他者の購買意思決定プロセスの情報源として機能するのである。購入した製品に満足した消費者は，その製品を入手したことを自慢気に披露したり購買を推奨したりする。逆に不満足な状態にあれば，その製品についての悪口や否定的な助言をすることがある。一般には，満足したときよりも不満足のときのほうが，多くの口コミが行われるといわれている。

購買意思決定プロセスにおいて，口コミからの影響はいくつかのパターンで考えることができる。1つは問題の認識においてである。解決すべき問題は，理想の状態と現実の状態とのギャップから生まれてくる。それまで何の問題もなく生活していたところに，友人や知人が新しい製品について情報を知らせてくる。それはもしかしたら，新しく買った製品の自慢かもしれない。そこでもし新製品をうらやむという気持ちが起これば，理想の状態がもち上がり，現実の状態との間にギャップが認識されることになる。

口コミからの影響のもう1つは，選択肢についての情報である。ある製品がもっている属性についての評価や，その製品の総合評価についての情報が伝えられる。買ったばかりのデジカメであれば，画質の優秀さや操作性のわかりやすさなどの情報が話され，さらに加えて，価格から考えてすごく買い得だと思うといった総合評価についての情報も伝えられる。

属性の重要度について情報が伝達されることもある。登場したばかりの製品の新機能が盛んに喧伝（けんでん）されているようなとき，実際に使ってみたけれど効果がよくわからなかったという口コミがあれば，

新しい属性に対しても冷静に重要度を判断することができるだろう。その人の使用経験をもとに，製品の評価のポイントとなる属性を教えてもらうといったことも想定できる。

消費者間における影響力

広告などの他の情報源と比較して，口コミは強い影響力をもつといわれている。その理由の1つは，実際の使用経験にもとづいていることである。情報のもつ臨場感が高まるのである。もともと口コミとは対面での双方向コミュニケーションであるから，詳しく知りたい部分については会話の中で掘り下げて聞いていくなど，受け手のニーズにあった情報が得られやすいという特質もある。加えて，広告などと違い商業的な意図をもっていないと認識されることによって，情報源の信頼性が高まるという側面もある。近年では，インターネットにおける消費者間の情報交換も口コミの一種であると捉えられているが，双方向性や信頼性などの面で，対面での口コミとは少し異なった性格をもつことがある。

対面にせよインターネットにせよ，ある特定の発信者が強い影響力をもつことがある。そのような人物は，オピニオン・リーダーシップがあると表現される。あるいは，何らかの特定の人々から消費者が強い影響を受けるということもある。単に有用な情報を受け取るというだけでなく，考え方や価値観についてまで影響が及ぶこともある。このような情報源としてとくに重視される人々のことを**準拠集団**（reference group）とよぶ。準拠集団にはさまざまなパターンがある。1つは憧れの対象となるもので，参考にしたり真似をしたりするような相手である。スポーツであれば，一流選手のフォームやトレーニング法を真似てみたり，同じ用具を使ったりすることがある。ファッションであれば，有名モデルや映画スターなどの着こなしを参考にすることもあるだろう。これとは逆に，同一視されることを拒否するような相手もある。たとえばオートバイに乗ると

き，暴走行為や迷惑行為をイメージさせる服装をあえて避けることがある。自分を分離したい準拠集団とは距離を置いておきたいと考えての行動である。

準拠集団には，憧れや分離の対象というだけでなく，学校や職場やクラブのような現にそこに参加しているというものもある。こうした集団の内部では，口コミが多くなされることになるだろう。また，集団の中で一定の規範（norm）ができあがっている場合もある。これらもまた，製品選択にあたってどの属性を重要視するかといったことに影響を及ぼしてくる。

3 消費者間の社会的相互作用

情報処理環境の社会性　口コミや準拠集団からの影響のように，消費者の周囲には社会的なつながりに基礎を置く情報源が数多く存在している。むしろ，消費者がまったく独立に製品を評価して選択するというのは一部の製品に限られ，多くの購買意思決定において，問題の認識から購買に至る情報処理の各段階で，陰に陽に社会的相互作用による影響が現れてくる。そしてその社会的影響の出発点は，購買後の使用や消費であり，それにもとづく情報のやりとりであるといってよい。

たとえば服を選ぶにあたって，きれいな色だなと感じても，派手すぎるからやめておこうと考えることがある。色が好みにあうかどうかという属性よりも，それを着ていく際に無難であるかどうかという属性の重要度を高く考えてしまうのである。このことは，所属する準拠集団といった周囲の人々の消費のパターンと連動している。ここでもし自分が将来所属したいと考える準拠集団があるならば，相手がもっていると予想される規範にあわせることは，最も優

先されるべき属性になってくるだろう。その典型的な例は，就職活動をしている大学生の服装に見ることができる。

ネットワーク外部性

それでは，もっと機能が優先される製品ではどうだろうか。人の目を気にするというよりも，自分の求める機能が備わっていることを重視して選択をするような場合である。しかしここでも，別の形で社会的な影響が及んでくることがある。ある特定のネットワークの規模が大きければ大きいほど，そのネットワークに参加することで得られる便益が高まるという場合である。**ネットワーク外部性**（network externality）とよばれるもので，もともとは通信ネットワークの研究から生まれてきた考え方である。

例として次のような状況を考えてみてほしい。同じネットワークの中であれば低廉な料金で自由なやりとりが可能であるが，違うネットワークとまたがって利用する際には機能に制約がかかり料金も高くなってしまう。このような場合，どのネットワークに参加するかという選択において，それぞれのネットワークの機能的な優劣というよりも，そこにどれだけ多くの家族や友人がいるかということのほうが重要になってくる。たとえば携帯電話会社が提供する料金プラン，テレビ電話，電子メールの付加機能などは，こうした枠組みを前提に組み立てられている。

同じことは，ハードウェアとソフトウェアや付加サービスが分離して販売されている製品の場合にも見ることができる。ゲーム機やパソコンにおいては，ハードの販売数量が多いほど，たくさんの種類のソフトが供給されるという関係ができている。ソフトの制作者側から見れば，ユーザー数の多いハードに向けてソフトを開発するほうが，さまざまな面で有利になると考えられるからである。多くのソフトが開発されることによって，全体的な品質の向上も期待できるようになるだろう。大きなネットワークをもつことが，ますま

すそのネットワークを大きくする方向に作用するのである。

イノベーションの普及

消費者の購買意思決定は、口コミやネットワーク外部性などをとおして社会的な影響を受けながら行われている。けれども、その影響の受け方は決して一様ではなく、個人差があるはずである。そのような個人差は、新しいアイデアや技術や製品といったイノベーションが社会に広まっていく様子から見ることができる。比較的早い時期に製品を購入した消費者は、その製品の存在を他の消費者に伝えたり、どの属性が重要なのかといったことを教えたりする役割をはたす。遅れて購入しようとする消費者は、新しい技術が周囲に広がってきたことを実感することによって、そろそろ買い時かもしれないと考えるようになってくる。

たとえば、日本で携帯電話が市場導入されたのは1987年、端末の小型化が進み本格的な普及が始まるのが1991年である。それから20年以上の年月が過ぎ、現在では多くの消費者が携帯電話を手にするようになった。しかし、それを実際に採用した時期には大きな違いがある。かなり早い段階で導入した消費者もいれば、ずいぶんと遅れて手に入れた消費者もいる。携帯電話をもつことを頑なに拒否するような消費者もいる。

ロジャースは、このように新しいものを取り入れる度合いにおいて示される相違をその消費者の革新性と考え、5つの**採用者カテゴリー**（adopter category）に消費者を分類している（図12-2、*Column* ㉔も参照）。それぞれのグループについて簡単な説明を加えておくことにしよう（Rogers [2003]）。最も革新性が高く、新しいアイデアを最初に採り入れるのはイノベーター（innovator）である。イノベーターは冒険的な性格をもち、複雑な技術を理解し使いこなす能力をもっている。しかし、身近な人間関係よりもイノベーター同士の交流を重視するという傾向から、周囲にいる人々への影響力は弱

図 12-2　採用者カテゴリー

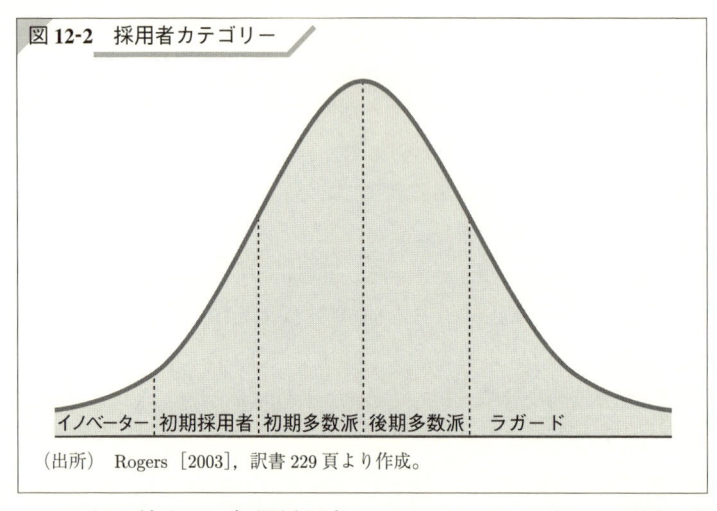

イノベーター｜初期採用者｜初期多数派｜後期多数派｜ラガード

（出所）　Rogers [2003]，訳書229頁より作成。

い。これに続くのは初期採用者（early adopter）である。周囲の人間関係の中で尊敬を集めるような存在であり，新しいアイデアの普及に対して強いオピニオン・リーダーシップを発揮する。全体の中で大きな割合を占めるのが初期多数派（early majority）と後期多数派（late majority）である。初期多数派は慎重な性格であり，新しいアイデアが十分に実績を上げているのを確認して導入に踏み切る。後期多数派はさらに懐疑的である。社会の規範が変化し，新しいアイデアを採り入れたほうがよいという空気を察してから採用を決定する。ラガード（laggard）は伝統的な価値観を重んじる人々であり，他者からの影響を受けることも少ない。ここまで普及が進むには長い時間がかかるだろうし，ラガードの一部は採用を拒否し続ける。

Column ㉔ 採用者カテゴリーとキャズム

　ハイテク製品が市場に普及していくとき，ある段階で成長の伸びがぴたりと止まってしまうことがある。これをムーアは，キャズム（chasm）という概念を用いて説明している（Moore［1999］）。キャズムとは地面などに大きく広がった割れ目のことであるが，ここでは，採用者カテゴリーの間にある深い谷間（ギャップ）を意味する言葉として使われている。すなわち，初期採用者と初期多数派との間にとくに明確なギャップがあり，求められるものが大きく異なっているという。

　初期採用者は，古い技術を新しい技術に置き換えることで得られる効果を何よりも重視する。そのため，多少のトラブルが起こったとしても，その解決には自分自身も参加して取り組むという準備がある。それとは逆に，初期多数派以降のユーザー層は不連続性を嫌う傾向がある。新しい技術を採用するにあたって，トラブルなくスムースに移行できることを優先するのである。この違いを認識しないままビジネスを拡大していったとすれば，初期採用者に有効だったアプローチが初期多数派以降にはまったく通用せず，キャズムにはまり込んでしまう。そして必然的に成長はストップすると指摘したのである。キャズムの概念は，ハイテク製品市場を説明するのに有効だと考えられている。ただし，もともと採用者カテゴリーを提唱したロジャースは，革新性が連続的であることを強調しており，グループ間のギャップをことさらに強調するキャズムというアイデアに対しては否定的な見解を示している。

**バンドワゴン効果と
スノッブ効果**

　消費者は，周囲に同調しようとする傾向と，周囲と差異化しようとする傾向をもっている。これらの傾向から，消費者間の社会的相互作用を考えることもできる。ネットワーク外部性に見られ

るように，同じアイデアや製品を用いる人が多ければ多いほど，そのアイデアや製品の魅力が高まるという場合がある。これは**バンドワゴン効果**（bandwagon effect）とよばれているが，流行は，このメカニズムにもとづく社会現象である。たとえば，角張ったデザインの製品と，丸みを帯びたデザインの製品とで，製品の機能や性能に大きな差がつくことは考えにくい。しかし，どちらが多く好まれるかということは，時代によって違いが生じてくる。デザインなどの好みは，個人的な嗜好で評価される属性であろうが，それもまた社会からの影響を少なからず受けているのである。

その一方で，同じアイデアや製品を用いる人が増えてしまうと，その魅力が減じられてくるという差異化の傾向もある。こちらは**スノッブ効果**（snob effect）とよばれている。他者とは違う選択を望むのであり，新しいものに積極的に挑戦するというのも，こうしたところから生まれてくるのだろう。

ここまで見てきたように，消費者の購買意思決定プロセスにおいては，製品の使用や消費をとおして，自分自身の次の購買へとつなげていくという循環がある。それと同時に社会的相互作用をとおした情報のやりとりによって，他者の購買意思決定を左右することにもなる。購買後の再評価にもとづく情報や，他者の消費行動を目にすることによる情報がどのように処理されていくのか。購買意思決定プロセスは，このような部分も含めて理解される必要がある。

Keywords

再評価　認知的不協和　顧客満足　期待―不一致モデル　口コミ　準拠集団　ネットワーク外部性　採用者カテゴリー　バンドワゴン効果　スノッブ効果

演習問題

12-1 あなたのこれまでの経験の中から強い認知的不協和を感じた選択を振り返り，それがどのようにして生じたのか，またそれをどのようにして解消していったのか分析してみよう。

12-2 対面での口コミとインターネットでの口コミを比較し，どのような点で類似しているか，どのような点で異なっているのかを考えてみよう。また，今後社会の中で口コミの影響がどのように変化していくと予想されるか考えてみよう。

12-3 あなたの周囲でネットワーク外部性が作用する製品を探してみよう。その製品を購入する際に，もしネットワーク外部性の影響がなかったとしたら，それぞれの選択肢をどのように評価していくか検討してみよう。

参考文献

淺羽茂［1995］『競争と協力の戦略――業界標準をめぐる企業行動』有斐閣。
石井淳蔵［1999］『ブランド――価値の創造』岩波書店。
小野譲司［2010］『顧客満足［CS］の知識』日本経済新聞出版社。
Festinger, L. [1957] *A Theory of Cognitive Dissonance*, Row, Peterson.（末永俊郎監訳［1965］『認知的不協和の理論――社会心理学序説』誠信書房。）
Hoyer, W. D. and D. J. MacInnis [2010] *Consumer Behavior*, 5th ed., South-Western.
Mason, R. S. [1998] *The Economics of Conspicuous Consumption: Theory and Thought Since 1700*, Edward Elgar.（鈴木信雄・高哲男・橋本努訳［2000］『顕示的消費の経済学』名古屋大学出版会。）
McCracken, G. [1988] *Culture and Consumption: New Approaches to the Symbolic Character of Consumer Goods and Activities*, Indiana

University Press. (小池和子訳［1990］『文化と消費とシンボルと』勁草書房。)

Moore, G. A. [1999] *Crossing the Chasm: Marketing and Selling High-Tech Products to Mainstream Customers*, Rev. ed., HarperBusiness (川又政治訳［2002］『キャズム——ハイテクをブレイクさせる「超」マーケティング理論』翔泳社。)

Rogers, E. M. [2003] *Diffusion of Innovations*, 5th ed., Free Press. (三藤利雄訳［2007］『イノベーションの普及』翔泳社。)

Wilkie, W. L. [1990] *Consumer Behavior*, 2nd ed., John Wiley & Sons.

第 V 部

消費者行動分析の応用

(PANA通信社提供)

● 多くの消費者で賑わう家電量販店。第Ⅳ部までに学んだ，多様な消費者のニーズを深く知るための消費者行動の理論を，実際のマーケティング戦略に活かすためにはどのようにすればよいだろうか。

第 13 章　購買意思決定プロセスとマーケティング

第 14 章　購買意思決定の特性とマーケティング

第 15 章　ブランド構築と統合型マーケティング・コミュニケーション

第13章　購買意思決定プロセスとマーケティング

Introduction

　マーケティング戦略を策定する際には，標的とする消費者の行動について深く理解することが重要である——この考え方に異を唱える人は少ないのではないだろうか。しかし，残念ながら消費者理解のために有用となる消費者行動研究の知見が，マーケティング戦略の策定に関わる人々に広く共有されているとは言い難い（*Column* ㉕）。そこで，第Ⅴ部では，有効なマーケティングを導出するための見方を，これまで議論してきた消費者情報処理のフレームワークによって提供していくことにする。

　本章では，その知見を導出するための予備的考察を行う。まず，購買意思決定の背後にある情報処理プロセスの特性のうち，とくに重要なものを確認する。そして，その消費者の情報処理プロセスとマーケティング・マネジメント・プロセスの各ステップが，どのように関連しているのかを明らかにする。そして，それらの議論にもとづきながら，購買意思決定とマーケティングとを関連づけていくことにする。

1 情報処理プロセスを捉える視点

解釈プロセスの特性　　第10章4節において述べたように，消費者がブランドを選択する際に重要なのは，その対象についての詳細な特性情報ではない。むしろ，選択対象が

自らのニーズをどの程度満たしそうかについて，消費者が主観的に解釈した属性情報である。

たとえば，デジタルカメラを購入しようとしている消費者のことを考えてみよう。彼のデジカメに対するニーズが「多様な場面における他者との手軽なコミュニケーション」にあるのなら，重要なのは本体や画面の寸法や，重量といった「特性」ではない。むしろ，持ち運べるコンパクトさ，友達同士で画像を見られる画面の大きさといった，主観的に解釈された「属性」がブランド選択にとって重要となる。そのため，有効なマーケティングを分析するに当たっては，消費者の情報処理プロセスにおける解釈プロセス（および付随する統合プロセス）に着目することがきわめて重要となる。

また，第10章3節で述べたように，この解釈プロセスには，2つのメカニズムが含まれていることも忘れてはならない。たとえば，消費者が，あるデジテルカメラのブランドについて，過去の経験から「格好が良い」「おしゃれだ」といったような知識をもっていたとしよう。するとその消費者は，そのブランドの新製品の特徴を，その知識を基礎としながら理解するため，改めて新製品について解釈し直すことはないかもしれない。これが，ブランド知識を用いた「理論駆動型処理」である。

一方で，消費者は，パンフレットや店頭での実物の質感にもとづいて新製品のデジカメについて解釈することもあるだろう。これは，「データ駆動型処理」とよばれるものである。このような2つの処理メカニズムの特徴を知り，それに対して適切に対処する方法を知ることも，マーケティング担当者にとって重要である。

情報探索プロセスの特性(1)：内部情報探索

消費者が解釈内容にもとづいてブランド選択をするにしても，その解釈のベースとなる情報をどこから取得してくるのだろうか。この点もマーケティングと消費者の購買意思決定との関連を

把握するための非常に重要なポイントである。事例に即して確認していこう。

たとえば，夏の蒸し暑い日，あるビジネスパーソンが，営業の最中に喉が渇いたため，ソフトドリンクを買おうと思い立ったケースを考えてみよう。そのとき，彼はある炭酸飲料のブランドを思い出した。前日にテレビ広告で見た，そのブランドを飲んだときの爽快感は，今の彼にはとても魅力的に思えたからであった。彼は，そのブランドを購入するために通りすがりのコンビニエンス・ストアに入った。さまざまなブランドが並んでいる冷蔵庫の棚のなかから，そのブランドをみつけ出し，迷わず手に取りレジに向かった。

これは，消費者が店頭におけるブランド選択において，記憶のなかの情報に依拠しながら購買意思決定を行う例を示すものであり，**記憶ベースの意思決定**（memory-based decision）とよぶことができる（Lynch and Srull [1982]）。あるブランドへのニーズが，消費者自らの過去の経験や広告などといったメーカーからの直接的な働きかけによって喚起され（問題認識），そのブランドの広告への露出や過去のブランドの使用経験が売場において記憶から取り出されて選択の候補となる（想起集合の形成）。そして，売場の影響を受けずにそのブランドの選択に至る，といった流れを辿るものである。

情報探索プロセスの特性(2)：外部情報探索

もちろん，消費者は，記憶だけに依拠しながら購買を行うわけではない。そこで，もう1つの重要な情報探索の特性を，軽自動車を購買する主婦の例を用いて確認してみよう。

育児中の母親が軽自動車を購入しようと，自動車の販売店を訪れたとしよう。そこで，販売員との会話を通じて，広々とした車内空間は毎日の車の利用を快適にすること，たとえば，チャイルドシートの脱着にとても便利であるということを知らされた。彼女はそれを聞き，当初は評価基準としてはもっていなかった，車内空間の広

さという属性を重視するようになった。彼女は，当初そのブランドの存在は知らなかったにもかかわらず，結局その属性をもつ軽自動車を購入するに至った。

この例は，記憶ベースの意思決定とは異なり，流通業者を介して提供されるマーケティング情報を取得したうえで，選択するブランドを決めているパターンを表すものである。このような外部情報探索に依拠して行われる購買行動を**刺激ベースの意思決定**（stimulus-based decision）とよぶことにする（Lynch and Srull [1982]）。消費者が店頭（インターネットのような無店舗販売の場合も含む）において取得された情報をもとに，ニーズを喚起し（問題認識），ブランドの存在を知って選択の候補とし（考慮集合の形成），ブランド評価を形成する（態度形成）ことで，ブランド選択に至るパターンとして特徴づけることができるだろう。

ここで確認した2つの情報探索パターンを意識することは，マーケティングの基本戦略のパターンを理解するためにきわめて重要となる。なお，記憶ベースの意思決定と刺激ベースの意思決定は，消費者にとって代替的なものではない。むしろ，その両者がミックスされた意思決定（mixed decision）が頻繁に起こっている（Lynch and Srull [1982]）。たとえば，ある主婦は，カレーのルーを購入するときに，いつも購入しているブランドがあるものの，その名前が思い出せぬままスーパーの棚の前に立つことがあるだろう。そのようなときでも，パッケージの色や図柄，ブランド名を見ることによって，過去に購入し食べたことがあるカレーのブランドを思い出し購入することができるはずである。

このように，消費者は，過去のブランド接触経験を再生できないとしても，店頭におけるブランド名やパッケージなどのブランド要素を手がかりとしてブランドを再認し購入にいたることがある。このとき，両方のパターンが複合された形で購買が行われていると見

ることができる。

Column ㉕ なぜ消費者行動研究は実務に応用されないのか？

　消費者行動研究の領域では，世界中で多数の研究者によって，毎年膨大な研究成果が生み出され続けている。しかし，その莫大な量にもかかわらず，その成果は，少なくとも日本において，マーケティングの実務に対して大きな影響を与えてきたとは言い難い。マーケティングへの応用領域として頻繁にあげられる，マーケット・セグメンテーション，需要予測，新製品開発，広告・販売促進政策等の分野であっても，過去の知見が活用されているかと問われれば，現場において活用されている程度は低いと言わざるをえないであろう。このような事態を招いているのは，なぜなのだろうか。ここでは，主に中西［2001］の主張に依拠しながら，その理由の一端を指摘しておこう。

　まず，実務家の問題点として挙げられるのは，実務家がPOSデータに代表される実売データを過信する傾向があることである。難しい理論によって分析しなくても，自社のマーケティングの妥当性は発売後の実売データを見れば判断できる，という考え方をもつ実務家は少なくないだろう。しかし，実売データは，マーケティング活動，流通業者の活動，消費者行動の過去の総体的な成果であるため，これらの実売データを眺めただけでは，その数値が表れてきた原因を理解し，今後のマーケティングの方向性を模索することは容易ではない。

　また，研究者サイドの問題点も指摘できる。それは，応用研究が不足していることである。実務家には，多くの研究成果のうちどれが自らの業務に利用できるのかを個々に検討していく余裕はない。したがって，いかなる実務の領域において，どのような過去の研究の知見が有用であるのかを，研究者の側で踏み込んで検討し，その結果を示すような応用研究を生産していくことが必要となる。論文の最後に，この結果が実務に適用できそうであることは，オマケのように書かれていることは少なくないが，応用研究とよぶことができるものはほとんどないのが現状である。

このように，実務家と研究者サイドの両方において問題がある。研究者と実務家間での建設的な共同関係のあり方について模索し，互いにその仕組みを作り上げる努力をしていくことが，マーケティング研究や実務の発展の一助となるのではないだろうか。

2 情報処理プロセスとマーケティング・マネジメント

情報処理プロセスと提案価値

第1章2節で述べたように，価値創造プロセスとしてのマーケティング・マネジメントには，セグメンテーション（S），ターゲティング（T），ポジショニング（P）という一連の戦略的な決定と，マーケティング・ミックスの組合せを検討する戦術的な決定が含まれている。この節では，前者を提案価値の決定，後者を価値伝達方法の決定として捉える。そして，これらの決定が消費者の情報処理プロセスのどの部分と関連しているのかを明らかにしていく。

よく知られているように，マーケティングは，すでに開発・生産された製品の販売（セールス）とは異なるものとされる。マーケティングとは，むやみな価格の切り下げやできあがった製品を無理に押し込んで売り切る技術ではなく，消費者に受け入れられるような製品を開発し，それが消費者に受け入れられるように訴求することまで含みうる企業行動である。マーケティングの基本理念が，プロダクト・アウト（作ったものを売る）ではなく，マーケット・イン（売れるものを作る）という言葉で表現されることがあるのは，そのためである。

マーケティングがこのような特徴をもつようになるのは，同規模

の企業同士の競争になると，相手も同等の価格競争に耐えうる企業であり，価格切り下げが有効な競争の手段ではなくなってしまうからである。そのため，企業は，提供する対象が消費者に対していかなる価値を提供するのか，それは競合企業に比べてユニークな価値なのか，といった点に関心をもつようになる。そして，独自の特異性をもった対象に独自の名称をつけ，好ましい態度を形成することをめざしていくのである。

そのために必要となるのが，消費者が有するニーズを識別し，同質的なニーズをもつ消費者グループを標的として設定し，そのニーズを満たす市場提供物（製品やサービス以外の取引条件や付随サービスなども含む便益のすべて）を決定するSTP戦略である。この戦略で決定される市場提供物こそが，消費者ニーズとの関係の中で価値を生むことになるため，STPの決定は消費者に対する提案価値の決定として見られてよいわけである。

では，有効な提案価値の分析は，どのような部分に着目することで可能になるだろうか。それは，消費者の情報処理のうち，主に情報の解釈プロセス（および続く統合プロセス）の検討から得られることになる。先に述べたように，消費者がブランドを選択する際に重要なのは，その対象についての特性そのものではなく，選択対象が自らのニーズをどの程度満たすかについての解釈内容（属性）である。消費者にとっての価値（便益）は，そのような主観的な解釈の結果として初めて生まれるのである。

情報処理プロセスと価値伝達(1)：プル戦略

STPをベースとした提案価値の決定は，いかなる形で消費者に価値を伝達し，説得していくのかについての指針を提供することになる。この価値伝達は，4Pによって要約されるマーケティング・ミックスの組合せによって行われる。ここでは，この価値伝達の大枠を示すため，2つのパターンを識別しながら，情報処理プロ

セスとの関連を説明していく。

　STPのプロセスを経て市場提供物が決定されると，企業は，消費者に自社の提供物が他社の物と違っていることを認識させ，消費者にとって選択すべき対象となることをめざすことになる。この状態が「ブランド化」とよばれるものである。このことが理想的に達成できれば，消費者は他の対象と代替することができないものであると感じるようになり，そのブランド化した対象以外を購入しない「指名購買」の状態が発生することになる。指名購買がなされ，消費者にとって代替が効く対象がなくなると，企業は，価格競争を回避し，より多くの売上を得ることができるようになる。そのため，この状態の確立をめざし，製品や広告，技術革新といった非価格的要素によって競争するようになる。

　また，流通業者は，そのブランドしか購入しない消費者の行動を見ることにより，そのブランドを積極的に取り扱うようになる。消費者の好ましい態度を形成する企業の活動は，消費者を介して，流通業者の品揃えまでも制約していくのである。

　このように，あるメーカーのブランドは，消費者がそのブランドに対してもつ好ましい態度によって，消費者からたぐり寄せられるように販売されることになる。こうした効果にもとづくマーケティングの基本戦略は，**プル戦略**（pull strategy）とよばれる。具体的には，製品政策や広告政策などの活動によって展開されるものである。

　これは，消費者ニーズに適合しているユニークな特徴を記憶内に蓄積させることで，消費者の選択を喚起する価値伝達のパターンとして見ることができる。つまり，この価値伝達は，消費者の内部情報探索に働きかけ，記憶ベースの意思決定を喚起することによって，自社のブランド選択を促すものであると言えよう。

> **情報処理プロセスと価値伝達(2)：プッシュ戦略**

ただし、いつでもブランド化が達成され、内部情報探索にもとづく指名購買が引き起こされるわけではない。むしろこのような状態が完全に達成されることのほうが、まれであると言えよう。消費者は通常、ある対象に対してユニークさを知覚し、好ましい態度を形成していたとしても、他に代替できないほどの強さはもっていない。多くの場合は、できればこのブランドがよいとか、どちらかと言えばこのブランドがよいといった、いまだ代替性をもった態度の形成であることが少なくない。

しかしわれわれ消費者は、そのように指名購買が完全に達成できていないときであっても、最終的に購入対象を難なく決めることができている。それは、消費者が、店頭における目立つ場所での陳列、インターネットやカタログ通販における掲載位置、値引き、対面販売の場合における販売員による推奨といった流通業者の影響を受けながら、購入対象を決めているためである。これは、メーカーにとっては、流通業者に購買時点での影響力を発揮され、プル戦略が阻害されていることを意味する。

このことは同時に、メーカーにとってのもう1つのマーケティングの方法も示すことになる。消費者が流通業者の影響を受けながら購買するという事実は、流通業者の協力を得ることができれば、仮にプル戦略の効果が弱くても、自社ブランドの選択を促すことが可能であることも意味するからである。そのため、メーカーは、消費者のもとに適切に自社ブランドが到達できるように流通業者を選定したり、割引やリベートなどのプロモーション手段を通じて流通業者の販売努力を高めるインセンティブを提示することにより、自社ブランドの選択を促すのである。このように、プル戦略とは逆に、メーカーが流通業者に働きかけ、あたかも押し込むような形で消費者に価値を伝達・説得し、自社ブランドへの選択を促していく

表13-1 情報処理プロセスとマーケティング・マネジメント・プロセス

情報処理プロセス		マーケティング・マネジメント・プロセス	
情報の解釈・統合		**提案価値**	
理論駆動型処理	データ駆動型処理	セグメンテーション ターゲティング ポジショニング	
情報の取得		**価値伝達**	
内部情報探索	外部情報探索	プル戦略 (製品政策・ 広告政策など)	プッシュ戦略 (プロモーション 政策・チャネル 政策など)

仕組みは**プッシュ戦略**（push strategy）とよばれる。

このように，消費者が自らの選択対象を決定できないとき（決定する努力をしないとき），流通業者がもつ売場の諸環境に影響を与え，ブランド選択に影響を与えていく価値伝達のパターンも存在している。流通業者の品揃え形成を通じて考慮集合の形成に影響を与えたり，店頭の販売員を介した情報の提供によって態度形成に影響を与えたり，POP広告や一時的な価格の切り下げといった状況要因を操作することで，ブランド選択に影響を与えていくのである。これは，流通業者の助けを借りながら，消費者の外部情報探索における情報源をコントロールして価値を伝達し，刺激ベースの意思決定を引き起こすことで，ブランド選択に影響を与えているのである。

以上のような，消費者の情報処理プロセスとマーケティング・マネジメント・プロセスとの関連は，表13-1に要約されている。なお，続く第14章は，データ駆動型処理と外部情報探索を，第15章は，理論駆動型処理と内部情報探索を主に念頭に置きながら，マーケティングへの応用を考えていく。

3 購買意思決定とマーケティングとの関わり

> **情報処理特性の規定因とコンタクト・ポイント**

これまで、消費者の情報処理プロセスとマーケティング・マネジメントのプロセスを関連づけてきた。しかし、マーケティングへの応用を視野に入れたときには、これだけで十分とは言えない。多様な消費者の情報処理とマーケティング活動との間を連結する工夫が必要となるためである。そこで、第Ⅳ部までに提示されてきた事項を用いて両者を関連づけていく。

第1は、多様な情報処理の特性を整理する枠組みである。本書では、多様な消費者の情報処理特性を整理するため、第6章3節で詳しく説明した「MAO」という頭文字で表される3つの要因を導入してきた。これは、消費者の情報処理の特性が、動機づけ (Motivation)、能力 (Ability)、および、消費者をとりまく情報の処理機会 (Opportunity) という要因によって規定されると考えるものであった。たとえば、洋服に対して関与の程度が高い大学生の消費者（動機づけ）は、チェックするファッション誌の数やそれらの雑誌を閲読する時間（情報探索量）は多くなることが予想される。しかし、期末テスト直前（処理機会）には、たとえ関与水準が高かったとしても、雑誌の閲読を控えてしまう、といった具合である。ここでも、この枠組みに従いながら、多様な情報処理の特性を類型化していくことにする。

なお、動機づけ要因としては「製品関与」、能力要因としては「専門知識力」、処理機会としてはタスク (task) を想定していく。第6章4節で説明したタスクとは、消費者がその情報を取得し、処理する課題を捉える概念であった。ここには、たとえば、買物

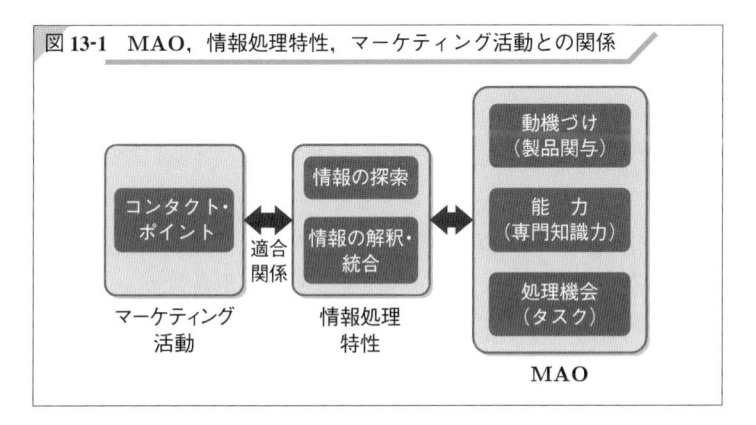

図13-1　MAO，情報処理特性，マーケティング活動との関係

```
マーケティング活動  ⇔(適合関係)  情報処理特性  ⇔  MAO
  コンタクト・          情報の探索           動機づけ（製品関与）
  ポイント             情報の解釈・統合      能力（専門知識力）
                                           処理機会（タスク）
```

の切迫度，買物時の交通渋滞や混雑具合，店舗における会計時間，さらには天候や気温，といった諸状況を含めてよいであろう。この情報処理のタスクは重要な要因であるものの，そこには多様なものが含まれ，一般化した議論をすることが困難であるため，以後は，主に動機づけ要因と能力要因を取り上げて議論をしていく。

第2は，多様なマーケティング活動を捉える概念である。消費者情報処理の観点で見れば，さまざまなマーケティング・ミックスは，消費者の情報処理プロセスにインプットされる種々の情報を提供する情報源として位置づけることができる。そこで，マーケティングにおける戦略的な情報提供を意識した**コンタクト・ポイント**（contact point，ブランドと消費者とが接触する場面のこと）という**概念**に着目する（Davis and Dunn ［2002］，*Column* ㉖）。

このコンタクト・ポイントは，消費者の立場から見れば，購買に必要な情報を取得する情報源にほかならない。消費者の情報源には，友人からの口コミ，ネット上の書き込みなど，企業から提供される情報以外のものも含まれるため，マーケティング活動は多様なコンタクト・ポイントの一部を構成しているものと見ることができる。なお，消費者にとっての情報源は，処理機会を構成する一要素

として取り扱われることもあるが，その重要性から別個の概念によって取り上げることにする。

MAOとコンタクト・ポイントという見方を使うと，ある消費者に対して有効なマーケティングは，MAOによって規定される情報処理特性とコンタクト・ポイントとの適合関係を分析することによって導出できることになる（図13-1）。これら2つの適合関係による分析によって，コンタクト・ポイントの名称や表層的な特徴にとらわれることなく，各コンタクト・ポイントが消費者に利用されるメカニズムを理論的に知ることができるようになる。このような分析視点の特徴は，今日のように，インターネットを中心に次々と新しいコンタクト・ポイントが現れる環境下においてはきわめて大きな利点をもたらすはずである。

Column ㉖ 影響コンタクト・ポイント

大学生であれば，先輩の就職した会社や就職活動の説明会で好印象をもった会社のブランドが気になったりしたことはないだろうか。社員や就職説明会は，自社のブランドの情報を伝えることを主たる目的とした場ではない。しかし，これらの情報源は，間接的にブランドを印象づける役割をもつことがある。このような情報源は，**影響コンタクト・ポイント**（influencing conact point）とよばれる。たとえば，企業の年次報告書，既存顧客，過去の顧客，社員，採用活動の場などが，それにあたる。影響コンタクト・ポイントから得られた情報は，消費者の購買にさまざまな形で影響を与えるため，企業は影響コンタクト・ポイントの配置にも気を配る必要がある。

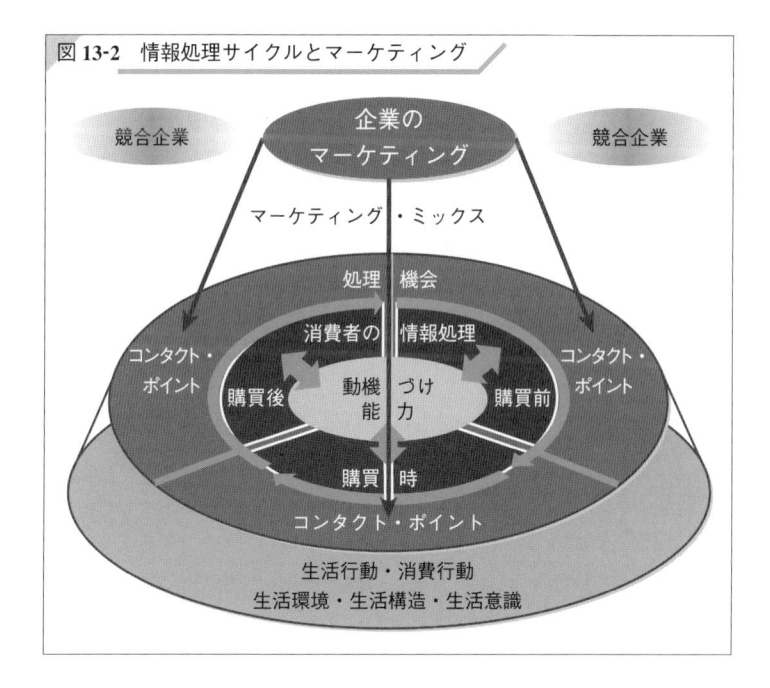

図 13-2 情報処理サイクルとマーケティング

（図：企業のマーケティング、競合企業、マーケティング・ミックス、コンタクト・ポイント、消費者の情報処理、処理機会、動機づけ能力、購買前・購買時・購買後、生活行動・消費行動、生活環境・生活構造・生活意識）

情報処理サイクルとマーケティング

　次章からは，本章のこれまでの議論と消費者の情報処理サイクルとを関連づけ，マーケティング戦略の策定への応用を考えていく。そこで，図 13-2 の特徴を手がかりとして，次章以降の分析において含まれる視点を明確にしておくことにする。なお，この図 13-2 は，主に図 2-3 と図 6-4 をあわせて描かれているものである。

　第 1 は，焦点が当てられる分析レベルについてである。図 13-2 では，消費者の生活の諸側面や消費行動といった部分が，企業が配置するコンタクト・ポイントとは直接関連しない別の階層として描かれている。これは，マーケティング活動（コンタクト・ポイント）が主として関わっている消費者行動の側面が，消費者の財・サービスの調達行動である購買行動，および，それに関わる比較

的短期的な心的反応であることを示している。次章からの焦点は,この分析レベルに向けられることになる。もちろん,第4章,第5章で見たように,購買行動は生活行動や消費行動と無関係ではありえない。マーケティング戦略を策定する際には,生活行動などの局面が,購買行動や情報処理プロセスの特性を決める重要な規定因となっていることは忘れてはならない。

第2は,複数のコンタクト・ポイントを統合的に捉えることである。この図において示されているように,企業のマーケティング活動は,購買前,購買時,購買後という各段階において,コンタクト・ポイントを配置することで,自社ブランドへの選択を促す活動としてみることができる。そして,有効なコンタクト・ポイントの集合は,消費者の情報処理特性に応じて導出されることになる。そこで,次章の分析では,価格,広告などの個別のマーケティング・ミックスを区切りとした従来型の議論の進め方は採用しない。消費者の情報処理特性を基礎としながら,有効なコンタクト・ポイントの集合を購買前・購買時・購買後という段階ごとに明らかにしていく。

第3は,競合他社の存在を導入して分析することである。第1章で指摘されたとおり,企業のマーケティングは,常に競合他社との差別的優位性を意識しながら最終消費者に対して展開される。そのため,複数の企業が消費者の選択をめぐって行う三つ組み的な関係図式の中で捉えられるべきものであった。図13-2において,競合企業の存在が明示的に組み込まれているのは,この図式を意識しているためである。よって次章からの分析は,消費者情報処理の理論的背景を意識しながらも,この図式が常に念頭に置かれることになる。たとえば,解釈プロセスに依拠したSTPの分析においては,自社ブランドへの主観的な意味づけだけを取り扱うことはしない。自社ブランドが,どのブランドに対して,どの点において優っ

ている（劣っている）のかという，競合ブランドとの相対的な位置関係のなかでの主観的な意味づけが検討されることになる。

第4は，処理機会の循環的側面を強調した分析が実施されることである。現代のマーケティングにおいて，継続的な取引関係の構築がさまざまな形で強調されていることは周知のことであろう。企業にとって，自社のブランドを購入し続ける消費者を育成することは，新規の買い手を探すコストや，過度なコミュニケーション活動の必要性を低下させるなどのさまざまなメリットがあるためである。そこで，主に第15章において，ある消費者が特定的なブランドを反復的に購買していくメカニズムを，消費者のブランド知識のメカニズムによって説明し，その説明に依拠しながらブランド構築の方法について議論していくことにする。これは，単発ではない循環的な情報処理サイクルを強調していくことにほかならない。図において，処理機会の各段階が矢印でつながれ，情報処理サイクルとして描かれているのは，この分析視点が重視されているためである。

Keywords

記憶ベースの意思決定　刺激ベースの意思決定　プル戦略　プッシュ戦略　コンタクト・ポイント　影響コンタクト・ポイント

演習問題

13-1　前章までに紹介された消費者行動の理論が，どのようなマーケティング課題の解決に役立つだろうか。実務家であれば，自社や業界が抱える課題について，学生であれば，関心のある企業や業界の事例を調

べて検討してみよう。

13-2 耐久消費財，加工食品，飲料，日用雑貨などのなかから，いくつかの製品を選び，それぞれの購買に対して影響を及ぼした，コンタクト・ポイント（影響コンタクト・ポイント）を書き出してみよう。コンタクト・ポイントの組合せに，どのような違いがあるかを議論してみよう。

13-3 記憶ベースの意思決定，刺激ベースの意思決定，その2つのパターンがミックスされている意思決定の例をあげてみよう。また，自らの行動を省みて，それぞれの意思決定パターンが採用された理由を考えてみよう。

参考文献

青木幸弘 [1986]「消費者知覚空間の構成に関する諸問題――構成技法の理論的基礎」『商学論究』第33巻4号，155-186頁。
青木幸弘 [2010]『消費者行動の知識』日本経済新聞出版社。
阿部周造 [1991]「消費者情報処理とマーケティング戦略」田内幸一編『市場創造の課題と方法』千倉書房，23-45頁。
阿部周造 [2006]「消費者行動研究への五つの批判に答える」『流通情報』第440号，2-3頁。
池尾恭一編 [2003]『ネット・コミュニティのマーケティング戦略――デジタル消費社会への戦略対応』有斐閣。
池尾恭一・青木幸弘・南知恵子・井上哲浩 [2010]『マーケティング』有斐閣。
石原武政・池尾恭一・佐藤善信 [2000]『商業学（新版）』有斐閣。
大阪市立大学商学部編 [2002]『流通』（ビジネス・エッセンシャルズ5）有斐閣。
田村正紀 [1998]『マーケティングの知識』日本経済新聞社。
中西正雄 [2001]「消費者行動研究とマーケティング・マネジメント」『マーケティングジャーナル』第81号5-10頁。
Davis, S. M. and M. Dunn [2002] *Building the Brand-Driven*

Business: Operationalize your Brand to Drive Profitable Growth, John Wiley & Sons. (電通ブランド・クリエーション・センター訳[2004]『ブランド価値を高めるコンタクト・ポイント戦略』ダイヤモンド社。)

Hoyer, D. W. and D. J. MacInnis [2010] *Consumer Behavior*, 5th ed., South-Western.

Kotler, P. and K. L. Keller [2007] *A Framework for Marketing Management*, 3rd ed., Prentice-Hall. (恩藏直人監修 [2008]『コトラー & ケラーのマーケティング・マネジメント:基本編(第3版)』ピアソン・エデュケーション。)

Lynch, J. G. Jr. and T. K. Srull [1982] "Memory and Attentional Factors in Consumer Choice: Concepts and Research Methods," *Journal of Consumer Research*, Vol. 9 (June), pp. 18-37.

第14章 購買意思決定の特性とマーケティング

Introduction

　前章において，マーケティング・マネジメントのプロセスを提案価値の決定と価値伝達方法の決定という2つのステップに分け，消費者の情報処理の各プロセスと関連づけた。本章では，その対応づけに従いながら，有効なマーケティングのあり方とはどのようなものかを，動機づけや能力といった要因別に整理していく。具体的には，有効なマーケット・セグメンテーション，ポジショニング，差別化，コンタクト・ポイントの配置とは，どのようなものかを，製品関与や専門知識力（製品知識）という要因別に明らかにしていく。また，比較的新しいコンタクト・ポイントであるインターネットについても概説していく。

1 購買意思決定と提案価値のデザイン

消費者の知覚空間

　前章3節で指摘したように，消費者の情報処理プロセスの議論をもとにSTP戦略について分析するには，自社ブランド単体についての消費者の解釈ではなく，競合ブランドも含めた複数ブランド間の相対的な意味づけを知る必要がある。そのための有用な道具が，**知覚空間**（perceptual space）の概念である。知覚空間とは，消費者が市場提供物の特徴を多次元的に把握し，関連づけ，そこでの知識にもとづいて

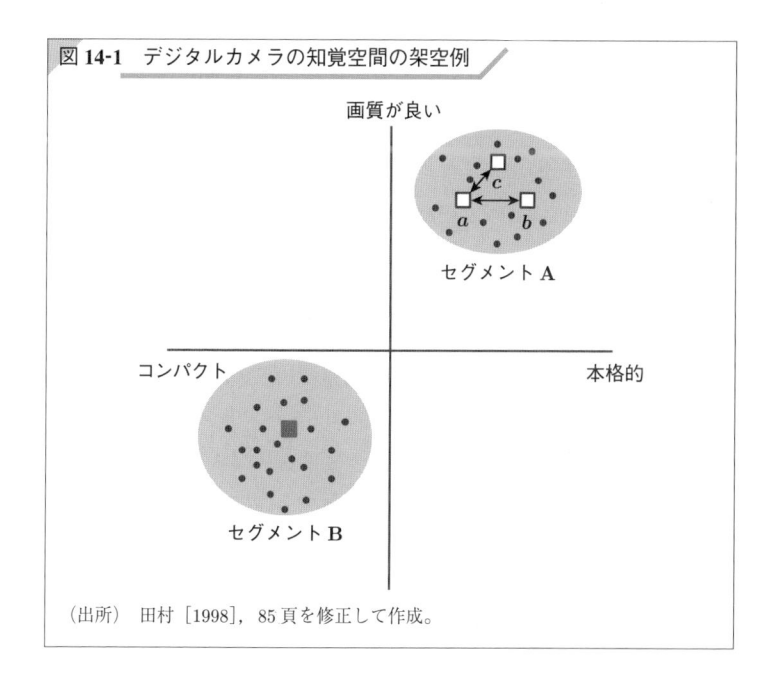

図 14-1　デジタルカメラの知覚空間の架空例

(出所)　田村 [1998]，85 頁を修正して作成。

代替案の評価や把握を行うと考えられる心理的空間である。ここでは，個々の消費者がデジタルカメラを知覚した結果を集計した架空例（図 14-1）を用いて，この概念を説明することにする。

この例において，消費者は，本格的（重量感があり多機能），および画質の良さという 2 つの属性によって多次元的にデジタルカメラを知覚している。また，その次元に沿って市場に存在している各デジカメの特徴を相対的に位置づけていることが示されている。たとえば，□がすでに市場に存在しているデジタルカメラだとすれば，b は a と同等の画質の良さではあるが，より本格的な属性を備えているデジカメとして消費者に解釈されていることが読み取れる。また，c は a よりも，2 つの次元のいずれにおいても優れているものとして知覚されていることが見て取れる。

また，それぞれの消費者にとって最も価値のある理想的なデジタルカメラは●によって表されている。理想点は消費者のニーズを表す1つの方法である。消費者の好みはそれぞれ違っているので，消費者ごとにこの点はさまざまな場所に散らばっている。それぞれの消費者にとって，この理想点に最も近いブランドが相対的に最も高い価値を提供していることになる。

消費者の知覚空間とSTP

　このような知覚空間の概念を用いると，STP戦略に含まれるステップの分析が可能となる。図14-1によれば，ある消費者の好みは，画質が良く，本格的なデジカメの周辺に集まっていることが読み取れる。このグループは，多少重いデジカメであってもさまざまな機能を使いこなし，高画質の画像を撮りたいといったニーズをもつ，比較的本格的なデジカメを使う消費者たちであると推測される。このような類似したニーズを共有する消費者グループはセグメントとよばれる。このセグメントAを標的として投入されているのが，既存の3つのデジカメ□である。

　また，この知覚空間上には，既存ブランド□が対応しているセグメントA以外に，もう1つの理想点の集まり（セグメントB）をみつけることができる。これは，あまり画質は優れていなくてもよいので，コンパクトなデジカメが欲しい消費者の集まりであるとみることができる。おそらく，このセグメントは，外出時に手軽に写真や動画を撮影したいといったニーズをもつ消費者群であると想像できる。

　もし，ある企業が，この2つのセグメントのうち，セグメントBを標的として設定し，その標的の理想点が集まる中心に位置づけられる■を開発し，その位置をうまく獲得できれば，そのセグメントを構成する消費者たちによって，■が選択される可能性が高くなるはずである。これらのグループの消費者が，この選択肢を最も

価値があると知覚するためである。このように，個々の異質な消費者をできるだけ同質的なニーズをもつグループにまとめあげ，そのグループに対してうまくマーケティング活動を適合させ，価値提案をしていく行為は，**マーケット・セグメンテーション**（market segmentation）とよばれる。

ただ，もし，このセグメントBとセグメントAとの距離が非常に近かったり，既存ブランド□が，新たに投入される■と非常に近い位置となってしまった場合には，よりよく価値を提案できていないことになる。そのため，このセグメンテーションは，うまくいかないことになる。よって，あるマーケット・セグメンテーションが有効となるかどうかは，消費者の理想点の散らばりと，競合ブランドの位置によって決まることになる。

なお，セグメントBを標的として■の位置を獲得していく企業の行為は，**ポジショニング**（positioning）とよばれる。つまり，ポジショニングとは，自社の市場提供物の独自の価値を決め，消費者の知覚空間におけるユニークな位置を獲得していくよう設計する企業の行為である。この定義から示唆されるように，ポジショニングは，消費者に対する価値決定だけでなく，そのポジションに到達するための計画や方法も含む概念である。そのため，ポジショニングの決定は，マーケティング・ミックスの要素のどの部分に経営資源を集中するかの決定にも深く関わることになる。

ところで，標的とするセグメントが確定され，そのセグメントが満たすべきニーズが明らかになると，同様のニーズを満たそうとしている自社以外の企業のうち，どれが脅威となるかを知ることができる。このように競争相手を識別できるようになると必要となるのが**差別化**（differentiation）である。差別化とは，標的とする消費者に対して，自社が提供する市場提供物を，他社の物とは異なるものと認識させる行為，あるいはその状態を指す概念である。

自社ブランドが他社ブランドに対して差別化に成功するには，基本的には2つの条件がある。第1は，自社ブランドと他社ブランドとの間の差異を消費者が認識していることである。たとえば，デジカメ b が他のデジカメとの差別化に成功するには，他のデジカメ $a \cdot c$ との間の知覚空間上の違いを，十分に消費者が認めていることが必要となる。

　第2は，その差異が消費者にとって重要であることである。デジカメ b が他の2つのデジカメと比べて，「本格的」という次元で優れていたとしても，消費者にとってその次元上での差異が重要でないのであれば，その違いは消費者の選択にとって意味をもたないことになる。したがって，ある差別化が有効となるかどうかは，自社ブランドと競合ブランドの知覚上の距離，そして，自社ブランドの位置と理想点との距離によって決まることになる。

STP戦略の注意点

　最後に関連する4つの注意点を述べておく。第1は，ブランド化との関係である。前章で述べたように，ブランド化とは，消費者がある提供物を競合のそれと違っていることを識別しており，消費者にとって選択すべき対象となっている状態を指す。この状態は，その提供物が消費者の理想点の近くにポジショニングされ，競合との違いが明確であるときに生じるものである。つまり，ブランド化は，有効なSTP戦略や差別化が基礎となり達成されるのである。

　第2は，知覚空間と消費者知識との関連である。消費者の知覚空間は，消費者情報処理の視点で見れば，情報処理の結果として構築される認知構造として見ることができる。そのため，たとえば，デジタルカメラの知覚空間は，デジカメに関する製品スキーマを保持している消費者であれば，そのスキーマをベースとしながら形成されるであろう。また，あるデジカメのブランドの知覚空間上のポジションは，消費者が保持している，そのブランドに関する知識が

活性化されることによって決まるかもしれない。このように，消費者の知覚空間は，いつも消費者がその時々に外部から情報を取得するデータ駆動型処理によって形成されるのではない。消費者の知識をベースとした理論駆動型処理によっても知覚空間は形成されるのである。この点は，次章3節において説明される。

　第3に，マーケット・セグメンテーションの基準についてである。ここまでは，消費者の理想点を基礎としたセグメンテーションを説明してきた。市場提供物のベネフィットを基準として消費者をセグメント化し，それをもとにマーケティングを対応させる，いわゆる**ベネフィット・セグメンテーション**（benefit segmentation）を念頭に置いていたわけである。しかし，セグメンテーションの基準はこれだけにとどまるものではない。セグメンテーションは，本来，マーケティング諸手段に対する反応が類似している消費者をグループ化し，そこにマーケティング諸手段を適合させていくものである。そのため，理想点の位置が類似しているセグメントの中でも，たとえば，接触する情報源の違いなどによって，さらなる細分化の基準が必要な場合があることに注意をしておく必要がある。

　第4は，知覚空間形成と意思決定ルールの多様性についてである。これまで，説明を複雑にしないために，知覚空間の次元は2つに限定していた。また，その次元についても便益的属性に絞って例示してきた（*Column* ㉗）。さらには，意思決定ルールについても，第9章4節で紹介されたうちの補償型のルールを暗黙的に想定していた。しかし，消費者の特性によっては，より多くの（あるいは少ない）次元によって対象を知覚する場合もあるだろうし，シンボリック属性や特性的属性によって対象を知覚することもあるだろう。また，非補償型のルールが用いられることもあるだろう。このような消費者の多様性を知ることは，ここでの議論をマーケティングへと応用する際に非常に重要である。この多様性に応じて，消

費者に訴求すべき価値内容や価値の数が変わるからである。

では、この違いは、どのようなときに生じてくるのだろうか。そこで、次からは、このような消費者の多様性を、製品関与度の高低をベースとしながら整理していく。

Column ㉗ 消費者理解のための基礎概念：ニーズ，ウォンツ，属性

マーケティングのテキストや実務において、ニーズやウォンツという言葉を見聞きしないことはないだろう。ここでは、マーケティングと消費者行動研究の知見を関連づけるために、これらの用語を、消費者行動研究の基礎概念である「属性」と関連づけておくことにしよう。

コトラーとケラーによれば、ニーズとは、人間の基本的要件を指す概念である（Kotler and Keller [2007]）。そこには、生きるための食料、空気、水、衣服、風雨を避ける場所、レクリエーション、教育、娯楽などが含まれる。こうしたニーズがそれを満たす特定の物や行動に向けられるとウォンツとなる。若い男性や中高年男性にとって食料は共通のニーズである。しかし、若者にとってウォンツはハンバーガー、ポテト、コーラであるかもしれないし、中高年にとっては和食、お茶であるかもしれない。

そのため、マーケティングは、ニーズは作り出すことはできないとされる。マーケティングの1つの重要な機能は、消費者のニーズを顕在化させ、自社が提供する製品やサービスをウォンツへと変換することなのである。

ここで説明している、消費者の知覚空間概念の基礎である「属性」は、消費者の「ニーズ」そのものではないし、マーケティングが提供する、客観的で測定可能な「特性」でもない。属性とは、特性がニーズの観点から主観的に変換されたものであり、ウォンツを構成する一要素として見ることができよう。

消費者ニーズを深く理解し、その知見をマーケティングに活用していくためには、消費者のニーズやウォンツ、属性といった隣接する基本的な用語を区別することが、その第一歩となるだろう。

高関与の情報処理特性と知覚空間

関与度の高い消費者は，その製品に対する重要度が高いため，その購買に対して多くの認知的，行動的努力を注ぐことになる。具体的には，高関与の消費者は，多くの情報を集めたり，自分にとって必要な属性や便益とはどのようなものかを自ら熱心に解釈するのである。

ただ，高関与であっても，専門知識力に劣る低知識の消費者である場合，収集した情報によって，あるブランドが十分に自らのニーズを充足するのかは判断できない。加えて，自らが対象を選択する際の重要な選択基準が明らかではないこともある。よって，低知識の消費者の場合，自身の能力だけで十分な知覚空間を形成することはできないのである。

一方で，高関与・高知識の消費者は，自らのニーズに照らし合わせながら購買する対象の特徴を多次元的に把握することができる。その際，外部情報探索から得た多くの情報だけでなく，記憶内に蓄積している広範な製品知識やブランド知識を利用することも可能である。そのため，自らの力で比較的多くの次元を含む知覚空間を形成できる。また，その属性についても，便益的属性ばかりでなく，シンボリック属性のような抽象的な属性が使用されることがある。

また，高関与の消費者は，その情報処理特性から，補償型の意思決定ルールを用いることが多いと考えられる。彼らは，最も優れた自らにとってベストの選択肢を選ぶことをめざすためである。もちろん，高知識の消費者のほうが，多面的に選択対象の特徴を把握できる能力を持ち合わせているため，補償型のルールを用いる傾向はより大きくなるはずである。

低関与の情報処理特性と知覚空間

一方で，低関与の消費者は，その製品に対する重要度が低いため，その購買に際しては，多くの認知的，行動的努力を注ぐこと

表 14-1 消費者の関与・知識と知覚空間，意思決定ルール

高関与・高知識	高関与・低知識	低関与・高知識	低関与・低知識
・複数の便益的属性，シンボリック属性	・自律的な知覚空間の形成が困難（重要な選択基準について不明確）	・少数の便益的属性	・少数の特性的属性（価格）
補償型ルール		非補償型ルール，感情参照型ルール	

はしない。よって，低関与の消費者が知覚する次元の数は，高関与の消費者と比べて少なくなる。また，高関与の消費者とは違い，シンボリック属性のような抽象的な属性が選択に際して用いられることはまれである。高知識の消費者の場合は便益的属性，低知識の場合は特性的属性などの具体的な属性が用いられる。低知識のときには，高い・安いという1次元だけで対象の特徴を知覚することも数多く見られるようになる。

また，低関与の消費者は，補償型の意思決定ルールを採用する可能性は小さい。彼らが採用するルールの代表は，非補償型のルールである。たとえば，ある種の属性において一定の要求水準を満たしていれば選択してしまう場合などがこれに当たる。低関与の消費者によって非補償型のルールが採用されるのは，このルールが選択における努力量や時間を節約することができるためである。また，過去の購買や使用経験などをもとに，最も好意的な態度を形成している選択肢を選択する感情参照型の意思決定ルールも，同様の理由で低関与の消費者によって用いられることが多い。

これまでの関与・知識と消費者の知覚空間，意思決定ルールに関する議論は，表14-1に整理されている。

2 購買意思決定と価値伝達のデザイン

コンタクト・ポイントの特性

前章3節で述べたように、多様なマーケティング活動は、コンタクト・ポイント（消費者が情報を取得する情報源）として捉えることができる。また、いかなるコンタクト・ポイントが有効なマーケティング活動となるかは、消費者の情報処理特性に依存する。そこで、コンタクト・ポイントの特性を捉えるための次元を、消費者情報処理モデルの観点に従いながら整理することにする。コンタクト・ポイントの特性を、情報処理モデルの観点から識別できれば、その特性を求める個人差要因（関与・知識）と関連づけることで、適切なマーケティング活動の方向性が見いだせるためである。

第1は、コンタクト・ポイントが提供しうる情報量である。消費者が購買に際してどの程度の量の情報を取得するのかは、消費者それぞれによって変わるであろう。たとえば、女性が化粧品を購入するとき、どの程度詳細な成分情報や使用感の情報を必要としているかは、人それぞれによって違うだろう。企業は、コンタクト・ポイントの選択を通じて、提供する情報量の決定をしているとみることができる。

第2は、コンタクト・ポイントの双方向性・個別性である。消費者の特徴によって、適切な情報の伝達の方法が異なることがある。たとえば、携帯音楽プレイヤーについて考えてみよう。消費者が、販売員から口頭で製品情報や音楽を聴いた感覚が伝えられるのを好むのか、売場での現物やパンフレットによる情報提供を好むのかは、消費者それぞれによって違っている。これは、販売員との情報の密度の濃いやりとり（双方向性）を通じた、個々の事情にあわせた情報提供（個別性）を求めるかが、消費者の特性によって変わ

るためである。企業はコンタクト・ポイントの選択によって，情報提供の双方向性や個別性を決定しているのである。

第3は，コンタクト・ポイントを通じた情報接触の容易さである。消費者は，ある情報を取得するのに大きな努力量を投入するときと，そうでないときがある。たとえば，多くの消費者は，ソフトドリンクの新製品の情報を取得する際には，インターネットで検索したり，店頭の店員から情報を得るようなことは滅多にしない。むしろ，店頭で偶然みつける程度の努力量しか払おうとはしないだろう。そのとき企業は，店頭への配荷率の向上や，店内での目立つ陳列などによって消費者の情報取得を促すことになる。すなわち，企業は，消費者の努力量にあわせて容易に情報を取得できる環境を，コンタクト・ポイントの選択によって作り上げているのである。

これらのコンタクト・ポイントの特性への重視度が，消費者の関与や知識の水準によって，どのように変化していくのかを，次から説明していく。

| 高関与購買の特性とコンタクト・ポイント |

製品関与が高い消費者は，自分にとってその製品に必要な属性や便益とはどのようなものかを熱心に考えたり，多くの店舗を回って見比べて比較することで，多くの情報を取得する。つまり，高関与の消費者に対応する企業は，この情報処理特性に対応して，**多くの情報を提供するコンタクト・ポイント**を配置する必要がある。ただし，高関与の消費者であっても，保持する製品知識の程度の高低によって，その情報処理特性が異なるため，適切なコンタクト・ポイントは少なからず変わってくることになる。表14-2に従いながら説明していく。

(1) **高関与・低知識**

①**購買前** 高関与・低知識の消費者は，購買に必要な知識を持ち合わせていないため，知覚するリスクの程度も高い。よって，長

表14-2　高関与購買の特性とコンタクト・ポイント

	高関与・高知識	高関与・低知識
情報探索パターン	限定的問題解決 （中程度の努力量）	拡張的問題解決 （非常に多くの努力量）
購買前 コンタクト・ポイント	・パンフレットやインターネットなどの文字情報 ・現物 ・深い品揃え ・ブランド再生	・販売員 ・友人，家族からの口コミ ・ある程度の深さの品揃え
購買時 コンタクト・ポイント	・バリュー・フォー・マネー ・高い性能水準を備えた製品	・中〜高価格 ・基本的属性を備えた製品
購買後 コンタクト・ポイント	・ブランド使用体験	・不協和削減のためのプロモーション
価値伝達の方法	・プル戦略 （製品力・ブランド力）	・プッシュ戦略 （人的情報源）

い時間をかけて，非常に多くの情報を外部の情報源から取得する。第10章2節で紹介された拡張的問題解決という情報探索パターンは，このような消費者において現れると考えてよいだろう。

　この消費者は，積極的に情報を収集するといっても，パンフレットやインターネットからの製品情報の取得だけでは，購買する対象を決定することができない。第1に，低知識の消費者は，それらの情報源において提供される定型的な文字情報だけでは，十分な製品理解ができないためである。第2に，仮に探索の結果として態度を形成し，選択する対象を決めたとしても，その態度は購買を導くほど確信度の高いものではないためである。よって，低知識の消費者の購買前探索は，店舗選択後にまで及ぶことになる。

　店頭での情報の探索は，低知識の特性を反映して，**双方向性・個**

別性の高いコンタクト・ポイントを求めることになる。低知識の消費者は，画一的で一般的な内容の情報では理解できないため，何回も繰り返しやりとりをし，自分にとってのわかりやすい個別的な内容の情報を提供してくれることが重要となるためである。そこで，彼らにとって，**店頭での販売員**（人的情報源）による懇切丁寧な情報の提供が最も重視されるコンタクト・ポイントとなる。

　低知識の消費者の場合，購買時の考慮集合は販売員のアドバイスによって形成されることが少なくない。また，自らの評価基準を持ち合わせていないため，考慮集合の中からの絞り込みについても，販売員からのアドバイスを受けながら進むことが多い。そのため，選択肢自体の特徴よりも，むしろ提供される情報のわかりやすさに価値が置かれることになる。よって，低知識の消費者には，特定メーカーに限られた品揃えであっても，**ある程度の深さの品揃え**さえあればよいことになる。

　もちろん，店員のアドバイスばかりではなく，**友人や家族からの口コミ**にも依存するであろう。一般的に言えば，製品特性についての情報は専門家である店頭での販売員から，製品評価基準についての情報は，消費者自身のニーズをよく知る身近な人から得ることになろう。

　②**購買時**　購買時の重要なコンタクト・ポイントとして，価格情報を挙げることができる。ただ，この消費者に対しては，低価格対応の必要性は小さい。彼らは，製品それ自体が低価格であるよりも，たとえ高価格であっても，選択や使用を助ける付加的なアドバイスに価値を置くからである。また，低知識の消費者は，自ら品質を判断する能力を有していないため，価格情報を**品質のバロメータ**として利用することが知られている。すなわち，「高いものは品質が良いものだ」といったように，品質の程度を推論する手がかりとして価格情報を利用するのである。この点からも，彼らに対して低

価格訴求をしていく必要性は低いことが示唆される。つまり，低知識の消費者に対しては，**中〜高価格帯**の設定で十分なのである。

また，製品知識の低さは，彼らが製品に求める特徴も生じさせる。彼らは明確な評価基準をもっていないため，製品について際立った特徴は要求しない。むしろ，その製品カテゴリーが備えているべき**基本的属性**をもつことを求めていくはずである。

③**購買後**　低知識の消費者は，他者からの推奨を経て購買するため，購買後に自らの選択に矛盾する情報に出会う可能性も高くなる。そのため，自身の選択と矛盾する情報は回避し，選択を正当化する情報を求める。つまり，第12章1節で説明した認知的不協和を削減をする行動を採用するのである。そのため，マーケティング対応としては，購買後の消費者に向けて積極的にプロモーションを行い，彼らのブランド選択が正しかったことを訴求し，満足度の向上につなげることが有効となる。つまり，**不協和削減のプロモーション**が求められるのである。

(2) **高関与・高知識**

①**購買前**　高関与・高知識の消費者は，内部情報を豊富に保持しているため，低知識の消費者ほどは，多くの情報を外部情報源から取得することはしない。よって，この消費者は，第10章2節で紹介した限定的問題解決のパターンを採用すると考えることができる。

高知識の消費者の特徴は，双方向性や個別性の程度が低いコンタクト・ポイントからも情報を取得することである。具体的には，彼らは，パンフレットやインターネットにおける画一的な**文字情報**を取得することによって解釈をすることができる。また，**現物**に直接触れることによって情報が解釈できることも，この消費者の特徴である。

高知識の消費者は，取得したこれらの情報をもとにしながら，店

舗に来店する前にある程度，選択対象を絞り込むことができる。また，場合によっては，選択するブランド自体を店舗選択前に決めてしまうこと（指名購買）もあるだろう。そのため，低知識の消費者にとって重要とされていたような意味での人的情報源に対する価値は大きくはない。彼らに選ばれる店舗の特徴は，何と言っても品揃えの深さとなる。高関与・高知識の消費者は，自らのニーズに合致したブランドを選択することに執着するため，店頭の品揃えについては，特定製品カテゴリーの中での豊富な製品種類を揃えている**深い品揃え**（いわゆる専門店）を求めることになる。

　また，高関与・高知識の消費者は，その製品カテゴリーの購買や使用経験が豊富であることが多い。よって，あるブランドについてのスキーマを記憶内に保持していることもある。このブランド・スキーマを自らの記憶から検索し（**ブランド再生**），購入する対象として決めたり，考慮集合に入れたりすることがあるのも，この消費者の特徴である。

　②購買時　　購買時における価格情報の利用の仕方も，低知識の消費者とは異なっている。高知識の消費者は，製品属性についても深い理解ができ，かつ自らの選択する対象の評価基準を明確にもっているため，どのような属性をもったブランドが自分にとって，どの程度価値をもつのかを判断することができる。そのため，高知識の消費者は，その製品のもつ価値と価格とのバランスに注意を払う。別の言い方をすれば，自分にとって価値のあるという条件を満たすのなら価格が安いことが大事であり，単なる安売りには反応しない消費者である。つまり，この消費者は，**バリュー・フォー・マネー**を求めるのである。

　また，製品としては，基本的属性のみをもつ対象では購入に至らない可能性も高い。彼らはより高い性能水準を求める用途を有している場合があるため，彼らに対応するには，より**高い性能水準を備**

えた製品を開発するための技術開発も求められるであろう。

　③**購買後**　一般的に言って購買後の使用経験は，当該ブランドについて学習する情報源として重要なものである。なかでも，高関与・高知識の消費者は，自らの評価基準をもっているし，製品知識も豊富であることから，購買後の**ブランド使用体験**が重要なコンタクト・ポイントとなる。彼らは使用体験からブランドの特性を学習し，それをブランド知識として蓄積していくだろう。

> 低関与購買の特性と
> コンタクト・ポイント

低関与の消費者は，その製品への重要度が低いため，その購買に対して多くの認知的，行動的努力は注がない。彼らは，高関与の消費者とは違い，熱心に情報を探索したり，店舗を買い回ったりはしないのである。よって，低関与の消費者に対しては，利便性を意識したコンタクト・ポイントを配置することが重要となる。低関与の消費者が求める利便性は少なくとも2つの視点で捉えることができる。

　第1は，**購買利便性**である。消費者は，購買の必要性を感じる間際まで，購買意思決定を引き延ばすことに利便性を感じることがある。これが購買利便性であり，営業時間の長さ，立地の近さ，配送の納期の短さなどによって反映される。第2は，**カテゴリー利便性**である。これは，一度の買物出向において複数の種類のカテゴリーのアイテムの購入ができること，いわゆるワンストップ・ショッピングの利便性である。

　企業としては，低関与の消費者に対応するとき，これら2つの利便性を提供するコンタクト・ポイントの配置をめざす必要がある。そのため，チャネルの設計において，2つのデザインが採用されることが多い。

　第1は，多くの小売店舗で自社ブランドが取り扱われることをめざす，**開放的チャネル政策**（intensive channel policy）である。

これは、多くの販売拠点を設置することで、購買利便性を与えることをめざすコンタクト・ポイントの配置である。第2は、**広い品揃え**を備える業態が選択されることである。メーカーが低関与の消費者に対応するとき、コンビニエンス・ストア、スーパーマーケット、ドラッグストアなどのさまざまな製品カテゴリーを取り揃える小売業態を選択することが少なくない。これは、消費者にカテゴリー利便性を提供するようコンタクト・ポイントをデザインするためである。

また、チャネル・マネジメントにおいても特徴的なコンタクト・ポイントのデザインが必要となる。購買に注ぐ努力量の少ない低関与の消費者は、購買前の情報処理は、店頭で行われることがほとんどである。そのため、購買前の消費者に対しては、店舗内においても**露出を最大化**し、情報取得を促すよう働きかけることが必要となる。具体的には、店内での特別な陳列、POP広告、フェイス数の確保や適切な棚の位置の確保などの策によって、接触機会を増やすことが有効となる。

このような基本的な特徴のもと、製品知識の程度によって、異なった購買パターンを見せることになる。以下でその内容と、適切なコンタクト・ポイントのあり方を解説していく（表14-3）。

(1) **低関与・低知識**

①**購買前**　前述のとおり、このタイプの消費者は、店舗を訪れる前にほとんど情報処理は行わない。そのため、店頭において初めて購買に関する問題認識がされることもある。また、購買する対象についても、明確な理由はなく、いつも同じものを惰性で購入していることも少なくないはずである。よって、彼らの購買では、**ブランドは限定的な役割**しかはたさない。第10章2節で紹介された、定型的問題解決とよばれる探索パターンが当てはまるのは、この消費者である。

表 14-3 低関与購買の特性とコンタクト・ポイント

	低関与・高知識	低関与・低知識
情報探索パターン	限定的問題解決（少ない努力量）	定型的問題解決（非常に少ない努力量）
購買前コンタクト・ポイント	・開放的チャネル，店頭での露出の最大化，広い品揃え ・サンプリング ・ブランド再認の手がかり情報 ・深い品揃え ・探索支援，特徴づけ	・ブランドの限定的役割
購買時コンタクト・ポイント	・絶対的な低価格 ・バリュー・フォー・マネー	・絶対的な低価格 ・ローエンドの製品 ・値引きのシグナル
購買後コンタクト・ポイント	・ブランド使用体験	
価値伝達の方法	・プル戦略＋プッシュ戦略（店頭への配荷力，製品力・ブランド力）	・プッシュ戦略（店頭への配荷力・低価格）

②**購買時** 購買時において重要なのは，何と言っても価格である。購入対象の特徴を多面的に把握し，複数の次元によって知覚空間内に位置づけることはない。よって，価格を中心とした次元によって知覚されることになる。また，その製品に対する重要度も低いことから，なるべく支払う価格は少ないほうが望ましい。そのため，可能な限り標準化し，品質を落とした**ローエンドの製品**を提供することなどにより，**絶対的な低価格**を設定していくことが求められる。

低知識の消費者は，反復的に購入している対象があったとしても，明確な理由をもって選択しているわけではない。そのため，値

引きといった一時的な取引条件の変更により，自社ブランドに注目を向けさせ，購入を促すことも可能である。しかし，その際，価格が引き下げられているという**値引きのシグナル**に強く反応し，値引き幅の大きさまでは確認していないことも多々あることが知られている。

③購買後　限られた量の情報探索しかしない低関与の消費者は，購入時にブランドに対する評価を下さず，購入に至ってしまうことがある。低関与の消費者の場合には，高関与の消費者が辿るような，認知・感情・行動というプロセスは経ないで，行動が先立ってしまうこともあるわけである。そのため，購買後のブランド使用経験に至って初めて，ブランド評価が形成されることもある。ただし，この消費者の場合，購買後の使用経験を経た後でさえも，そのブランドの特徴について詳細に学習しないことも多いだろう。極端な場合には，ブランド名や特徴についても記憶しないことも頻繁に起こるのである。

(2)　**低関与・高知識**

①購買前　高知識の消費者の場合，あまり多くはないものの情報の探索は行い，ニーズと適合した対象の購買をめざす傾向にある。よって，彼らの探索パターンは，少ない努力量の中での限定的問題解決行動として見てよいだろう。具体的に言うのなら，棚の中にお気に入りのブランドがないかどうか，少しの時間だけ確認する程度の探索である。

彼らに適したコンタクト・ポイントとしては，**サンプリング**を挙げることができる。彼らは，情報探索量はあまり多くないものの，製品知識は保持しているため，製品情報を直接的に体験する機会を与えさえすれば，当該ブランドの特性の理解は容易である。よって，店頭などで製品情報を直接体験させるコンタクト・ポイントが有効となる。

また，努力量の少なさは，記憶内にブランド知識を保持していたとしても，その知識が検索されない事態も生じさせる。そのため，彼らに対しては，POP広告，パッケージなどといった，**ブランド再認の手がかり情報**となるコンタクト・ポイントを提示することが有効となるだろう。

　また，この消費者は，ニーズに対する執着はある程度もっているため，**深い品揃え**の業態のほうが彼らにとって満足いく選択ができるようになる。しかし，あまり店頭にアイテム数が多すぎても，情報探索量の少ない彼らにとって，目当ての対象を選び出すことは困難となる。そのため，厳選した品揃えや特別な陳列による提案をしたり，選択しやすい棚のレイアウトといった**探索支援**を意図したコンタクト・ポイントや，パッケージやブランド名に製品の特徴を端的に入れるといった**特徴づけ**をめざすコンタクト・ポイントを配置すべきである。つまり，少ない努力量に対応しながらニーズへの合致度を高めていくような工夫が必要なのである。

　②**購買時**　低関与の消費者の特性を反映して，価格は絶対的な**低価格**を設定していくことが望ましいのは低知識の消費者と同じである。ただし，高知識の特性を反映して，低価格帯の中でニーズへの適合度を高めていく，**バリュー・フォー・マネー**の向上が求められることになる。

　③**購買後**　高知識の消費者は，低知識の消費者とは違い，**ブランド使用体験**からブランドの特徴について学習する可能性は高い。ある程度の満足度を提供し，ブランド知識の蓄積ができれば，彼らは，その知識に依拠しながら，反復的に購買する可能性が高くなる。彼らの購買に対する努力量の少なさ，そして，ニーズ適合へのある程度の執着は，ブランド知識に依拠した簡便な購買を促進することになる。

3 購買意思決定とインターネット

> 買物場所としての
> インターネット

インターネットの登場により,消費者の購買行動は大きく変化したことは直感的に理解できるところである。もちろん,その変化がマーケティングに与える影響は小さくない。そこで,この節では,インターネットに関連したコンタクト・ポイントを独立させて説明する。まずは,インターネットによる通信販売(ネット通販)に適した消費者特性を説明していこう。

インターネット通販は,カタログ通販などの他の無店舗販売と同じく,基本的には現物を手に取って確認することができない。よって,このコンタクト・ポイントを通じて購入できるのは,現物を確認することなく購入できる消費者のはずである。ここには,大別して2つのパターンを見ることができる。

第1は,サイトを訪れる前に,購入する対象を決めることができる消費者である。ここには,すでにロイヤルティを確立しているブランドを購入する消費者や,いつも同じ対象を惰性で購入する消費者が含まれる。たとえば,ある時計のブランドが欲しくてネット上で探して購入する消費者や,ネットスーパーにおいて決まった醬油を購買する消費者などは,この区分に入るだろう。

第2は,購入する対象は決まっていないが,ある程度の製品知識を有している消費者である。豊富な製品知識をもつ消費者は,購入する対象が決まっていなくても,また,現物を確認せずとも,インターネット上の文字や写真の情報を取得するだけで購入に至ることができるだろう。たとえば,ある程度パソコンについて習熟している消費者が,ネットの直販サイトの情報だけでパソコンを購入するときがこれに当てはまる。

ネット通販で購入が可能なのは、この2つの特性のうちどちらかをもつ消費者である。ただ、これは無店舗販売全般に当てはまる特性であるため、これにインターネット独自の特徴も加えて検討していく必要がある。

　無店舗販売であるインターネットは、店舗をもたないがゆえに在庫の制約が著しく低い。また、カタログ通販がもつような紙幅の制約もない。そのため、取り揃える品揃え数を、深さ・広さという両面で拡大できるという特徴をもつ。よって、品揃えを拡大することにより、たとえ非常に小規模なセグメントであっても、理想の製品についての違いが大きい消費者たちを幅広く標的とすることができるのである。上記2つの消費者特性に加え、このようなネットの特性が活かされる消費者を標的とするとき、インターネット通販がより適したチャネルとなるのである。

　しかし、多数の品揃えが可能であるという利点は別の問題を生じさせることになる。消費者が膨大な品揃えの中から、自らが求める対象をみつけ出すことが困難となってしまうのである。よって、この問題を解決するため、インターネット通販においては、表示するカタログを消費者ごとに変えたり、購入対象を消費者別に推奨する機能によって、探索や選択の利便性の向上をめざすのである。言うまでもなく、この機能は、情報探索の努力を惜しむ低関与の消費者に対してきわめて大きなメリットをもたらすことになる。

情報取得の場としてのインターネット

　インターネットは、買物場所ばかりでなく、消費者に対して新たな情報取得の場も提供している。ここでは、いくつかのネット上のコンタクト・ポイントの特徴を取り上げ、それらがいかなる消費者にとって有用な情報源となるのかを説明する。

　第1は、一方的に情報提供をする企業やブランドのサイトである。これは、パンフレットに含まれる文字情報や画像などと同様

に，画一的で定型的な情報を多量に提供できる特性をもっている。そのため，このような情報を積極的に取得し解釈できる，比較的高い関与と知識の水準をもった消費者向けのコンタクト・ポイントとして位置づけることができよう。

第2は，個人の閲覧履歴などによって好みを把握し，掲載する情報を消費者ごとに変化させるものである。このなかには，ネット上の膨大な情報を整理し抽出する役割を，他者やネット上の機能に委ねるコンタクト・ポイントも含めて考えることができよう（たとえば，Facebook上の友人からの情報や，Twitterでフォローする人・企業・組織からの情報など）。このコンタクト・ポイントは，自らの好みをある程度は理解している（高知識）が，熱心に自ら必要な情報を探し出すことはしない中～低関与の消費者に最も好んで接触されるであろう。彼らは，自らの目的にあった個別性の高い情報を，努力量が少なく容易に取得できることにメリットを感じるからである。

第3は，双方向性・個別性を備えているものである。掲示板やブログのコメント欄，先に挙げたFacebookやTwitterなどのソーシャル・メディアなど，インターネットのある種のコンタクト・ポイントには双方向性・個別性を備えたものがある。ここからは，対面販売などと同様に，双方向のやりとりを経て，個々の消費者の事情にあわせた個別性の高い情報を得ることができる。つまり，これらのコンタクト・ポイントは，比較的知識水準が低い消費者までもカバーするものであると言えよう。

ここで例示したような形で，情報処理の枠組みに依拠しながら新しいコンタクト・ポイントの特性を理解することには大きなメリットがあると思われる。新しいコンタクト・ポイントが既存のコンタクト・ポイントと代替的なものか，補完的なものなのか，あるいはまったく新しいものなのかを理解し，マーケティング・コミュニ

ケーションの全体像を統合的に捉えていく助けとなるからである。

インターネット時代のマーケティング対応

最後に注意点を述べておく。言うまでもなくインターネットは，消費者が自らの情報発信行為によって参加するメディアであることに特徴をもつため，企業にとってきわめてコントロール可能性が低いコンタクト・ポイントとなりうる。そのため，インターネットのコンタクト・ポイントを強く意識しながらマーケティングを展開する場合には，図13-2で示したような，企業から一方向にコンタクト・ポイントを配置するような見方でマーケティングと消費者行動との関わりを捉えるのでは十分でない場合も出てくる。むしろ，企業が，ネット上の消費者を挟んで，消費者へのコンタクト・ポイントと間接的に対峙している姿，そして，消費者間の相互作用，企業・消費者間の相互作用を明示的に導入した姿を導入したフレームを想定しながら，マーケティング対応を検討したほうがよい場合もあるだろう（図14-2）。

ただし，消費者とマーケティングとの関わりに違いがあっても，消費者の情報処理プロセス自体やその基本メカニズムが変わるわけではない。新たなコンタクト・ポイントの追加が，どのような新しい消費者の情報処理対応を引き起こしているのかを注視することが，インターネット時代のマーケティング対応を考える近道となるはずである。

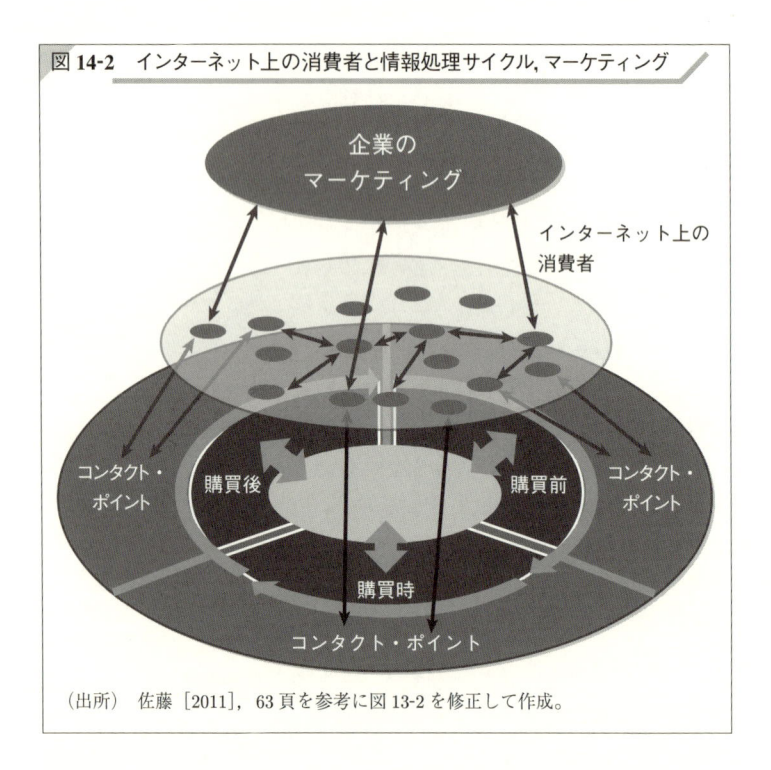

図 14-2 インターネット上の消費者と情報処理サイクル, マーケティング

（企業のマーケティング）

インターネット上の消費者

コンタクト・ポイント　購買後　購買前　コンタクト・ポイント

購買時

コンタクト・ポイント

（出所）　佐藤［2011］, 63 頁を参考に図 13-2 を修正して作成。

Keywords

知覚空間　マーケット・セグメンテーション　ポジショニング　差別化　ベネフィット・セグメンテーション　品質のバロメータとしての価格　不協和削減のプロモーション　バリュー・フォー・マネー　購買利便性　カテゴリー利便性

演習問題

14-1　洗剤や自動車を例にとり，消費者の知覚空間を描いてみよう。

各ブランドが，どのような次元で差別化をしているのか，どのようなセグメントに対応したポジションをとっているのかを検討してみよう。

14-2 マーケティング・リサーチのテキストを読み，知覚空間をつくるマーケティング・リサーチ技法に，どのようなものがあるかを調べてみよう。

14-3 製品やサービスを任意に選び，あなたの購買行動とその購買に影響を与えたマーケティング活動を記述してみよう。その購買行動が，表 14-2 や表 14-3 で説明しているようなコンタクト・ポイントによって影響を受けていたかどうかを確認してみよう。

14-4 インターネット上の新しいコンタクト・ポイントの登場は，あなたの行動をどのように変えただろうか。たとえば，飲食店の口コミサイトや価格比較サイトの登場によって，あなたの選択行動はどのように変わっただろうか。

参考文献

青木幸弘［1986］「消費者知覚空間の構成に関する諸問題——構成技法の理論的基礎」『商学論究』第 33 巻 4 号，155-186 頁。

青木幸弘［2010］『消費者行動の知識』日本経済新聞出版社。

池尾恭一［1993］「消費者業態選択の規定因——購買関与度と品質判断力」『慶應経営論集』第 10 巻 2 号，13-29 頁。

池尾恭一［1999］『日本型マーケティングの革新』有斐閣。

池尾恭一編［2003］『ネット・コミュニティのマーケティング戦略——デジタル消費社会への戦略対応』有斐閣。

池尾恭一［2006］「流通業態の動態における利便性強調型流通業」『三田商学研究』第 49 巻 4 号，37-51 頁。

池尾恭一［2011a］「マーケティングにおける同質化とジャストミート」『商学論究』第 58 巻 4 号，23-42 頁。

池尾恭一［2011b］『モダン・マーケティング・リテラシー』生産性出版。

池尾恭一・青木幸弘編［2010］『日本型マーケティングの新展開』有斐閣。

池尾恭一・青木幸弘・南知恵子・井上哲浩［2010］『マーケティング』有斐閣。

石原武政・池尾恭一・佐藤善信［2000］『商業学（新版）』有斐閣。

佐々木俊尚［2011］『キュレーションの時代――「つながり」の情報革命が始まる』筑摩書房。

佐藤尚之［2011］『明日のコミュニケーション――「関与する生活者」に愛される方法』アスキー・メディアワークス。

田村正紀［1998］『マーケティングの知識』日本経済新聞社。

中西正雄［2001］「製品差別化と市場細分化は代替的戦略か？」『商学論究』第48巻3号，41-60頁。

Assael, H. [1998] *Consumer Behavior and Marketing Action*, 6th ed., South-Western.

Kotler, P. and K. L. Keller [2007] *A Framework for Marketing Management*, 3rd ed., Prentice-Hall. (恩藏直人監修［2008］『コトラー & ケラーのマーケティング・マネジメント：基本編（第3版）』ピアソン・エデュケーション。)

Hoyer, D. W. and D. J. MacInnis [2010] *Consumer Behavior*, 5th ed., South-Western.

Peter, P. J. and J. C. Olson [2005] *Consumer Behavior & Marketing Strategy*, 7th ed., McGraw-Hill.

第15章 ブランド構築と統合型マーケティング・コミュニケーション

Introduction

前章では、消費者情報処理の理論枠組みにもとづきながら、マーケティング対応の方向性を検討してきた。そこでのマーケティングは、消費者のニーズや購買行動に対応した価値提供プロセスを志向しているという意味で、「売れる仕組み作り」としてのマーケティングと表現することができるだろう。本章は、この考えを発展させて「売れ続ける仕組み作り」としてのマーケティングに焦点を当てる。言うまでもなく、「売れ続ける」ためには、消費者が「買い続ける」ことが必要である。本章では、「ブランド」や「統合型マーケティング・コミュニケーション」（IMC）というマーケティングの技法と関連づけながら、消費者の反復購買のメカニズムを消費者情報処理の理論枠組みから説明する。まずは、このようなマーケティング技法が求められるようになった背景から検討していこう。

1 コモディティ化からの脱却とブランド構築

コモディティ化の背景　　企業は、絶えざるイノベーションによって、競合他社よりも先んじて、製品の特異性を確立し続けることができれば、その違いを強調しながら指名購買を導くことができるであろう。すなわち、プル戦略を起点としたマーケティングの展開である。しかし、今日では、多くの市場で

企業間の模倣や同質化が進み，製品の特異性を確立できない事態が生じてきている。第1章3節でも触れたように，このような製品間の差別性が失われてしまう状況は，**コモディティ化**とよばれる。メーカーとしては，コモディティ化からの脱却をめざす方法を模索しなくてはならなくなっている。

そもそも，コモディティ化が進行する背景には2つの要因がある（延岡［2006a］）。第1は，企業側の要因である。これは，他社との違いを生じさせる市場提供物の開発や製造ができず，コモディティ化が進行してしまう「差別化シーズの頭打ち」とよぶことができる状況である。この背景として指摘されるのがモジュール化の進展である。部品間のインターフェイスが単純化，標準化される（モジュール化）と，複数部品の単純な組合せによって求められる機能を実現することが比較的容易になってしまう。その結果として，技術力のない企業でも，部品・デバイスを購入して十分な機能をもった製品を容易に開発・生産できるようになっている。そのため，差別化が困難となってきているのである。

第2は，需要側の要因である。仮に企業が製品に十分な違いをつくることができたとしても，その違いが消費者にとって価値がない場合は対価を支払ってはくれない。この状態は，製品の機能が消費者の求める水準を超えてしまうために生じるものである。すなわち，「消費者ニーズの頭打ち」である。この状況を打開するために，いくつかの方策を考えることができる。その1つは，機能軸は変えないままに消費者の要望を新たに伸展させることである（消費者ニーズの伸長）。たとえば，パソコンに動画の編集や写真の加工といった新しい用途を付加し，パソコンのCPUや処理速度やハードディスクからもたらされる新たな価値を創造することである。また，機能軸は変わらずとも，モバイル・パソコンのような，小さくて軽いという，まったく新しい価値を提案することもできる（消費

者ニーズの転換)。

ただし,これらの施策が,機能や性能をベースとした差別化である限り,他社からキャッチアップされ,競合企業に模倣される可能性が高いことには変わりない。そして,それを回避すべく努力することで,いずれは消費者の要求水準を超えてしまい,再度コモディティ化に陥ることになる。そのため,このサイクルに入り込まないような,コモディティ化の脱却の方法が求められるのである。

コモディティ化からの脱却

コモディティ化の状態を打開する1つの方策は,消費者が享受する価値を再規定することである。これは,機能的価値の提供方法の工夫や,あるいは,機能的価値にとどまることなく,感性的価値にまで提供価値を広げ,単なる製品を超えた存在としてのブランドを構築していくことにほかならない(青木[2011b])。

そもそも,「機能的価値」とは,製品の物理的な構造・組成・特性に由来する機能的属性から得られるものであり,その製品がその製品であるための基本的な価値である。これは,客観的な基準での評価や優劣判断が可能であるという特徴をもつ。たとえば,自動車がもつ移動や運搬という機能的価値は,燃費,室内の広さ,エンジンの性能といった属性から得られることになる。

しかし,消費者が自動車から得る価値は,これにとどまらない。デザイン性の高さやステータス性に対しても,消費者は価値を感じることがある。これが「感性的価値」と言われるものである。感性的価値は,製品(あるいはブランド)の五感(視覚,聴覚,臭覚,味覚,触覚)に関わる属性,製品をブランド化することによって付与されるその他の属性(名前,ロゴ,シンボルなどのブランド要素や広告コミュニケーションによって創造されるイメージなど)から得られる価値であり,自己表現価値も含むものである。この価値は,客観的な基準による評価や優劣の判断がつかないことが多い。

図 15-1 脱コモディティ化の方向性

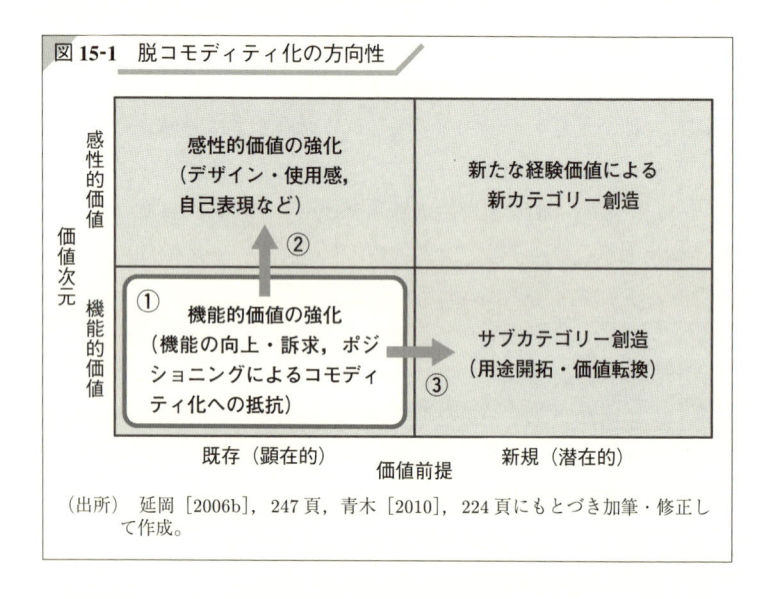

	既存（顕在的）	新規（潜在的）
感性的価値	感性的価値の強化 （デザイン・使用感， 自己表現など） ② ↑	新たな経験価値による 新カテゴリー創造
機能的価値	① 機能的価値の強化 （機能の向上・訴求，ポジ ショニングによるコモディ ティ化への抵抗）	③ → サブカテゴリー創造 （用途開拓・価値転換）

価値次元（縦軸） / 価値前提（横軸）

（出所）延岡［2006b］，247頁，青木［2010］，224頁にもとづき加筆・修正して作成。

　図15-1は，この価値類型の次元（機能的価値であるか，感性的価値かを捉える次元）を縦軸に，価値前提（既存の顕在的な価値を前提とするか，潜在的な新規の価値提供かを捉える次元）を横軸にとり，脱コモディティ化の方向性を示したものである。

　この枠組みに依拠すれば，脱コモディティ化（ブランド構築）の最も基本的な3つの方向を抽出することができる。第1は，機能の向上やポジショニングの変更によってコモディティ化を脱する方向である（①：機能的価値の強化）。第2は，デザインや使用感を向上させ感性的価値を強化することである（①→②：感性的価値の強化）。第3は，製品開発や差別化の次元を機能的価値に置きつつも，機能に対して新しい価値を付加することである。これは，新しい用途の付加や，価値を転換することによるサブカテゴリー創造と言うことができよう（①→③：サブカテゴリー創造）。

ブランドを核とした IMC

以上のように脱コモディティ化(ブランド構築)の方向を整理すると、近年の**統合型マーケティング・コミュニケーション** (Integrated Marketing Communication: IMC) の動向に注目する必要性が出てくる。ブランド価値の伝達のためには、広告などのマーケティング・コミュニケーション活動だけではなく、消費者がブランドに出会うさまざまな接点の役割にまでも目を向ける必要があるからである。

青木 [2011c] によれば、1990年代の始めにこの考え方が提唱された当初は、複数媒体(双方向媒体を含む)により、複数段階(再購買を含む購買意思決定の各段階)にわたる継続的コミュニケーションを行い、メッセージの一貫性と多様性を管理することが強調されるにすぎなかった。しかし、その後、ブランドに対する関心が高まるにつれ、コミュニケーションを統合する核としてブランドが位置づけられるようになり、「統合型ブランド・コミュニケーション」(IBC) とよばれる概念へと発展してきている。そして、2000年代に入り、ブランドを介した企業と顧客との関係性である、ブランド・リレーションシップの構築を IMC の中心へと位置づける議論も提示されるようになってきている。

以上の現状をふまえ、ここでは、ブランド構築を主眼に置いたマーケティング(ブランド・ベース・マーケティング)を、IMC の視点を取り入れながら概説していく。すなわち、消費者とブランドとのコンタクト・ポイントを、購買前、購買時だけでなく、購買後も含めて統合的に配置し、ブランドの構築をめざしていくマーケティングを考えていくのである。

2 ブランド構築のための視点

●顧客ベースのブランド・エクイティ

ブランド概念の変遷

ブランド研究が始まった当初から，ブランド概念に対する考え方が，すべての時期で同じであったわけではない。ここでは，青木 [2000a] にもとづき，ブランド概念の変遷を振り返ることで，本章の基本的な視点を確認しておく（表 15-1）。

1950 年代頃から始まったいくつかのブランドの端緒的研究は，広告の分野を中心に議論されたブランド・イメージ研究，日記式パネル調査のデータ分析を契機に本格化したブランド・ロイヤルティ研究などの領域を形成する契機となった。ただし，それぞれの領域が交差することは少なく，別個の研究の流れを形成していた。つまり，当初のブランドに対する認識は断片的なものであったと言えよう。実務においてもブランドの重要性や管理の必要性は認められてはいたが，ブランド自体に関心があると言うよりは，マーケティング成果をよりよく得るための手段としてブランドは捉えられていたと言ってよいだろう。

1980 年代半ばになると，この時期に登場したブランド・エクイティ概念を契機として，ブランドに関する諸概念が体系化され，ブランド自体が多面的に捉えられるようになっていった。**ブランド・エクイティ**（brand equity）とは，あるブランド名やロゴから連想されるプラスの要素とマイナスの要素の総和（差し引いて残る正味の価値）である（Aaker [1991]）。これは，同種の製品であっても，そのブランド名がついていることによって生じる価値の差であると言えよう。

この概念のユニークな点は，ブランド連想，知覚品質，ブランド

表15-1　ブランド概念の変遷

時代区分	〜1985年（手段としてのブランド）	1986年〜95年（結果としてのブランド）	1996年〜（起点としてのブランド）
主たるブランド概念	ブランド・ロイヤルティ ブランド・イメージ	ブランド・エクイティ	ブランド・アイデンティティ
ブランド認識	断片的認識 マーケティングの手段	統合的認識 マーケティングの結果	統合的認識 マーケティングの起点

（出所）青木[2000a]，33頁。

認知，ブランド・ロイヤルティといった別個に議論されてきた消費者行動研究に関わる諸概念を，ブランド・エクイティのもとで整理し，戦略的な視点から体系化し直したことであった。ブランド・エクイティ概念に関わる議論のもう1つのユニークな点は，さまざまなマーケティング活動の結果として生じる，ブランドの無形資産としての価値に着目し，その維持・強化と活用の仕方を提案したことにある。つまり，ブランド・エクイティ論は，ブランドをより全体的な視点から捉えることを強調するとともに，マーケティング活動の「結果としてのブランド」という新たな視点を提示したのである。

　起点としてのブランド　このように，ブランドの資産的価値が認められるようになると，それを維持し，高めていくための方法が積極的に問われるようになった。この見方が，新たなブランド論の展開につながることになった。それがブランド・アイデンティティ論である（Aaker [1996]）。**ブランド・アイデンティティ**（brand identity）とは，当該ブランドが「どのように知覚されているか」という結果としてのブランドではなく，戦略立案

者が当該ブランドを「どのように知覚されたい（されるべき）」と考えるかという，当該ブランドの目標・理想像である。ブランド・アイデンティティ論では，ブランド・アイデンティティの明確化こそが，ブランド構築の基礎として重要であることが主張されている。これは，ブランドをマーケティングの結果として捉えるのではなく，マーケティングの起点として捉えるべきである，という従来にない新しい見方であった。

　言うまでもなく，「起点としてのブランド」という視点が重視されると，「いかにして強いブランドが構築されるのか」という実践的な課題が明確に意識されるようになる。その意味で，前節で概説した脱コモディティ化の議論も，このような「起点としてのブランド」の見方と重なるものである。

顧客ベースのブランド・エクイティ概念とブランド知識　ブランド・アイデンティティ論とほぼ同時期にケラーによって提示された**顧客ベースのブランド・エクイティ**（Customer-Based Brand Equity: CBBE）概念（Keller [1998]）は，消費者情報処理の枠組みを理論的背景としたブランド論である。これは，消費者が記憶内に蓄積する**ブランド知識**（brand knowledge）の働きによりブランドの強さが生じるメカニズムを説明し，かつ強いブランド構築の方法までも示唆する理論枠組みである。

　CBBEは，「あるブランドのマーケティング活動への消費者の反応に対して，ブランド知識が及ぼす差異的な効果（differential effect）」として規定されるものである。この概念が意味するところを，具体例を用いながら示していく。

　ブランドについての直接・間接的な体験を知識として長期記憶内に貯蔵させた消費者は，その後，そのブランド知識に依拠した理論駆動型処理を生じさせることがある。例示するのなら，「前に食べて美味しかったから，またこのブランドのカレーを買ってみよう」

とか,「いつも食べるブランドのカレーの新製品の広告だから見てみよう」といったことになるだろう。つまり,消費者は,ブランド知識の働きがあるからこそ,選択する対象を当該ブランドに決定し(続け)たり,そのブランドのコミュニケーション活動に意図的に接触したりする,というわけである。このようなマーケティング活動への反応に対するブランド知識の影響（差異的効果）に,ブランドの差別的優位性の源泉を求めるのがCBBEの特徴である。

CBBEの見方では,消費者は当該ブランドに関する直接的な経験や受動的な学習などによってブランドについて知りえた内容を,記憶の中に連想ネットワークの形状によって蓄積していくと考えている。連想ネットワークのモデルでは,さまざまなブランド連想のタイプ（属性,ベネフィットなど）が,リンクによって結びつけられることによって,関連づけられた意味内容のネットワークを形成するものとされる。図15-2のランニング・シューズのブランド知識の例では,「軽い」「走ったときの柔らかさ」「クッションが良い」などという連想がネットワーク上のノード（節点）として表され,各連想間の関係はリンクで結びつけられている。また,リンクの太さが関係性の強さを表現していることも確認できるであろう。

CBBEでは,このブランド連想が強く（ノード間のリンクの結びつきが強い）,その連想が消費者にとって好ましいものであり,かつ,他ブランドと比べてユニークさを有しているとき,消費者に選択される強いブランドになると主張されている。つまり,このような望ましいブランド知識構造の形成こそが,強いブランドを構築するために必要なのである。

ブランド・エクイティが生じるメカニズム

このようなブランド知識構造がブランドの強さを生じさせるのは,この種のブランド知識構造が消費者の反復的なブランド選択（あるいは関連する情報処理）に対して影響を与えるからである。こ

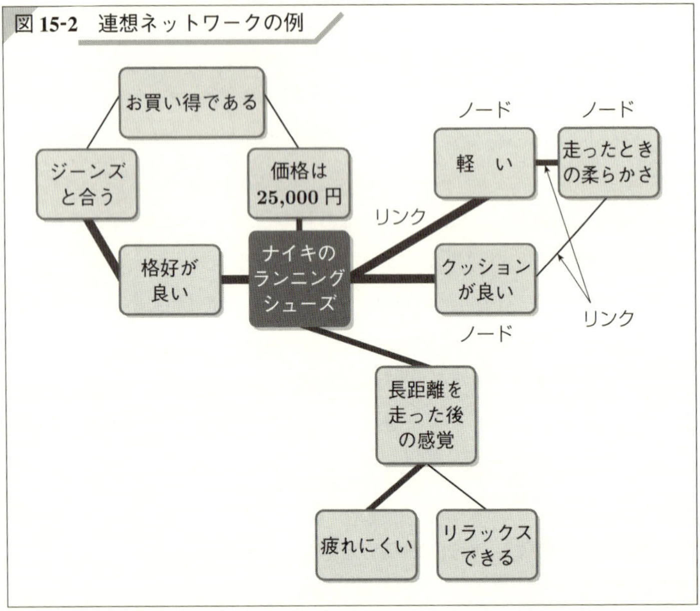
図 15-2　連想ネットワークの例
お買い得である
ジーンズと合う
価格は25,000 円
格好が良い
ナイキのランニングシューズ
リンク
ノード
軽　い
ノード
走ったときの柔らかさ
クッションが良い
ノード
リンク
長距離を走った後の感覚
疲れにくい
リラックスできる

のメカニズムを理解するためのカギ概念が，**ブランド認知**（brand awareness）である。

ブランド認知とは，さまざまな状況下において，消費者が当該ブランドを識別できる能力のことである。この能力は，**ブランド再生**（brand recall）と**ブランド再認**（brand recognition）に下位分類される。

ブランド再生とは，手がかりとして製品カテゴリーや使用状況が与えられたとき，ブランドを記憶内から検索できる能力を指すものである。たとえば，お茶を飲もうと思ったとき，ある特定ブランド（たとえば，伊右衛門）を何の助けもなしに自ら思い出すことができる能力を指す。第 13 章 1 節で述べた，記憶ベースの意思決定は，この能力によって引き起こされるブランド選択のパターンであ

る。

　また，ブランド再認とは，あるブランドが手がかりとして与えられたとき，そのブランドを識別できる能力である。たとえば，伊右衛門のパッケージの形状や色を見ただけで，瞬時にそれが伊右衛門であるとわかる消費者の能力がそれである。記憶ベースと刺激ベースの意思決定がミックスされた意思決定パターンは，この能力によって生じるものである。

　ブランド認知は，次のような3つのメカニズムを生起させるため，企業にとっての利点をもたらす（Keller［2008］）。第1は，学習における利点である。これは，強固なブランド連想をもとにブランド認知を確立していれば，次なるブランド連想の形成と強化に影響を与えることを指す。たとえば，コクとキレというノードを含んだブランド連想をもつビールのブランドは，消費者がそのビールを飲むときの味覚を，その連想に近い形に変化させることができるのである。

　第2は，考慮における利点である。ブランド認知を達成できれば，消費者が購買意思決定における考慮集合の形成の段階にも影響を及ぼすことができる。消費者は，あまり多くのブランドを一度に検討しないため，ブランド認知を確立し，自社ブランドを考慮集合に入れることは，他ブランドを考慮の対象から外すことにつながるのである。

　第3は，選択における利点である。消費者が特定ブランドに対して望ましい態度を有していたとしても，「できればこのブランドがよい」といった程度の弱い態度でしかない場合が多い。そのため，ブランド再生や再認できる能力を獲得し，優先的に考慮集合に入れることができれば，他のブランドよりも選択される可能性を高めることができる。この傾向は，低関与の消費者において，より強く現れるはずである。

ブランド・ビルディング・ブロック

それでは、どのような手順によって望ましい知識構造は構築され、強いブランドを作り上げることができるのだろうか。CBBEの考え方によると、**ブランド・ビルディング・ブロック**（brand building blocks）と名づけられたステップを順に積み重ね、ピラミッドの頂点にまで至ることでブランド・エクイティが構築される（図15-3、Keller［2008］）。ピラミッドの左側を上る「合理的なルート」、右側を上る「情緒的なルート」の両方のブロックを順に積み上げることにより強いブランドが構築できるのである。以下で、その概略を見てみよう。

第1段階は、アイデンティティである。この段階では、広くて深いブランド認知を確立することで、ブランドのセイリエンス（顕著性、salience）を創出し、当該ブランドが製品カテゴリーに含まれる選択肢（カテゴリー・メンバーシップ）となることがめざされる。ここで言うブランド認知の深さとは、そのブランドが思い出される可能性と容易さを指している。再認だけでなく、ブランド再生にまで至れば、より深いブランド認知が確立されていることになる。また、ブランド認知の幅とは、ブランドが思い出される購買状況や使用状況の範囲のことである。つまり、多くの場面において、関連するニーズを満たすものとしてそのブランドが認識され、かつ、**トップ・オブ・マインド**（top-of-mind awareness）のブランド（1番目に再生されるブランド）となることが、このステップでの目標となるわけである。

第2段階は、ミーニングである。この段階では、機能や感性という両方の側面からブランドの意味を作り上げることがめざされる。パフォーマンス（performance）は、製品やサービスが機能面でのニーズをどの程度満たしているかを指し、製品の特性や属性の信頼性、耐久性などが重要な構成要素とされる。一方でイメー

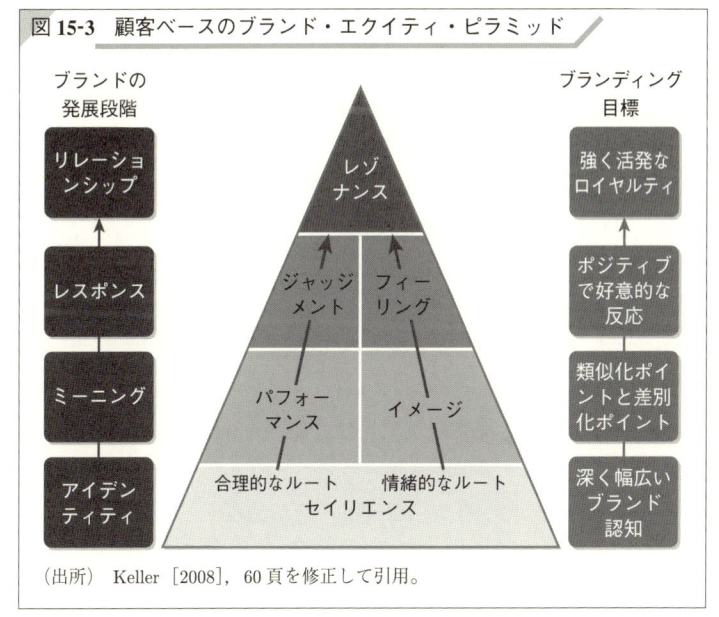

図15-3 顧客ベースのブランド・エクイティ・ピラミッド

ブランドの発展段階：リレーションシップ／レスポンス／ミーニング／アイデンティティ

ピラミッド（上から下へ）：レゾナンス／ジャッジメント・フィーリング／パフォーマンス・イメージ／セイリエンス

合理的なルート（左）／情緒的なルート（右）

ブランディング目標：強く活発なロイヤルティ／ポジティブで好意的な反応／類似化ポイントと差別化ポイント／深く幅広いブランド認知

(出所) Keller [2008], 60頁を修正して引用。

ジ (imagery) は、そのブランドが抽象的にどう思われているかに関わるものであり、使用者のプロフィールや購買・使用状況のイメージが重要な要素である。次節で述べるように、これらのミーニングのうち、どれを同化ポイントや差別化ポイントとして選ぶのかが、STP戦略において重要となる。

　第3段階は、レスポンスである。第2段階で形成された多様な連想が、ブランド・エクイティ構築の重要なカギとなる3つの次元（ブランド連想の強さ、好ましさ、ユニークさ）を満たしていれば、よりポジティブなブランド・レスポンス（消費者がブランドについて何を思い、感じるかを指す概念）が得られることになる。ジャッジメント (judgment) とは、ブランドについての個人的な意見や評価であり、論理的・理性的反応（品質、信用、考慮、優位性）がベースとなって形成される。フィーリング (feeling) は、ブランドへの感情

的反応であり，情動的・感情的反応（温かさ，楽しさ，興奮，安心感，社会的承認，自尊心）がもとになって形成されるものである。

第4段階は，リレーションシップである。ブランドに対するレゾナンス（resonance；共鳴，調和）は，ブランドと消費者とのリレーションシップ（関係性）の質を捉えた概念である。これは，反復購買などの行動上の強く活発なロイヤルティ，態度上の愛着，コミュニティへの愛着，エンゲージメント（ブランドに費やすお金や時間）といった行動や心理的な側面で捉えられる。多くの場合は，行動上のロイヤルティから心理的な愛着へと発展し，最終的なエンゲージメントへとつながっていく（*Column* ㉘）。

このブランド・ビルディング・ブロックによれば，強いブランドをつくるためのステップが示唆される。すなわち，広くて深いブランド認知を確立したうえで，合理的・情緒的ルートによるミーニングやレスポンスを統合し，調和のとれたブランド知識構造を確立することで強固なリレーションシップが構築されるのである。このような指針にもとづいて，強いブランドを構築していくためには，マーケティング・マネジメントのプロセスに依拠しながら，標的とする消費者の情報処理特性に応じてコンタクト・ポイントを設計・管理し，統合的なマーケティング・コミュニケーションを継続していく必要がある。

Column ㉘　ブランド・リレーションシップの効果

マーケターが多くのエネルギーを注いで，ブランド・ビルディング・ブロックを積み上げ，ブランド・リレーションシップを構築しようとするのは，なぜなのだろうか。近年の研究結果は，ブランド・リレーションシップが，マーケターにとって，きわめて魅力的な成果をもたらすことを示唆している（久保田［2011］）。

消費者があるブランドとの間に心理的な結びつき（リレーションシップ）を確立する段階にまで至れば，消費者はそのブランドを自己の一部のように知覚するようになる。すると，当該ブランドは当事者の心の中で他と一線を画した存在となり，これを他ブランドと同列に扱ったり，同じ次元で語ったりすることを拒む気持ちが生じる。結果として，ブランド・リレーションシップが形成されると，そのブランドを他ブランドと比較することが少なくなり，考慮集合の数が減り，他ブランドとの激しい競争を回避できるのである。

　多くのマーケターが，ブランドを介したリレーションシップの構築をめざす1つの理由は，自社ブランドが消費者にとっての絶対的な存在になることから得られる成果を求めるためであると言えよう。

3　CBBEから見たマーケティング・マネジメント

提案価値のデザインとCBBE

　CBBEを意識したとき，マーケティング・マネジメント・プロセスにいかなる違いが生じるだろうか。この点を整理するため，本節では，マーケティング・マネジメントの基本プロセスを，CBBE（ブランド知識）の観点からもう一度議論する。まずは，提案価値のデザイン（STP戦略）からである。

　前章1節において説明したように，提案価値を決定するためには，価値を提案するターゲットを設定しなければならない。このステップは，競争の性質を決めるうえできわめて重要である。標的とするセグメントを他のいかなる企業が同じく標的としているのか，そのセグメントの消費者が現在どのブランドを購入しているかが明

らかになるからである。そのため，セグメンテーションやターゲティングは，当該ブランドが闘う場（競争の土俵）を決めることにつながる。

このステップは，CBBE やブランド知識の観点でみれば，2つの事項を決めていることになる。第1は，消費者が情報処理において用いるカテゴリー知識である。たとえば，消費者が，新しい緑茶ブランドを見たとき，それを緑茶飲料として理解するのか，あるいは健康茶として理解するのかは，消費者がどの分類基準としてのカテゴリー知識を利用するかによって決まる。つまり，ターゲットを設定し，ライバルが決定するときには，消費者に参照してほしいカテゴリー知識を適切に定める必要がある。

第2は，同化ポイントである。競争の土俵を決めたとしても，自社のブランドがその土俵に乗れるかどうかは保証されない。そこで重要となるのが，当該ブランドがそのカテゴリーに含まれることを示すための連想を選択することである。これを市場参入上の**同化ポイント**（Point of Parity: POP）とよぶ。たとえば，健康茶というカテゴリーに属するために，特定保健用食品としての認可が必要な要素であるならば，その連想を自社ブランドに同化ポイントとして付与しなくてはならないだろう。

セグメンテーション，ターゲティングに続いて行われるのが，ポジショニングである。このステップの決定は，CBBE の視点で見れば，適切な差別化ポイントと競争上の同化ポイントを定めることとみなせる。

差別化ポイント（Point of Difference: POD）は，他のブランドが保持していない，当該ブランドのみが有するユニークな連想のことである。たとえば，ある健康茶は，茶カテキンが多く含まれていることを伝達し，脂肪燃焼という差別化ポイントを訴求している。

また，競争上の「同化ポイント」は，競合ブランドの差別化を打

ち消すための連想である。たとえば、ある健康茶ブランドが、体脂肪の吸収を押さえることを差別化ポイントとする健康茶ブランドをライバルとして設定したとしよう。そのとき、そのライバルと同様の特徴を自社ブランドも有していることを同化ポイントとして訴求し、その強みを打ち消そうとすることがこれに当たる。

ところで、以上の見方によれば、第1節で示した3つの脱コモディティ化(ブランド構築)の方向性は、いずれもブランド知識の創造や構築に関わっていることが理解できよう。第1に、機能的価値の強化、感性的価値の強化は、いずれも差別化ポイントの創出や強化に関係している。第2に、サブカテゴリー創造は新たなカテゴリー知識の創造に関連している。

価値伝達方法のデザインとCBBE

次は、価値伝達方法のデザイン(コンタクト・ポイントの設定)をCBBEから検討していく。ブランド構築に主眼を置いたとしても、コンタクト・ポイントの配置の論理は基本的には、前章で説明した内容と大きく変わるものではない。ただし、ブランド構築に向けてのコンタクト・ポイントは、短期的な購買の喚起だけでなく、次回以降の購買において使用される、望ましいブランド知識の構築をめざすものであるため、若干の違いがでてくる。

望ましいブランド知識を作り上げるには、作業記憶において処理される情報が、長期記憶に転送され、ブランド知識が形成される必要がある。第8章4節で見たように、このような情報処理は「認知的学習」とよばれる。つまり、ブランド構築を視野に入れた場合、認知的学習が生じる要件も考慮しながらさまざまな場面におけるコンタクト・ポイントを統合的にデザインする必要があるわけである。ブランド知識の蓄積を主眼においたコンタクト・ポイントの配置は、ブランドを核としたIMCの特徴の1つと言ってよいだろう。

言うまでもなく，そのために有効なデザインは，消費者の情報処理特性に依存する。そこで，前章と同様に，消費者の関与水準によって区分しながら整理していく。また，購買後のブランド体験についても説明を加えていく。

(1) 高関与購買の特性とブランド構築

　認知的学習が進むためには，精緻化とよばれる情報処理が喚起される必要がある。これは，第6章1節で説明したように，認知要素間の結合のことである。この精緻化の量は，動機づけ（製品関与）や能力（専門知識力）が高いほど多くなることが知られている。

　よって，高関与の消費者は，積極的な情報処理意欲を背景として，自ら精緻化することによって認知的学習をしていく。たとえば，自動車に対して関与水準が高い消費者が，自動車のさまざまなブランドについて，より豊富なブランド知識構造をもつことは想像に難くないだろう。

　また，高関与の消費者は，目の前にある情報を超えて自ら情報を生み出す「推論」とよばれる情報処理をすることが知られている。たとえば自動車であれば，「燃費」という属性から，「経済的である」「堅実で賢い人」や，「環境に優しい」「おしゃれなライフスタイル」などという抽象的な情報を創造することができる。したがって，レゾナンスのようなブランド・ビルディング・ブロックにおける上位のステップにまでブロックを築ける可能性が高いのは，このような消費者であろう。

(2) 低関与購買の特性とブランド構築

　一方で，低関与の消費者は，情報処理努力を多くは注がないため，企業側からの働きかけによって認知的学習を促す必要が生じてくる。そのために必要な方法を2つ紹介していく。

　第1は，リハーサルによって学習を促すことである。第6章1節において紹介したように，反復的な復唱に当たるリハーサルは，

その復唱された内容を長期記憶にとどめることを可能とする。典型的な例は，購買前に同じテレビ広告に何度も接触することで，企業名やブランド名などを記憶してしまうことである。広告の大量投入によって接触機会を増やすことが，長期記憶へ転送される可能性を高めるため，ブランド構築につながるというわけである。

もちろん，リハーサルは，購買前の広告のみによって喚起されるのではない。たとえば，いつも訪れるコンビニエンス・ストアのチェーンにおいて，定期的にあるブランドがキャンペーンを行っていたとすればどうだろう。そのコンビニを頻繁に訪れる消費者に対しては，そのブランドの情報への露出機会を増やすことにつながるため，リハーサルを購買時点のコンタクト・ポイントによって促していると言えるだろう。

また，購買後のブランド使用場面におけるパッケージなども，リハーサルを促すコンタクト・ポイントとして考えることもできよう。たとえば，マヨネーズやソースのパッケージが頻繁に食卓にのぼることを考えれば，そのブランドのロゴやブランド名を露出させるコンタクト・ポイントにもなりうるのである。

第2は，擬似的な精緻化の処理を生み出すことである。たとえば，伊右衛門という緑茶ブランドに，おしゃれな急須と湯のみの景品がついていたとする。緑茶のソフトドリンクに対して低関与の消費者であっても，その景品が欲しい消費者であれば，その景品の取得の方法や使用について考えるかもしれない。実は，ブランドとイメージが似ている何らかの対象（たとえば，景品）について消費者が思いをめぐらせれば，擬似的にブランドについて精緻化していると同様の状態が起こり，ブランドは強化されるのである（松下[2009]）。

この擬似的な精緻化は，景品つきセールス・プロモーションだけで起こるものではない。たとえば，社会貢献活動，スポーツ・イベ

ントなどといった，消費者が精緻化する対象であれば，このような状況を作り出せる可能性がある（*Column* ㉙）。このような対象を用いて，ブランドを構築することは，購買前，購買時，購買後といった情報処理の場面を超えてコンタクト・ポイントを設定する意義を示唆する。すなわち，擬似的な精緻化は，影響コンタクト・ポイントにまで視野を広げてブランド構築をめざす方法であるとも言える。

　もちろん，低関与の消費者の特性を考えれば，リハーサルや疑似的な精緻化といった工夫を施したとしても，必ずしも完全なブランド再生が喚起できるわけではない。低関与の消費者に対して，強い記憶の痕跡を残すことは容易ではないためである。そのため，記憶からブランドが検索されるための手がかりを示す必要がある。購買時点の広告や特別な陳列，パッケージのデザインや色，ブランド名などは，消費者の記憶からの検索を促すための手がかりとしてみなすことができる。認知的学習の学習内容の中に，長期記憶からの検索手がかりを忍ばせておくことがきわめて重要となるだろう。

Column ㉙　二次的なブランド連想の活用によるブランド構築

　顧客ベースのブランド・エクイティでは，ブランド構築の1つの方法として，二次的な連想の活用が提案されている。これは，人（従業員や推奨者），場所（原産国，チャネル），事物（イベント，社会貢献活動）などといった，他の対象の連想を源泉として，当該ブランドの連想を強化していく方法である。

　この方法は，製品属性や，これまでのマーケティング・ミックスとは別個に，他の連想の源泉を使ってブランド連想を構築できるので，ブランド連想の不十分な点を補ううえで，きわめて重要な手段であると言えよう。

(3) ブランド使用体験とブランド構築

最後に購買後の認知的学習に目を向けてみよう。ブランドの使用体験は，消費者が当該ブランドの属性や便益について，最も学習できるコンタクト・ポイントであることは直感的に理解できるところである。また，豊富な学習量だけでなく，直接体験から得た情報は，行動に対しての影響力も強いことが知られている。ただし，体験時の学習の内容は，企業側が指示できるものではないため，このコンタクト・ポイントはきわめてコントロール可能性が低いように思える。

しかし，過去の研究によれば，ある種の条件が整えば，ブランド使用体験もマネジメントができることが報告されている（Hoch and Deighton [1989]）。消費者は購買前や購買時のコンタクト・ポイントによって提示された内容に従って信念を形成し，その信念に依拠しながら体験情報を解釈するためである。ここでは，その処理が起こる条件を，関与水準別に整理しておく。

高関与の消費者は，ブランドの使用体験から積極的な認知的学習をすることが想定できる。もし，そのときのブランド体験情報に，解釈の曖昧さがなければ（たとえば，当該ブランドが他ブランドをしのぐ圧倒的な高品質のとき），いかなる購買前・購買時コンタクト・ポイントからの影響も受けずに自立的な解釈がなされることになる。しかし，体験情報に曖昧さが残り（たとえば，高品質とも中品質とも解釈される可能性があるとき），かつ低知識の消費者であるときには，体験からの学習は事前のコンタクト・ポイントの影響を受けやすくなる。つまり，このような場合には，購買前や購買時のコンタクト・ポイントにおいて，付加したいブランド連想の内容を積極的に訴求しておくことが有用となる。

たとえば，高関与・低知識の消費者が，自動車の乗り心地の良さ（この属性が多様な解釈を許す曖昧な情報であるとする）を，試乗のとき

や購入後の使用時において体験するとする。そのとき，パンフレットや販売員によって，ハンドリングやシートの座り心地などが強く訴求され，それを消費者が既存の信念として保持すれば，その信念をベースとしながら体験情報が解釈されるのである。

一方で，低関与の消費者についても，ブランド体験情報に解釈の曖昧さが存在しなければ，学習内容に対して影響を与えることは難しい。しかし，体験情報に曖昧さがあり，かつ低知識のときには，いったん学習がスタートすれば，比較的コンタクト・ポイントからの情報提供の影響を受けやすくなる。ただし，低関与の消費者だけに学習は起きにくく，学習がスタートしても維持するのは困難であることは忘れてはならない。

Keywords

コモディティ化　統合型マーケティング・コミュニケーション　ブランド・エクイティ　ブランド・アイデンティティ　顧客ベースのブランド・エクイティ（CBBE）　ブランド知識　ブランド認知　ブランド再生　ブランド再認　ブランド・ビルディング・ブロック　トップ・オブ・マインド　同化ポイント　差別化ポイント

演習問題

15-1 脱コモディティ化（ブランド構築）の3つの方向性に沿ってブランドが構築されている事例を，それぞれみつけてみよう。また，それらのブランド構築が成功した要因について整理してみよう。

15-2 あなたが反復的に購入しているブランドを選び，そのブランド知識構造を記述してみよう。そのうえで，そのブランドを購入し続けている理由について，顧客ベースのブランド・エクイティの観点から説明

してみよう。

15-3 あなたが好きなブランドを複数選び，それぞれがブランド・ビルディング・ブロックのどの段階にまで到達しているのかをあなた自身のブランド知識をもとに考えてみよう。また，各ブランドの特徴を比較・検討してみよう。

参考文献

青木幸弘［2000a］「ブランド研究の系譜——その過去，現在，未来」青木幸弘・岸志津江・田中洋編著『ブランド構築と広告戦略』日経広告研究所，19-52頁。

青木幸弘［2000b］「ブランド構築における基本問題——その視点，枠組み，課題」，青木幸弘・岸志津江・田中洋編著『ブランド構築と広告戦略』日経広告研究所，53-107頁。

青木幸弘［2010］「ブランド構築と価値のデザイン」池尾恭一・青木幸弘編著『日本型マーケティングの新展開』有斐閣，204-229頁。

青木幸弘［2011a］「ブランド論の変遷——その過去と現在」青木幸弘編著『価値共創時代のブランド戦略——脱コモディティ化への挑戦』ミネルヴァ書房，1-14頁。

青木幸弘［2011b］「顧客価値のデザインとブランド構築」青木幸弘編著『価値共創時代のブランド戦略——脱コモディティ化への挑戦』ミネルヴァ書房，17-51頁。

青木幸弘［2011c］「ブランド構築の基本枠組み——価値の共創と関係性の構築」青木幸弘編著『価値共創時代のブランド戦略——脱コモディティ化への挑戦』ミネルヴァ書房，76-102頁。

久保田進彦［2011］「ブランド・リレーションシップの効果」第42回消費者行動研究学会コンファレンス配布資料。

延岡健太郎［2006a］「意味的価値の創造——コモディティ化を回避するものづくり」『国民経済雑誌』第194巻6号，1-14頁。

延岡健太郎［2006b］『MOT［技術経営］入門』日本経済新聞社。

小林哲［1999］「ブランド・ベース・マーケティング——隠れたマーケテ

ィング・システムの効果」『経営研究』第 49 巻 4 号,113-133 頁。

嶋口充輝［1994］『顧客満足型マーケティングの構図——新しい企業成長の論理を求めて』有斐閣。

徳山美津恵［2011］「ブランド・ポジショニング戦略」青木幸弘編著『価値供創時代のブランド戦略——脱コモディティ化への挑戦』ミネルヴァ書房,105-128 頁。

松下光司［2009］「セールス・プロモーションによるブランド・エクイティ構築——一致度と精緻化を先行要因とした説明モデル」『消費者行動研究』1-18 頁。

和田充夫［2002］『ブランド価値共創』同文舘出版。

Aaker, D. A. [1991] *Managing Brand Equity: Capitalizing on the Value of a Brand Name*, Free Press.（陶山計介・中田善啓・尾崎久仁博・小林哲訳［1994］『ブランド・エクイティ戦略——競争優位をつくりだす名前,シンボル,スローガン』ダイヤモンド社）

Aaker, D. A. [1996] *Building Strong Brands*, Free Press.（陶山計介・小林哲・梅本春夫・石垣智徳訳［1997］『ブランド優位の戦略——顧客を創造する BI の開発と実践』ダイヤモンド社）

Blackwell, R. D., P. W. Miniard and J. F. Engel [2006] *Consumer Behavior*, 10th ed., Thomson Higher Education.

Hoch, S. J. and J. Deighton [1989] "Managing What Consumers Learn from Experience," *Journal of Marketing*, Vol. 53 (April), pp. 1-20.

Keller, K. L. [1998] *Strategic Brand Management: Building, Measuring, and Managing Brand Equity*, Prentice Hall.（恩藏直人・亀井昭宏訳［2000］『戦略的ブランド・マネジメント』東急エージェンシー）

Keller, K. L. [2008] *Strategic Brand Management: Building, Measuring, and Managing Brand Equity*, 3rd ed., Prentice-Hall.（恩藏直人監訳［2010］『戦略的ブランド・マネジメント（第 3 版）』東急エージェンシー）

Kotler, P. and K. L. Keller [2007] *A Framework for Marketing Management*, 3rd ed., Prentice-Hall.（恩藏直人監修［2008］『コトラー & ケラーのマーケティング・マネジメント：基本編（第 3 版）』ピアソン・エデュケーション）

あとがき

　消費者の行動自体が多様かつ多面的であるがゆえに，それを研究する学問分野としての「消費者行動論」の体系，そして，それを学ぶためのテキストの構成も実に多様である。

　たとえば，本文中で紹介したエンゲルたちの本をはじめとして，これまで米国では，数多くの消費者行動に関するテキストが出版されてきた。しかし，マーケティングの分野ほどには，標準的なテキストの構成といったものが確立しているわけではない。もちろん，それらの多くは，消費者の購買意思決定プロセスに焦点を当てるなどの共通点をもっている。だが，一方では，消費者心理学の色彩が濃いもの，社会・文化的側面を強調するもの，そして，マーケティング戦略への応用に力点を置くものなど，少なからず多様性が存在するのが実状である。

　日本における状況も同様であり，これまでに何冊かのテキストが出版されてきたが，執筆者のバックグラウンドにより，その構成や内容には，かなり多様性があった。ただ，米国と大きく異なる点は，初級・中級・上級のいずれのレベルにおいても，利用できるテキストの数が限られていることである。もちろん，消費者行動に関する研究書も少なからず存在するので，中級および上級のテキストとしては，それらの研究書を代用することも多かった。

　もとより，消費者情報処理理論に依拠し，マーケティングへの応用を強く意識して書かれた本書をして，消費者行動論の唯一無二の標準的テキストであると主張するつもりはない。ただ，消費者行動研究の系譜や近年の展開も十分にふまえつつ，できる限り体系的な解説を試みた本書は，少なくとも1つの標準型を示すものではあると考えている。

ところで，最初に本書の出版企画の話があったのは，私が学習院大学へ移った1995年のことだったと記憶している。当時，まだ書籍編集第2部の編集者だった伊藤真介氏（現在，有斐閣常務取締役）が研究室を訪ねて来られ，アルマ・シリーズの1冊として消費者行動論のテキストを執筆してほしい旨の依頼があった。

　前任校の関西学院大学時代に印刷配布していた講義ノートの存在をお知りになり，依頼に来られたのである。多分，すでに冊子形態にまでなっているので，簡単に原稿が準備できると思われたのであろう。しかし，結果的には，出版までに17年間もかかる大難産であった。また，一時は，学会（日本消費者行動研究学会）でも「幻のテキスト」と揶揄される始末で，伊藤氏をはじめ有斐閣の方々には本当にご迷惑をおかけした。

　また，当初の企画案では，青木の単独執筆であったが，かなり早い段階から新倉・佐々木の2名が加わった共同執筆となり，後に，松下が加わり4名で分担執筆することとなった。

　この間，執筆者の中で海外研修に出る者や他大学へ移動する者もあったが，当時は，インターネットが普及し始めた時期でもあり，電子メールを活用して本書の構想や構成を固めていった。一方，この時期には，ブランド論への関心が高まり，消費者情報処理理論をベースとしたブランド知識構造論によって，消費者行動論と戦略論との架橋が試みられていった。今振り返ると，消費者情報処理理論に依拠したユニークなテキストを書こうという気負いもあり，それが完成を遅らせた面もある。しかし，右往左往はあったが，結果的には，執筆者4人の持ち味を活かしつつ，今の時点でしか書けないテキストが完成したと少なからず自負している。

　本書の完成は，多くの方々からの学恩によるところが大きい。
　まずは，日本における消費者行動研究，マーケティング研究を

リードされてきた大先達である中西正雄 (関西学院大学),阿部周造 (早稲田大学),和田充夫 (関西学院大学),石井淳蔵 (流通科学大学),小島健司 (神戸大学),池尾恭一 (慶應義塾大学) の諸先生方の学恩に対して,心より感謝申し上げたい。先生方は,筆者らが所属する大学や学会の大先輩,あるいは,学部・大学院の指導教授として,長きにわたってお世話いただいた方々である。

中でも,阿部周造先生は,青木にとっては同門の兄弟子として,また,他の3人にとっては学部あるいは大学院の指導教授として薫陶を受けてきた共通の師でもある。また,阿部先生は,日本における消費者情報処理研究のパイオニアでもあり,さまざまな機会にご教示いただいた内容が,本書の随所に反映されているはずである。

また,お一人ずつのお名前は挙げられないが,日本消費者行動研究学会 (JACS),日本商業学会,日本マーケティング・サイエンス学会 (JIMS) の先生方,そして,所属大学の先生方にも感謝申し上げたい。これらの学会や大学の研究会などの場で頂いたご意見も,本書の執筆中に参考にさせていただいた。

最後に,本書の企画段階からお世話になった有斐閣の伊藤真介氏,厄介な編集作業の面でご尽力いただいた書籍編集第2部の柴田守氏と尾崎大輔氏にも,心より御礼申し上げたい。とくに,柴田・尾崎の両氏には,本当に丁寧な編集作業をしていただいた。本書の改訂版や次の書籍でもご一緒できることを願っている。

2012年2月

著者を代表して

青 木 幸 弘

索　引

【事　項】

◆ アルファベット

AIDMA　133
AIO　**98**
AISAS　131, 133
BME モデル　42, 44, 67
CBBE　→顧客ベースのブランド・エクイティ
CGM　**130**, 131
CMC　**128**
IBC　→統合型ブランド・コミュニケーション
IMC　→統合型マーケティング・コミュニケーション
LOHAS　118
LOV　**99**
MAO　78, 146, **153**, 241, 308, 310
POD　→差別化ポイント
POP　→同化ポイント
SEPTEmber　**112**
SIPS　134
SNS　**130**
S-O-R アプローチ　66
S-R（刺激―反応）アプローチ　53, **65**, 66
STP　**14**, 303, 304
VALS　**98**
WTP　→支払意思額
ZMET　63

◆ あ 行

アクティブ・コンシューマー　132
浅い処理　155
暗黙知　189
意思決定　**35**, **210**

記憶ベースの――　**300**
　共同――　36
　個人的――　36
刺激ベースの――　**301**
　集団――　36
　多属性型――　36
　ミックスされた――　301
一次記憶　190
イノベーター　291
意味記憶　141, 142, 189
インフォメディアリー　241
ウォンツ　322
影響コンタクト・ポイント　**310**
エグゼンプラー　200
エピソード記憶　141, 142, 187, 190
エンゲル係数　108
エンプティ・ネスト　96
オピニオン・リーダー（シップ）　51, 288, 292

◆ か 行

絵画統覚テスト　60
解釈的アプローチ　80
買手行動学派　49
概　念　**191**, 192
外部情報　**232**
　――の源泉　239
外部探索　77, 151, 236
　――の対象　238
下位文化　45
開放的チャネル政策　331
下位目標　166
買物行動　**32**, 34
買物出向　**35**
核家族　87, 116
学習構成概念　68

拡張的問題解決　237, 327
確率過程モデル　41
確率的選択行動モデル　41
家　計　**87**
家計調査　93
家計内生産　**103**
加算型ルール　225, 227, 264
加算差型ルール　225, 228, 264
家事活動の外部化　**103**, **119**, 123
仮説の構成概念　68
家　族　46, **87**
　　──の個人化　**116**, 118
価　値　**169**
　　究極的──　170
　　手段的──　170
価値判断　148
家庭生活　88
カテゴリー構造　**198**, 202, 252
　　アドホック・──　201, 253
　　典型性にもとづく──　200, 253
　　分類学的な──　198, 199, 252
カテゴリー・メンバーシップ　354
カテゴリー利便性　**331**
感覚記憶　139
感情参照型ルール　226, 266
感情の情報処理機構モデル　157
感性の価値　345, 346
関　与　152, 156, **173**, 175, 271, 323, 324, 360
　　──の強度　179, 181
　　──の持続性　181
　　──の対象　178
　　──の動機的基盤　181
　　──の特定性　180
　　永続的──　181
　　感情的──　181
　　広告──　178
　　購買──　179
　　自我──　173
　　状況的──　181
　　状況特定的──　180
　　製品──　21, 175, 178, 308

　　対象特定的──　180
　　認知的──　181
　　媒体──　173, 174, 178
　　反応──　179
記　憶　77
記憶能力　205
記憶表象　140
機会コスト　104
擬似的な精緻化　361
期待─不一致モデル　**286**
機能の価値　345, 346
規　範　289
ギフト消費　28
記　銘　187
キャズム　293
口コミ　52, **287**, 288
計画的陳腐化　212
経験価値　20
経済心理学　52
継続的探索　**236**
景品つきセールス・プロモーション　361
結　果　**171**
　　機能的──　171
　　心理社会的──　171
顕在記憶　141, **187**
検　索　140, **187**
　　長期記憶からの──　142
顕示的行動　64, 65
現状維持　266
限定合理性　218
限定的問題解決　237, 270, 329, 334
後期多数派　292
構造明示型モデル　67, 70
行動意図モデル　41
行動科学　50
購入意図　148
購買意思決定　36
　　──プロセス　**210**, 211-213
購買行為　37
購買行動　**31**, 33, 37, 91, 211
購買後活動　37

購買時活動　37
購買前活動　37
購買前探索　**236**
購買の重要性　173, 174
購買利便性　**331**
合理的選択モデル　41
考慮集合　213, **243**, 273, 283
　——の形成　274, 275
顧客価値　13
顧客志向のマーケティング　11, 12
顧客ベースのブランド・エクイティ（CBBE）　**350**, 351, 357
顧客満足　**285**
個人行動　**28**
古典的条件づけ　261
個別行動　**28**
コモディティ化　**20**, **344**, 345
　脱——　20, 346, 359
コンシューマー・インサイト　63
コンタクト・ポイント　**160**, **309**, 310-312, 325-328
　——の設定　359
　ネット上の——　337, 339
コンティンジェンシー・モデル　**268**, 270
コンティンジェンシー・リサーチ　155
コンテクスト　150, 155

◆さ　行

再構造化　196
サイコグラフィックス　97
再　生　205
　経験の——　235
　自由——　205
　属性の——　232
　手がかり——　205
　評価の——　235
　ブランド——　206, 232, 330, **352**, 353
最適化　**264**
再　認　205
　ブランド——　206, 335, **352**, 353
再評価　**279**, 280
採用者カテゴリー　**291**, 293
作業記憶　139, 140, 150
サービス　6
サブカテゴリー創造　346, 359
サブカルチャー　→下位文化
差別化　**319**
差別化ポイント（POD）　**358**
差別的優位性　**19**
3F　80
サンプリング　334
時間コスト　**103**-105
時間節約型消費　106
時間配分　7, **104**
刺激—反応アプローチ　→S-Rアプローチ
自己概念　169
自己スキーマ　169
自己知識　175
事　実　**191**
支出配分　86
市場提供物　19, 304
市場—反応モデル　41
辞書編纂型ルール　225, 227, 264
質の調査技法　59
自伝的記憶　142, 235
自動化　195
支払意思額（WTP）　21
指名購買　305, 330
社会階層　45
社会的ニーズ　56
社会的判断理論　173
集計水準　**27**
集合行動　**28**, 29
集団行動　**28**, 29
周辺的情報　183, **261**
熟達者　187, 203, 204
手段—目標連鎖（モデル）　75, 145, 150, 152, 156, 166, **169**, 170, 172, 175, 176, 281

準拠集団　45, **51**, **288**, 289
常軌的反応行動　270
状況的自己関連性　176, 177
使用行動　**32**, 91
消費経験論　**79**, 80
消費行動　**30**, **86**, 89, 91, 94, 119
消費者　8
　——としての社会化　46
　——の命がけの跳躍　282
消費社会　**6**, 8
消費者価値　156
消費者行動　**9**, 10
消費者行動研究の発展段階　50
消費者情報処理の分析モデル　149
消費者情報処理理論（研究）　38, 54, 63, 70, **74**, 155
消費者センチメント指標　52
消費者庁　114, 115
消費の多様性（化）　7, **120**, 126
消費パターン　**92**
消費様式　91, **92**, 119
　——の選択メカニズム　104
情報過負荷　**134**, **219**, 243
情報取得プロセス　146-148
情報処理サイクル　**161**, 311-313
情報処理特性　323, 326
情報処理能力　75
情報処理のモード　**263**, 267
情報探索　151
情報統合プロセス　146, 148, 149
情報の2段階フロー・モデル　51
初期採用者　292
初期多数派　292
初心者　187, 203, 204
ショッパー　9
所得配分　7, 89, 119
処理機会　**150**, 243, 308
処理資源　165
深層面接法　59
親　族　87
信　念　191
シンボル　58

スキーマ　**191**, 192
スクリプト　192
スノッブ効果　**294**
生活意識　**89**, 90, 119
生活環境　89, 90, 119
生活構造　**89**, 90, 119
生活行動　**88**, 90, 119
生活様式　91, **92**, 119
生殖家族　116
生態系アプローチ　89
精緻化能力　204
精緻化見込みモデル　78, 270
精通性　193
精　度　**263**
製品精通性　186
製品知識　21, 175
製品判断力　21, 270
セグメンテーション　14
　ベネフィット・——　**321**
　マーケット・——　**319**
セグメント　318
世　帯　87
　——の多様化　116, 118
線型学習モデル　41
選好分析　40
潜在記憶　141, **188**
潜在的欲求　58
戦術的マーケティング　14
選択的注意　140
選択の階層性　**30**
専門知識力　150, 153, 177, **186**, 193, 308, 323
先有知識　186
想　起　187
想起集合　68, **242**, 244, 275
相互作用　**28**
属　性　**171**, 247, 250, 322
　具体的——　171
　実態のある——　248
　実態のない——　248
　シンボリック——　247-250
　抽象的——　171

特性的―― 247, 250
　　便益的―― 247, 248, 250
　ソーシャル・メディア　130, 132

◆た　行

耐久財　6
体験としての消費　168
代替案　213
態　度　**71**, 148
　　――の頑健性　183
対面集合　244
代理学習　186
ターゲティング　14
多次元尺度構成法　70
タスク　308
多属性意思決定問題　215, 223
　　――の定式化　216
多属性型意思決定　36
多属性効用理論　**216**, 217, 225, 263
多属性態度モデル　41, 67, 71, **72**
段階型ルール　226, 265
短期記憶　77, 140
探索支援　335
探索方略　**236**
単純化　266
単純接触効果　259
知覚空間（分析）　40, **316**, 318, 320
知覚構成概念　68
知覚／評価モデル　40
知覚表象システム　141, 142, 189
知覚符号化　77, **247**, 250
知覚リスク　242
逐次消去型ルール　225, 227, 266
知　識　185, 186, 190, 271, 323, 324
　　――のネットワーク構造　190
チャンキング　**141**, 143, 144
中心的情報　182, **261**
長期記憶　77, 139, 141
貯　蔵　140, **187**

　　長期記憶における――　142
定位家族　116
定義的特性　198
定型的問題解決　237, 238, 332
ディドロ効果　281, 282
データ駆動型処理　151, **244**, 299, 321
手続記憶　141, 142, 188
動　因　55, 165
投影法　**60**, 62
同化ポイント（POP）　**358**
動　機　56, 152, 164
　　解消型――　164
　　感情的――　167
　　情報型――　164
　　認知的――　166
　　変換型――　164
　　報酬型――　164
動機づけ　**55**, **150**, 152, 165, 241, 271, 308
統合型ブランド・コミュニケーション（IBC）　347
統合型マーケティング・コミュニケーション（IMC）　347
同　調　196
同　定　142, 189
特　性　322
トップ・オブ・マインド　**354**
トップダウン型処理　247

◆な　行

内因的自己関連性　176
内部情報　**232**
内部探索　77, 151
7つのO　**15**
二重過程モデル　267
二重貯蔵モデル　**138**, 139
ニーズ　56, 322
認知構造　195
認知的学習　**196**, 202, 359
認知的不協和　**282**, 283
　　――削減のプロモーション　**329**

——の解消　284
　認知要素　140
　ネット通販　336
　ネットワーク外部性　**290**
　値引きのシグナル　334
　能　力　**150**, 241, 271, 308

◆は 行

パーソナル・インフルエンス　51
バリュー・フォー・マネー　330, 335
ハロー効果　203
ハワード＝シェス・モデル　**67**, 68, 174
バンドワゴン効果　**294**
反応注目型モデル　67, 70
非耐久財　6
非分析型処理　202
非補償型意思決定ルール　**224**, 265
ヒューリスティクス　77, 143, **144**, 183, **221**, 222
広い品揃え　332
品質のバロメーターとしての価格　**328**
負　荷　**263**
深い品揃え　330
深い処理　155
複数記憶システム論　141, **188**
符号化　140, **187**
　　長期記憶への——　142
プッシュ戦略　**307**
プライミング　206
ブラウジング　179
ブランド
　　起点としての——　350
　　結果としての——　349
ブランド・エクイティ　157, 348, 349
　　顧客ベースの——（CBBE）　**350**, 351, 357
ブランド化　305, 320
ブランド構築　21, 346, 359
ブランド・コミットメント　157, 178

ブランド再生　206, 232, 330, **352**, 353
ブランド再認　206, 335, **352**, 353
ブランド使用体験　331, 335, 363
ブランド選択行動の確率モデル　65
ブランド選択モデル　53, **63**
ブランド知識　**350**
ブランド統合体　157
ブランド認知　**352**
ブランド・ビルディング・ブロック　**354**, 356, 360
ブランド・ベース・マーケティング　347
ブランド・リレーションシップ　356
ブランド連想　351, 353
　　二次的な——　362
プル戦略　**305**, 306, 343
フル・ネスト　96
プロシューマー　132
プロダクト・アウト　11, 303
プロトコル・データ　255
プロトタイプ　200
文　化　44
文章完成法　60
分析型処理　202
分析能力　202
分離型ルール　224, 227
ベットマン・モデル　**75**
包括的意思決定過程モデル　40
包括的概念モデル　42
包括的問題解決　270
保　持　187
ポジショニング　14, **319**
補償型意思決定ルール　**224**, 225, 264
ボトムアップ型処理　245

◆ま 行

マーケット・イン　11, 303
マーケティング競争　18, 19
マーケティング・コンセプト　**11**, 22
マーケティング・マネジメント　12

——の基本プロセス　13
マーケティング・ミックス　14, 303
マジカルナンバー7±2　143, 219
満足化　**265**
無関与学習　174
メタルール　228
目　標　56, 165
　　結果志向の——　**166**
　　プロセス志向の——　**166**, 167
目標階層　75, 143, **145**, **165**
モジュール化　344
モチベーション・リサーチ　53, **57**, 58, 62
モデル化　**39**
問題確認プロセス　146
問題認識　**163**

◆や　行

誘　因　56, 165
豊かさのパラドックス　123
欲求階層理論　56
4P　**14**

◆ら，わ行

ライフイベント　96, 100
ライフコース　**100**
　　——の木　101
　　——・アプローチ　92, 101
ライフサイクル　**94**
　　——・アプローチ　92, 96
　　家族——　94
ライフスタイル　**96**, 97, 281
　　——・アプローチ　92, 96
ライフステージ　96
ラガード　292
リハーサル　140, 360, 361
略画法　60
理論駆動型処理　151, **246**, 299, 321
理論モデル　39
累　加　196
連結型ルール　224, 227, 265
連想法　59
ローエンドの製品　333
ワンストップ・ショッピング　331

【人　名】

◆ア　行

アイエンガー（Iyengar, S.）　218, 220
青木幸弘　347, 348
アルバ（Alba, J. W.）　191, 193
池尾恭一　270
石井淳蔵　168, 282
ウィルキー（Wilkie, W. L.）　97
ウェーバー（Weber, M.）　97
ウェルズ（Wells, W. D.）　98
エイゼン（Ajzen, I.）　72
エトガー（Etgar, M.）　121, 123
エンゲル（Engel, J.）　42, 49
オルポート（Allport, G. W.）　71

◆カ　行

カシオポ（Cacioppo, J. T.）　78, 270
カッツ（Katz, E.）　51
カトーナ（Katona, G. C.）　52
カニンガム（Cunningham, R. M.）　64
カーネマン（Kahneman, D.）　222
クラグマン（Krugman, H. E.）　174
ケラー（Keller, K. L.）　322
コトラー（Kotler, P.）　12-15, 40, 322
コープランド（Copeland, M. T.）　49, 54
ゴーン（Gorn, G. J.）　259-262

◆サ行

サイモン (Simon, H. A.) 74, 218
ザルトマン (Zaltman, G.) 63
シェス (Sheth, J. N.) 49
ジフ (Ziff, R.) 98
スコット (Scott, T. W.) 49

◆タ行

ディヒター (Dichter, E.) 58
トヴェルスキー (Tversky, A.) 222
トフラー (Toffler, A.) 132
ドラッカー (Drucker, P. F.) 12, 18

◆ナ, ハ行

中西正雄 302
ニューウェル (Newell, A.) 74
ハーシュマン (Hirschman, E. C.) 80, 248
パッカード (Packard, V.) 58
ハッチンソン (Hutchinson, J. W) 191, 193
ハワード (Howard, J. A.) 11, 270
ビーチ (Beach, L. R.) 268
フィッシュバイン (Fishbein, M.) 71, 72
ブラウン (Brown, G. H.) 64
ブラックウェル (Blackwell, R. D.) 37, 42
プラマー (Plummer, J. T.) 98
フレデリック (Frederick, S.) 266
ブロック (Bloch, P. H.) 236
ヘア (Haire, M.) 61
ベッカー (Becker, G. S.) 103
ペティ (Petty, R. E.) 78, 270
ベットマン (Bettman, J. R.) 74
ホイヤー (Hoyer, W. D.) 232, 241
ホルブルック (Holbrook, M. B.) 80
ボーン (Bourne, F. S.) 51

◆マ行

マズロー (Maslow, A. H.) 56, 98
マッキニス (MacInnis, D. J.) 232, 241
マッシー (Massy, W. F.) 65
マードック (Murdock, G. P.) 87
マルティノー (Martineau, P.) 59
マレー (Murray, M. A) 56
ミッチェル (Mitchell, T. R.) 268
ミニアード (Miniard, P. W.) 42
ムーア (Moore, G. A.) 293
モリソン (Morrison, G.) 65
モンゴメリー (Montgomery, D. B.) 65

◆ラ行

ラザーズフェルド (Lazarsfeld, P. F.) 51
リースマン (Riesman, D.) 98
リリアン (Lilien, G. L.) 40
リンダー (Linder, S. B.) 123
ロジャース (Rogers, E. M.) 291, 293

ARMA 有斐閣アルマ

消費者行動論 ―― マーケティングとブランド構築への応用
Consumer Behavior: Application to Marketing and Brand Building

2012 年 5 月 10 日　初版第 1 刷発行
2025 年 9 月 10 日　初版第 15 刷発行

著者
青木　幸弘（あおき　ゆきひろ）
新倉　貴士（にいくら　たかし）
佐々木　壮太郎（ささき　そうたろう）
松下　光司（まつした　こうじ）

発行者　江草　貞治

発行所　株式会社 有斐閣
郵便番号　101-0051
東京都千代田区神田神保町 2-17
https://www.yuhikaku.co.jp/

印刷・大日本法令印刷株式会社／製本・牧製本印刷株式会社
©2012, Y. Aoki, T. Niikura, S. Sasaki, K. Matsushita.
Printed in Japan
落丁・乱丁本はお取替えいたします。
★定価はカバーに表示してあります。

ISBN 978-4-641-12463-9

JCOPY　本書の無断複写（コピー）は、著作権法上での例外を除き、禁じられています。複写される場合は、そのつど事前に（一社）出版者著作権管理機構（電話03-5244-5088, FAX03-5244-5089, e-mail:info@jcopy.or.jp）の許諾を得てください。